作者简介

徐　煜　男，1964年4月生，湖北黄梅人，历史学博士，现为湖北师范大学历史文化学院教授。主持完成多项省部级项目，在《光明日报（理论周刊）》、《武汉大学学报》等报刊上发表学术论文40余篇。

本书出版受湖北师范大学学术著作出版基金和
湖北省教育厅人文社会科学规划项目资助

当代人文经典书库

On the Development of Constitutionalism
in Early Modern England

近代早期英国宪政的发展与转变

徐　煜◎著

光明日报出版社

图书在版编目（CIP）数据

近代早期英国宪政的发展与转变 / 徐煜著 . -- 北京：
光明日报出版社，2016. 12

ISBN 978 - 7 - 5194 - 2576 - 0

Ⅰ. ①近… Ⅱ. ①徐… Ⅲ. ①宪法—研究—英国—近
代 Ⅳ. ①D956. 11

中国版本图书馆 CIP 数据核字（2017）第 032949 号

近代早期英国宪政的发展与转变

著　者：徐　煜

责任编辑：曹美娜　　　　　　　　责任校对：赵鸣鸣
封面设计：中联学林　　　　　　　责任印制：曹　净

出版发行：光明日报出版社

地　　址：北京市东城区珠市口东大街 5 号，100062

电　　话：010 - 67078251（咨询），67078870（发行），67019571（邮购）

传　　真：010 - 67078227，67078255

网　　址：http://book. gmw. cn

E - mail：gmcbs@ gmw. cn　caomeina@ gmw. cn

法律顾问：北京德恒律师事务所龚柳方律师

印　　刷：北京天正元印务有限公司

装　　订：北京天正元印务有限公司

本书如有破损、缺页、装订错误，请与本社联系调换

开　　本：710×1000　1/16

字　　数：245 千字　　　　　　　印　　张：14.5

版　　次：2017 年 4 月第 1 版　　印　　次：2017 年 4 月第 1 次印刷

书　　号：ISBN 978 - 7 - 5194 - 2576 - 0

定　　价：68.00 元

前　言

英国是一个有着悠久宪政传统的国家,从盎格鲁—撒克逊时期的宪政传统,到近代以后宪政的不断完善,英国宪政制度一直处在不断发展的过程中,而近代早期无疑是它确立和发展的关键时期。英国中世纪的宪政与近代以后的宪政有着本质上的区别:前者是一种基于农本经济基础上的等级封建社会的宪政,后者则是一种以货币商品经济为基础的近代市民社会的宪政。而近代早期正是英国从中世纪的宪政向近现代的宪政转变的时期。

政治制度的转型是近代社会转型的一个重要方面,而宪政又是政治制度的一个重要内容。因此,本书以现代化进程为视角,以近代早期英国社会转型为背景,以历史唯物主义的理论视角和研究方法,来研究近代早期英国宪政及宪政观念的发展与转变,探讨英国近代政治文明的起源与发展,揭示英国近代社会政治转型的过程及规律。

英国的议会、法治和地方自治有着悠久的历史,无论是封建时代,还是资本主义时期,它们都是政治斗争的中心舞台和主要内容,在长期的宪政实践中,逐渐形成了"议会主权""法律至上""地方自治"等原则。因此,本书在前人研究成果基础上,从社会政治转型的角度,考察近代早期英国议会主权、法律至上、地方自治等原则的成因、发展及与宪政发展的关系,以近代早期宪政为框架将英国议会、法治和地方自治的形成和发展结合起来思考,将它们放在宪政的结构中,作为一个互动的整体进行考察,从而梳理出英国从中世纪到近代早期宪政的发展脉络,揭示这一时期英国宪政观念的发展变化,厘清英国近代早期宪政发展的若干问题,以加深对近代早期英国宪政和政治文明发展内涵的认识,拓宽和丰富对英国社会转型的整体认识。

本书分五个部分对英国近代早期宪政及宪政观念的发展和变化进行分析。

第一章对近代早期英国宪政及宪政观念的发展与转变的背景进行了介绍。第二章按照时间顺序、从宪政史角度讨论英国议会政治的演变,主要考察中世纪至近代早期英国议会从产生到职权不断发展变化的历史过程,并讨论资产阶级革命前英国议会的若干问题。第三章对近代早期英国法治秩序建立的历史基础、基本过程、原因、特点、意义以及近代早期特别是斯图亚特王朝时期法治观念的转变进行了较为系统地考察和阐述。第四章论述了自中世纪至近代早期英国地方自治的演进过程、形态与运作方式,并分析了地方自治的原因、影响、意义及其宪政价值。最后结语部分,从整体的角度,按历史基础、形成过程、形成特点、形成原因等内容对近代早期英国宪政及宪政观念的发展与转变做了总结性的深入分析。

近代早期英国宪政及宪政观念的发展与转变涉及方方面面的内容和因素,一部著作自然难以囊括无余,本书仅选择以议会制度为最终表现形式的政治协商传统、以"王在法下"为核心内容的法治传统和体现了自由精神的地方自治传统,作为论题的切入点,探讨这些传统在英国近代早期的发展和变化。之所以如此选择,理由有二:一是19世纪末20世纪初的英国著名宪法学家戴雪曾指出,英国宪政包含三大精义,即法律主治、议会主权和宪法惯例。二是法治、政治协商和地方自治是构成现代宪政文明的主体构架,宪政既是法治政治,又是协商政治,同时也是高度自治的政治,三者之中无论缺少了哪一个,宪政都是不完整的,甚至是不真实的。

目　录
CONTENTS

导　论 ……………………………………………………………… 1

一、选题的意义　1

二、研究现状综述　4

三、相关概念的说明　13

四、本选题的主要任务与主要内容　20

第一章　16、17 世纪英国的社会结构变迁与政治变革 ……… 25

第一节　经济发展与社会结构变迁　25

第二节　近代市民社会的形成与政治的新诉求　32

第三节　社会失范、政治变革和政治领域的矛盾与斗争　39

第二章　近代早期英国议会及议会主权观念的发展与变化 ……… 49

第一节　中世纪英国议会的演变　49

第二节　近代早期英国议会的发展及议会主权原则的形成　71

第三章　近代早期英国法治秩序的形成和法治观念的变化 ………… 100

第一节　近代早期英国法治秩序建立的历史基础　101

第二节　近代早期英国法治秩序的构建和法治观念的变化　119

第三节　近代早期英国法治秩序形成的原因、特点和意义　155

第四章　近代早期英国地方自治的发展与变化 ································ **169**

第一节　英国地方自治的演进过程　169

第二节　英国地方自治的形态与运作　172

第三节　近代早期英国地方自治的原因　185

第四节　近代早期英国地方自治的影响、意义与宪政价值　191

结　语 ·· **195**

一、近代早期英国宪政的历史基础——中世纪的宪政传统　195

二、近代早期英国宪政发展的阶段性分析——从都铎"混合君主制"到
　　"光荣革命"　202

三、近代早期英国宪政发展的特点——立足于传统与变革之间的宪政
　　道路　204

四、近代早期英国宪政发展的根本原因——市民社会的成长　207

参考书目 ·· **212**

后　记 ·· **219**

导　论

一、选题的意义

英国是一个有着悠久宪政传统的国家,从盎格鲁—撒克逊时期的宪政传统,到近现代以后宪政的不断完善,英国宪政制度一直在不断发展过程中,但近代早期(16、17 世纪或都铎与斯图亚特时期)无疑是它确立的关键时期,也是从中世纪的宪政向近代的宪政转变的时期。

长期以来,西方学者,特别是英国学者关于英国宪政史的研究成果可谓汗牛充栋,包括像戴雪、梅特兰、亚当斯、埃尔顿等学术大家的许多经典著作,但他们的著作中一般未将英国中世纪的宪政与近代以后的宪政作本质上的区分,甚至将中世纪的自由、法治、议会等宪政制度等同于现代的自由、法治、议会制度。事实上,这是两种不同的宪政制度:中世纪的宪政是一种基于农本经济基础上的等级封建社会的宪政,近代的宪政则是一种以货币商品经济为基础的近代市民社会的宪政。进一步说,中世纪的自由是一种"等级"的自由,法治是一种神本主义的法治,而议会是一种贵族的代议制机构;而近代的自由则是一种基于"个体"的自由,法治是一种人本主义法治,而议会则是新兴市民阶级的代议制机构。

我国学者也一直重视近代早期英国的政治史和宪政史研究,并取得了较为丰富的成果,但笔者通过学习后发现,我国学者的研究或是从宪政的某一方面进行专题研究,如法治史、议会史,或是将宪政作为政治史或政治思想史中的一个部分进行研究,专门的宪政史研究还不多见,还没有一部专门、系统的近代早期英国宪政史的著作问世。

鉴于政治制度的转型是近代社会转型的一个重要方面,而宪政又是政治制度的一个重要内容,笔者选择近代早期英国宪政及宪政观念的发展与转变作为选题,旨在对这一问题作一系统、深入的研究,以从一个侧面探讨近代早期英国社会转型的规律。

具体讲,研究近代早期英国宪政及宪政观念的发展与转变的意义体现在以下方面:

1. 加强我国史学界关于近代早期英国社会转型研究中政治及政治文化转型方面的研究

多年来,随着现代化研究热潮的兴起,我国学者十分注重对近代早期英国社会转型的研究,并取得了丰硕的研究成果,但研究的重点主要放在社会经济方面,如乡村工业的发展、早期农业的发展与农村资本主义因素的兴起、城市的转型、重商主义与商品经济的发展、人口问题、社会人口流动与社会结构变迁、社会贫困与慈善济贫等问题的研究都取得了很大进展。相比之下,学术界在英国近代早期政治及政治观念和文化方面的转型研究不够充分,研究成果不多,基本局限在英国资产阶级革命、政治制度史及议会史等传统政治史的范围,研究理论及方法上也缺乏创新。英国是人类历史上率先全方位现代化的国家,它首先完成从传统社会向现代社会的转型,而其中政治制度及政治观念和文化的转型应该是其现代化的主要内容。本选题选择近代早期英国宪政的发展与宪政观念的转变作为研究对象,旨在从政治及政治文化这一层面探讨英国近代早期社会政治转型及政治现代化的过程及规律,加强近代早期英国社会转型研究中政治及政治文化层面的研究。

2. 充分认识斯图亚特王朝早期在英国政治现代化进程中的重要地位,加强这一时期的历史研究

学术界一般认为,英国早期政治制度的转型始于都铎王朝亨利七世的政府改革、亨利八世的宗教改革及伊丽莎白一世时期的政权建设,然后经过英国内战和光荣革命,最终确立君主立宪制。在这一历史过程中,斯图亚特王朝早期(1603—1642)是这一转变过程中的关键时期,因为在16、17世纪英国政治转型过程中,议会与王权既相互合作又矛盾对抗,下院与王权的斗争是英国政治制度变化的主要推动力,而这一斗争最为激烈、尖锐的时期便是在斯图亚特王朝早期,由此可见这一时期在英国政治现代化进程中的重要地位。然而,我国学术界有关这一历史时期的研究还极为不够,这主要体现在几个方面:第一,相比较而言,我国学者关于都铎时期、克伦威尔执政时期以及复辟时期的研究都多于对斯图亚特早期的研究。第二,关于斯图亚特王朝早期的政治研究也基本局限在议会与王权斗争的具

体过程上,对这一斗争在推动英国政治现代化上的作用和意义论述不够。第三,从英国政治思想史的研究方面看,学术界对这一时期政治观念、政治思想及其代表人物的研究不够具体和深入,研究的重点主要在这以前的托马斯·莫尔、培根、胡克和这以后的李尔本、霍布斯、弥尔顿、哈林顿、洛克等人的思想。其实,正是在斯图亚特王朝早期议会与国王的斗争中,资产阶级和新贵族以议会作舞台,沉重打击了封建统治基础,削弱了王权,对以后将要建立的政权的性质产生了极大影响,极大地推动了政治制度的转变。更为重要的是,在这一斗争过程中,以爱德华·科克等为首的市民阶级的代表,大力宣传了人民主权、制衡政治、司法独立等近代政治观念和思想,深入批判了君权神授、专制主义等封建政治观念和思想,为英国近代政治转型奠定了意识形态的基础。

3. 学习和借鉴国际学术界最新研究成果和方法,追踪国际学术前沿

自 20 世纪 80 年代始,随着西方"新政治史"学的兴起,英美一些学者将比较政治学中有关政治文化的概念引入近代早期英国政治史的研究,使英国资产阶级革命起源等传统课题的研究重新成为西方学术界的热点问题,并产生了许多极有影响的成果,如大卫·昂德唐的《狂欢、暴动与叛乱》对 17 世纪英国农村大众政治文化的研究,夏普主编的《重构近代早期英格兰:17 世纪政治文化》对斯图亚特王朝各君主宫廷文化、文学作品及肖像、假面舞会的研究,蒂特勒的《英国宗教改革与地方城镇:政治与政治文化》对近代早期英国地方城镇市民政治与市民政治文化的研究等。这些研究重新引起了西方学术界对近代早期英国政治史研究的兴趣,使这一课题成为近期西方学术界的前沿与热点问题,成为西方"新政治史"的重要组成部分。对西方学者这种学科交叉的研究方法和新颖研究的理论,我们应该以历史唯物主义观点加以分析、借鉴和吸收,使我们的学术研究追踪国际学术前沿。

4. 深化英国内战起因这一重大历史课题的研究

17 世纪英国内战是英国历史上最为重大的历史事件之一。史学界关于英国内战及其成因的研究学派林立,成果众多。早在 18 世纪上半叶,对英国内战的研究便形成了相互对立的托利、辉格两大学派。进入 20 世纪后,以社会经济分析、阶级分析为主要方法的社会经济学派、马克思主义学派兴起,将内战史研究推向新的高潮。20 世纪 70—80 年代,修正学派兴起,否认英国内战的必然性及内战前国王与议会的原则冲突,认为内战只不过是偶发事件;对此,80—90 年代马上兴起了后修正学派,对修正学派的观点进行批驳。修正学派与后修正学派的论战一直

存在于英美史坛,至今仍方兴未艾。无论是后修正学派与修正学派的论战,还是以往其他各学派,大多数都将研究的视线放在革命前的宪政冲突及当时社会政治、经济的发展变化与斗争上。特别是后修正学派与修正学派的一些代表人物,从当时各阶层的政治观念与政治文化角度来考察英国内战及其成因,将英国内战视为一场社会各阶层广泛参与的政治观念的冲突,认为在英国革命前发生了一场先期的"宪政革命",这场革命使宪政思想深入人心,从法理上树立了议会对于王权的政治优势,改变了革命前的政治文化,为英国革命的发生做了铺垫和宣传。①这反映了英国资产阶级革命研究层面的拓宽,有助于这一传统重大课题研究的深化。而我国学者对英国内战及内战起因的研究仍停留在 20 世纪八九十年代的较低水平,没有新的突破和发展。

综上,随着西方"新政治史"学的兴起,英美一些学者将政治社会学中有关政治文化的概念引入近代早期英国政治史的研究,并产生了一些具有影响的成果,这种学科交叉的研究方法值得我们学习与借鉴。国内学者也十分重视对近代早期英国社会转型的研究,将此作为世界现代化进程研究的一个组成部分,并取得了许多好的研究成果,但研究的重点主要放在社会经济方面,政治、文化的研究还很薄弱。有关早期斯图亚特王朝时期的历史和英国内战起因这一重大课题的研究,也需要在新的理论和方法指导下不断加强和深化。为此,本选题将以现代化进程为视角,以近代早期英国社会转型为背景,以历史唯物主义的理论视角和研究方法,研究近代早期英国宪政的发展与宪政观念的转变,探讨英国近代政治文明的起源与发展,揭示英国近代社会政治转型的过程及规律,加深我国学术界在这一课题上的研究,拓宽英国史及现代化史研究领域。

在现实意义上,通过对议会、法治和地方自治社会在近代早期英国形成的动因、过程和特征给予历史性的考察与思索,并上升到理性认识,这对于正在全面建成小康社会和全面依法治国的中国有着重要现实意义,对我国的社会主义政治文明建设有着一定的借鉴作用。当然我们更多的是从那里寻求经验,而非样板;寻求灵感,而非模式。

二、研究现状综述

世界上大多数国家的宪政都是通过近代初期的资产阶级革命或政治改革,在

---

① 参见陈勇:《学科交叉、比较研究与世界史新态——当代世界史研究略议》,载《历史教学问题》,2003 年第 1 期,第 8 - 10 页。

摧毁君主专制制度后的废墟上,按照启蒙思想家们的理论设计,首先制定一部成文宪法,然后"照着食谱做布丁"自觉建立起来的。与此不同,英国的立宪进程则是和自身的政治文明史同时起步的。它分为前后两个不可分割的阶段:首先是在中世纪君主制的母体中,通过日积月累逐步生成一定规模的宪政传统,然后通过一次宪政革命,建立起成熟稳固的近代宪政制度。整个过程恰似一个有机生命的孕生工程,先是"十月怀胎",后是"一朝分娩"。由于预先形成了悠久深厚的宪政传统,英国不但摘取了"近代宪政第一国"的桂冠,赢得了"宪政考古博物馆"①的称号,而且300多年来,一直以自己无宪法但有发达宪政的特点而著称于世。正是根据英国的历史经验,美国法学家卡尔文·达伍德总结出了一条"宪政规律",他说:"没有(宪政)传统的支持,一部成文宪法不过是一纸空文;而有了那种传统,一部成文宪法就没有必要。"②

独具一格的立宪模式及其获得的巨大成功,使英国宪政的形成问题成为人类学术史上最具魅力的研究课题之一,长期吸引着世界各国学者的注意。国外学术界尤其是英国学界关于英国近代早期的宪政史及法治史、议会史的专著很多。笔者仅从自己手头掌握的资料和与本选题相关的研究成果入手,较为简单地列举如下。

(一)宪政史方面

关于这一时期,尤其是都铎王朝的宪政史研究的史家应首先介绍尼尔(J. E. Neale)和诺泰斯坦(W. Notestein),两位是研究近代早期英国议会斗争史的先驱,其代表作是:《伊丽莎白时期的下院》(Elizabethan House of Commons),《伊丽莎白一世与她的议会》(Elizabeth I and Her Parliaments)和《下院创制权的获取》(The Wining of the Initiative by the House of Commons)。关于这一时期尤其是都铎时期英国宪政史研究影响最大的应首推 G. R. 埃尔顿,其代表作《都铎宪政》(The Tudor Constitution),成为英国大学生政治史的必修教材。他在1953年出版的《都铎王朝的政府革命》(The Tudor Revolution in Government)和1957年出版的《都铎王朝统治下的英格兰》(England Under the Tudors)是对这一时期政治史的经典阐述。埃尔顿的政治史主要是从制度层面阐释都铎王朝的历史,在他的著作中比较详尽地解构政府的权力结构,尤其对中央政府的组成及功能从法律层面进行了深

---

① 阎照祥:《英国政治制度史》,人民出版社,1999年,第2页。
② [美]肯尼·W. 汤普森:《宪法的政治理论》,张志铭译,三联书店,1997年,第87页。

入的分析。对斯图亚特时期英国宪政史研究影响最大的应首推 J. P. 凯尼恩（J. P. Kenyon），其代表作《斯图亚特宪政》（The Stuart Constitution），对斯图亚特时期英国宪政提供了极为丰富的资料和评论。诸如此类从制度层面研究 16、17 世纪英国政治史的著作还有安格斯·斯特劳德（Angus Stroud）的《斯图亚特时期的英格兰》（Stuart England），詹姆斯·A·威廉姆森（James A. Williamson）的《都铎时代》（The Tudor Age），S. J. 冈恩（S. J. Gunn）的《早期都铎政府》（Early Tudor Government t），A. G. R. 史密斯（A. G. R. Smith）的《伊丽莎白时期的英格兰政府》（The Government of Elizabethan England）等。20 世纪 70 年代以后，英国史学界政治史的研究不再局限于制度层面，而是把政治史的研究同经济史、社会史结合起来，把政治史的研究同阶级、阶层等各种群体的研究联系起来。其代表作有：劳伦斯·斯通的《英国革命的原因，1529 - 1640》（The Causes of English Revolution 1529 - 1640），他在阐释英国革命的原因的时候，不仅阐述了经济的增长，而且强调社会的变化、人们社会地位的不平衡的加剧，甚至特别地分析了信任危机对革命爆发的影响。摆脱制度层面来研究政治史的还有安·休斯（Ann Hughes）的《英国内战的原因》）（The Causes of English Civil War）、霍华德·汤姆林森（Howard Tomlinson）主编的论文集《英国内战以前》（Before the English Civil Ward）等。以上研究成果为本选题在这一层面的研究提供了厚实的基础。

（二）法治史方面

关于英国法律、法治史，长期以来，一直是中、西方学术界所重视的研究领域。比如 S. F. C. 密尔松的《普通法的历史基础》（S. F. C. Milson, Historical Foundations of the Common Law, London, 1969.）分析了普通法的历史基础；F. T. 普拉客内特的《普通法简史》（F. T. Plucknet, A Concise History of the Common Law, Lond, 1956.）简要叙述了普通法的发展过程；R. C. V. 卡内根的《英国普通法的产生》（R. C. V. Caenegem, The Birth of the English Common Law, Cambridge, 1988.）认为普通法产生具有一些偶然因素，如诺曼人侵等；A. 哈定的《英国法律社会史》（Alan Harding, A Social History of English Law, London, 1966.）则分析了法律与社会的互动。总之，这些著作都从不同的角度探讨了英国法治的一些特点。

然而，由于英国向现代过渡的原发性、首发性特征，使其在自由和法治的形成上烙有更多的传统痕迹——赋予旧的制度以新的价值原则和新的使用（"旧田长新谷"），故在形成机制上也就更具有模糊性；再加上一些秉持西方中心论法律史家们的推波助澜，故而在对英国自由、法治形成机制的认识上，产生了一些偏颇。

即,一般都将其植根于西方独特的传统,他们往往强调基督教传统、日耳曼传统等一些西方"独特性"传统的作用,并将中世纪的自由、法治与近代的自由、法治混为一谈。主要表现如下:

第一,强调自由、法治产生于基督教。阿克顿认为,"宗教是自由之母,自由是宗教的嫡传",西方的自由来源于独特的基督教,它强调在上帝面前人人平等,每个个人都有灵魂,每个人的灵魂和别人的灵魂一样具有价值。并通过新教改革使得"每个人有履行天职时不应当受到其他任何人的约束——这是个携带着风暴和破坏力的信条,是人权(the rights of man)的内存实质和革命颠扑不破的主题。"① 总之,是基督教传统经历了许多个世纪后乃孕育出了现代自由。同时,又认为是基督教传统孕育出了西方法治观念。沃克指出,"要求法治的人是在要求上帝和神明而不是别人来进行统治"。② 沃特金斯也指出,若欲使法律有效地约束政府官员的行为,必得创立某种外在的机构,并使其强大到足以约束那些官员,使其执行他们的法定责任。在中世纪,法治的概念主要在基督教制度那里得到了认可。③ 弗里德里希也认为,"对于这一由教会加以捍卫和中世纪的宪政赖以建立于其上的更高准则的承认,是特有的西方模式的基础。"④阿克顿还指出:"在非基督教的异教徒国家,是国家自己给自己确定其目标宗旨和权力范围的大小。在基督教国家,是基督教独立自主地给国家确立其目标宗旨和权力范围的大小,国家承认有一种高于自己的权威存在"。⑤ "这也就是为什么说在欧洲,自由萌生于教会与国家的相互对立之中。"⑥

第二,强调自由、法治产生于日耳曼传统。在英国,关于"古老的"自由与法治有两个说法:一个是"诺曼枷锁"说,根据这一说法,在诺曼征服之前,英国存在着普遍的自由与法治;诺曼征服以后,征服者威廉才把英国人变成了被奴役的人,使英国人陷入诺曼的枷锁之下,而那些封建贵族的特权就是从诺曼征服者手中得来的,17 世纪的革命就是要推翻诺曼征服者后裔的统治,恢复人民古老的自由与法

---

① [英]阿克顿:《自由与权力》,侯健、范亚峰译,商务印书馆,2001 年,第 12 页。

② Walker,G. ,The Rule of Law:Foundation of Constitutional Democracy,Melbourne,1988 ,P. 93.

③ [美]弗里德里希·沃特金斯:《西方政治传统—现代自由主义发展研究》,黄辉、杨健译,吉林人民出版社,2001 年,第 2 页。

④ [美]卡尔·J. 弗里德里希:《超验正义—宪政的宗教之维》,周勇、王丽芝译,三联书店,1997 年,第 39 页。

⑤ [美]卡尔·J. 弗里德里希:《超验正义—宪政的宗教之维》,第 332 页。

⑥ [美]弗里德里希·沃特金斯:《西方政治传统—现代自由主义发展研究》,第 2 页。

治传统。① 第二个是"大宪章"说,即自大宪章制订以来英国人民所享有的古老的自由和民主,被后世的专制君主特别是斯图亚特王朝的统治者所破坏,现在已到了要推翻斯图亚特王朝,恢复大宪章所赋予人民的民主和自由的时候了。② 在近代早期,当英国国王和议会发生冲突时,大法官爱德华·科克强调英国议会的权利保存在(尽管是以不成文的形式)英格兰"古代宪法"中。"古代宪法"的学说把议会的权力和英国人的自由追溯到 1215 年大宪章,甚至早于诺曼征服的 6 世纪和 7 世纪,据说,塔西陀所描述的热爱自由并实行民主统治的日耳曼部落是在那时迁移到英格兰的。③ 布莱克斯通认为英国宪政史是"一种向我们的撒克逊先祖原本拥有的古老宪法的回归,这种宪法被诺曼征服者通过政策和暴力而不合理地剥夺了。"④"牛津学派"的代表人物斯塔布斯在其名著《英国宪政史》中,竭力论证日耳曼自由民主政治传统对英国宪政制度形成具有决定意义。⑤ 科恩也指出,日耳曼法律"给予专制的中世纪国王与当政者的限制,在理论上要比近代国家的情况大得多。"⑥显而易见,他们对英国自由、法治形成的社会经济因素注意不够,没有认识到自由、法治的形成,是近代资本主义发展的必然产物。从历史唯物主义出发,我们不能全盘否定英国独特的传统在其自由和法治形成过程中所起到的作用,但我们也决不能将中世纪英国的自由、法治与近代英国的自由、法治等同。

近年来,西方学术界在对英国自由、法治形成的研究更加注重历史事实,并得出的一些比较客观、中肯认识,主要表现在:

第一,对近代英国自由形成的时间和形成机制的认识较为恰当。英国宪政史家米勒指出,"自由的途径是物质的进步,在英国,自由权起源于近代,而不是在古代",英国宪政的平衡机制不是传统历史性宪法内的政治平衡。这种制衡必须到政治之外,也就是到一般社会中去寻找,其答案是"通过财富的增长和分散,商业社会的发展可以在民众中培育一种独立感和自由感"。⑦ 哈耶克也指出:"现代个人自由,大体上只能追溯至 17 世纪的英国。……在过去两百年的岁月中,个人自

---

① Pocock,S.,The ancient constitution and feudal law:a study of English historical thought in the seventeenth century,Cambridge,1987. pp. 4—5.

② Kenyon,J. P.,The Stuart Constitution,Cambridge,1957,PP. 100 – 101.

③ Kenyon,J. P.,The Stuart Constitution,PP. 100 – 101.

④ Blackstone,W.,Commentaries on the Laws of England,vol. 4,London,1965,P. 413.

⑤ Stubbs,W.,The Constitutional History of England,3vols,Oxford,1873.

⑥ Kern,K.,Kingship and Law in the Middle Ages,Oxford,1962,P. 182.

⑦ Millar,An Historical View of the English Government,Vol. 4,London,1977,P100.

由的维护和完善渐渐成了英国的支配性理想,而且英国的自由制度和传统也已然成了文明世界的示范。"①在形成的机制上,麦克弗森(Macpherson)把新兴的个体自由概括为"占有性个人主义"(possessive individualism)。更为确切地说,是"财产积累个人主义",或者再确切地些,是"货币积累个人主义"②这种个人是"占有性"的,而非是"社会性"的,所以说是个人创造了社会,而不是被社会所创造。麦克弗森的"占有性个人主义"理论是在用唯物主义的观点解释了自由的起源。麦氏将自由主义追溯到霍布斯和洛克。麦氏的观点要旨非常简单:以财产为基础的、实际上是依附于财产的"占有性个人主义",并产生了一个"占有性市场社会"。③ "占有性社会……意指那里的劳动力已经变成了市场上的商品,市场关系是如此发达,或者说渗透了所有社会关系,它完全可以称为市场社会而不是市场经济。"④而近代早期英国的个体自由只能由市场社会孕育和产生出来。

第二,对近代英国法治形成的时间和法治的形成过程认识也较为合理。在时间上,一些学者认识到"充分发达的法治的制度性机制是近代的产物"。⑤ 从而承认:"像某些现代历史学家那样,把英国法律的特点说成是自从'大宪章'以来,甚至自从1066年以来,无间断地逐渐和平发展而成,是很错误的。"⑥霍布斯鲍姆也曾评论说:"这种对激烈对抗的回避,这种对新瓶贴上旧标签的偏爱,是不应与无所变革混为一谈的。"⑦并且强调,真正体现英国法治特点,即与个体自由相连的法治,其系统思想与制度安排发生在16世纪以后。近代英国法治产生的标识,是在16世纪末从意大利直接引入了isonomia术语,意指"法律平等适用于各种人等",稍后翻译李维(Livy)著作的学者以英语形式isonomy替之,意指法律对所有人平等地适用以及行政官员也负有责任的状况。此一意义上的法治在17世纪得到了普遍使用。直到最后为"法律面前人人平等"(equality before the law)、"法律之治"(government of law)或"法治"(rule of law)等术语取而代之。⑧ 并且在英国

---

① ［英］弗里德利希·冯·哈耶克:《自由秩序原理》(上),邓正来译,三联书店,1997年,第203－204页。

② Macpherson,C. B. ,The Political theory of Possessive Individualism:Hobbs to Locke, Oxford, 1962,P. 341.

③ Macpherson,C. B. ,The Political theory of Possessive Individualism:Hobbs to Locke,P. 271.

④ Macpherson,C. B. ,The Political theory of Possessive Individualism:Hobbs to Locke,P. 48.

⑤ 高道蕴:《美国学者论中国法律传统》,中国政法大学出版社,1994年,第10页。

⑥ ［美］泰格、利维:《法律与资本主义的兴起》,纪琨译,学林出版社,1996年,第262页。

⑦ ［美］泰格、利维:《法律与资本主义的兴起》,第248页。

⑧ ［英］弗里德利希·冯·哈耶克:《自由秩序原理》(上),第206页。

法治的形成机制上,开始注重强调普通法院司法独立和议会代议制的作用。

但是,以上这些研究尚有许多不足之处。例如,没有将中世纪英国与近代英国两种不同的自由与法治区别开来;没有把自由的形成和法治的形成结合起来考察,并且也缺少对二者的形成深层的社会根基分析。从而也就不能对近代英国自由、法治的形成与特质做出全面和必要的阐释。

在中国,由于受政治和意识形态因素的影响,宪政问题长期属于禁区之列,学者们大多避而远之,不敢置喙。改革开放以来,学术环境明显好转,我国一些学者也开始涉足英国的宪政传统及法律史的研究。近年来,国内学术界对英国自由、法治的形成研究也给予了积极关注,并取得了一些有代表性的成果,如程汉大的《英国法制史》(齐鲁书社 2001 年版)、何勤华的《英国法律发达史》(法律出版社 1999 年版)、张彩凤的《英国法治研究》(中国人民公安大学出版社 2001 年版),全面系统地梳理了英国法律和法治的发展历史。还有一些相关论文,如程汉大的《12－13 世纪英国法律制度的革命性变化》,陈日华的《英国法律传统和中世纪地方自治》,李云飞的《中世纪英格兰庄园法庭探微》等,时段大多集中在中世纪。而关于近代早期英国的法治发展虽然没有专门的研究著作,但有许多政治制度史相关研究可供借鉴,如阎照祥的《英国政治制度史》和刘新成的《英国都铎王朝的议会研究》,等则对本选题的研究有借鉴作用。此外还有一批与本选题相关的论文,如程汉大的《12－13 世纪英国法律制度的革命性变化》,陈日华的《英国法律传统和中世纪地方自治》,李云飞的《中世纪英格兰庄园法庭探微》等关于中世纪法律制度和法律传统的研究;陈晓律的《从习俗到法治——试析英国法治传统的历史渊源》,程汉大、于民的《在专制与法治之间——"都铎悖论"解析》,等等,都对本选题的研究提供了很好的借鉴,拓宽了研究思路,丰富了研究内容。但因时日尚短,致使英国何以能在中世纪形成法治传统、中世纪的法治与近代早期英国的法治之间的关系和区别、近代早期英国的法治观念发生了怎样的转变等问题至今仍是一个有待深入探讨的复杂问题。

(三)议会史方面

国外这方面的研究成果较多,戴雪的《英宪精义》、詹宁斯的《法与宪法》自不必说,杰弗里·戈兹沃斯的《议会主权:历史和哲学》、杰奥弗里·马歇尔的《议会主权与英联邦》和柯林·蒙罗的《宪法研究》则从不同侧面研究了议会主权原则,另外不同作者不同版本的《宪法与行政法》都提及英国宪法中的议会主权原则,其中最为权威的是韦德的版本,这些学者的看法也给笔者不少启示。

国内研究英国议会发展史的著作和论文不少,其中沈汉、刘新成的《英国议会政治史》、刘新成的《英国都铎王朝议会研究》是笔者见到的关于英国议会发展史研究方面的具有代表性的专著;阎照详的《英国政治制度史》、《英国政党政治史》对英国议会和政党政治的发展也有详细的论述;蒋劲松的《议会之母》堪称一本英国议会制度的中文百科全书。这些学术成果给了笔者极大的启发和借鉴。此外,论文方面,多数主题集中在议会发展史方面,这里不再赘述。

（四）宪政思想和观念方面

对当时政治精英们的政治思想和政治观念的研究主要代表人物有修正派学者 C. 拉塞尔、G. 布吉斯、K. 夏普和后修正派的 C. P. 萨莫维利。拉塞尔(Conrad Russell)的主要著作有《国会和英国政治:1621—1629 年》(Parliaments and English Politics 1621—1629,Oxford 1979)、《英国内战的原因》(The Cause of the English Civil War,Oxford 1990)和《英国君主制的倒台》(The Fall of the British Monarchies 1637 - 1642,Oxford 1991)等。在这些著作中,拉塞尔认为在斯图亚特早期几乎每一个主要人物都认可一个唯一的政治哲学,那就是把国王依靠神圣的权力进行统治的观念和必须履行遵守法律义务的原则结合起来。他认为除了一些僧侣外,当时英国世俗界各阶层的政治精英都基本放弃了专制主义,享有一个共同的政治观点,采取了一个介于君主专制理论与坚持法律精神之间的中间政治路线,因此,英国内战并非起源于不同政治原则的纷争上。拉塞尔的观点由布吉斯(Glenn Burgess)、夏普(Kevin Sharp)等其他修正主义派代表从不同的角度加以发展。布吉斯的主要代表作有《古代宪政政治:1603—1642 年英国政治思想导论》(The Politics of the Ancient Constitution:An Introduction to English Political Thought 1630 - 1642,Macmillan,1992)和《绝对君主制和斯图亚特宪政》(Absolute Monarchy and the Stuart Constitution,New Haven,1996.)。他认为英国内战前确实存在多种"政治语言",但有一种"政治语言"比其他语言都重要得多,那就是普通法的"政治语言";认为 17 世纪早期的英国人尽管在程度上有所不同,但都是普通法思想的所有者,普通法思想是当时占统治地位的思想。因此,当时英国各阶层的政治精英就在与普通法相联系的古代宪政主义思想下统一了起来。凯文·夏普(Kevin Sharp)则从另外一个角度论述了早期斯图亚特王朝政治观念上的一致性。他的主要著作包括《早期斯图亚特英格兰的政治和观念:短评和研究》(Politics and Ideas in Early Stuart England:Essays and Studies,London,1989)和《查理一世的个人统治》(The Personal Rule of Charles I ,London,1992)等。在夏普的论述中,英国政治的一致性既不是建立在古代宪政普通法理论的基础上,也不是建立在议会主权理论普遍接受的基础上,而是建立在根本就没有出现过政治理论与观念的分歧的基础上。他认为在内战前夕,英国就根本没有真正拥有一个政治学说,国家没有遇到基本的挑战,因而当时的人们就没有必要去为国家学说而争论,统治者当时主要忙于设计具体的政策和显示自己的个性,而没有忙于权力和政治根本原则的争论。只是到了内战爆发以后,才唤起了当时人们对基本政治原则的争论,胡克、詹姆士一世、菲尔默、霍布斯等人的政治著作都是在 1642 年以后才发表。后修正主义的集大成者是英国著名学者萨莫维利(C. P. Sommerville),他在其代表作《1603—1640年英国的政治学说和观念》(Politics and Ideology in England,1603 - 1640,London,1986)一书中,系统、全面、深刻论述了斯图亚特王朝早期英国皇权主义者与议会反对派在诸如君权神授、政府理论、古代宪政等政治原则和政治观念上的严重分歧以及他们在具体政治事情上的争斗。萨默维尔认为正是这种政治观念上的分歧和斗争导致了英国内战的爆发。上述这些学者的研究,具体论述了不同阶层政治代表们的政治思想和政治观念以及他们之间的矛盾、分歧和论战。这些研究不但继续充实和深化了内战起因的研究,而且为我们研究这一时期的政治思想和政治文化提供了大量翔实的历史资料。但是,他们的研究主要还是从内战的起因角度进行的,而不是从专门的政治文化史的角度去论述,因而缺少对当时这些政治思想和观念在构成斯图亚特王朝早期整个政治文化中的作用的分析,也没有评价它们的特征和影响,更没有探讨这些思想观念产生的深刻的社会经济背景。

我国学者在这方面的研究散见在各种政治思想史的专著和论文中,还没有专门的专题研究。可喜的是我国学术界有关近代早期英国政治文化的研究开始打破空白,研究成果开始出现,其中向荣教授的论文《16、17 世纪英国政治文化中的父权主义》(载《史学月刊》2001 年第 1 期)较具代表性。文章对 16、17 世纪英国以菲尔默为代表的父权主义及其影响进行了深入的研究,并肯定了这一思想对于当时英国社会的积极作用。向荣教授的这一成果对于我们研究近代早期英国政治文化具有一定的参考价值。高毅教授早年对法国大革命期间的政治文化进行了系统深入研究,出版专著《法兰西风格:大革命的政治文化》(浙江人民出版社1991 年版)。虽然说高教授研究的对象是法国大革命时期的政治文化,但在理论和方法上为我们提供了借鉴。另外,陈勇教授的论文《学科交叉、比较研究与世界史新态——当代世界史研究略议》(载《历史教学问题》2003 年第 1 期),对国外有关近代早期英国政治文化的研究进行了动态介绍和学术梳理,对我们在这一领域的研究具有极大的启示作用。

　　纵观上述国际、国内学术研究现状,笔者以为有些缺欠和不足值得关注。第一,以往人们在探究英国议会政治、法治和地方自治社会形成时,常常将三者隔离开来,孤立地进行研究,未能对三者之间的内在联系予以充分的揭示。第二,未能将三者置于一种历史的场景和过程中进行考察。在以往的研究中,人们往往只是从西方经典作家的有关理论和概念出发去理解和阐释议会、法治和地方自治,即把它们单纯地理解成概念和人们关于这一概念的思想,而没有当作一个活生生的社会历史过程来对待,从而使其论述和结论缺乏事实的生动与历史的厚重。由于议会、法治与地方自治的形成最终并不是一个形而上的问题,而是一个经验的、历史的问题,所以对它们形成的研究不仅是一个逻辑的问题,而更是一个使之完全历史化的问题。鉴于此,笔者试图在前人研究成果基础上,以近代早期宪政为框架将英国议会、法治和地方自治的形成结合起来思考,将前人人为割裂的英国议会、法治和地方自治的形成研究放到宪政的结构中,作为一个互动的整体来考察,厘定三者之间的关系,以求加深对近代早期英国宪政和政治文明发展内涵的认识,拓宽、加深和丰富对英国社会转型的整体认识。

三、相关概念的说明

(一)关于英国宪政和宪法

　　英国宪政可以分为近代宪政和现代宪政。一般意义上现代的宪政,是进入资本主义社会以后才形成的概念,特指有限政府,即对政府权力的限制和分配。这意味着应当对宪法做出阐释以避免出现超越宪法的政府,以使政府的任何活动在原则上和实际上都受到宪法的限制,即政府不能行使无限权力。① 本书的宪政有别于现代意义上的宪政主义,指的是英国从中世纪到近代国家权力的来源、分配及限制的演变过程和结果。正如拉塞尔·A. 柯克所说,"宪法并不是创造出来的,它们是逐渐形成的。"②英国的近代宪政制度也正是在从古代至 17 世纪围绕国家权力的错综复杂的斗争与妥协中自然孕育而成。

　　宪政的产生时间与宪法有着密切的联系,宪法是宪政的前提条件。对于英国

---

① 　参见[美]路易斯·亨金:《宪政·民主·对外事务》,邓正来译,生活、读书、新知三联书店,1996 年,第 53、86 页。
② 　[美]肯尼斯·W. 汤普森编:《宪法的政治理论》,张志铭译,生活、读书、新知三联书店,1997 年,第 41 页。

宪法产生何时,学界见仁见智,基本有两种观点。一种观点认为,英国宪法产生于13世纪,其主要理由是1215年颁布了被认为是英国宪法渊源之一的《大宪章》(Grand charter);另一种观点认为,英国宪法产生于资产阶级革命的17世纪,理由是《大宪章》并不属于产生于资本主义性质的宪法和法律,而是一个封建性的法律文件①。我国台湾学者林纪东认为:第一种观点属广义说,失之过宽;第二种观点属狭义说,未免失之于严②。他说:"英国宪法,当于1215年之大宪章,见其萌芽。盖近代乃至现代,若干宪法之重要规定均始见于大宪章,英国宪法之发展多系大宪章之发展史者"③。笔者认为,林纪东先生将大宪章作为宪法的开端,有一定的道理,比较符合历史。我国大陆也有学者认为,1215年的《大宪章》和1628年的《权利请愿书》由于体现了限制国王的权力、确认臣民的权利等特点,符合英国革命的宪政体制的要求,因此也很难否认它们是英国宪法的渊源。④ 但是,英国近代宪政的最后确立却是在大宪章产生的四百多年后的"光荣革命"。英国并没有因为在此之前颁布了一系列宪法性文件而真正步入宪政时期。理由在于:其一,中世纪的宪政是一种基于农本经济基础上的等级封建社会的宪政,近代的宪政则是一种以货币商品经济为基础的近代市民社会的宪政;其二,实践证明,英国颁布《大宪章》之后,英国的专制统治并未结束。1628年因为国会就因征收吨税和磅税等方面仍坚持国王享有征税权的期限为1年并提出抗议时,查理一世在盛怒之下解散国会,实际上并未遵守《权利请愿书》对其权力的限制,英国进入无国会的专制统治时期。1640年,英国爆发资产阶级革命,1640年1月,国王查理一世作为"暴君、叛徒、杀人犯和国家的敌人"被处以死刑,同年5月19日英国正式宣告为共和国。但英国并没有因此进入宪政时代,而是进入了一个军事独裁时期。1653年12月16日,由高级军官组成的军官会议,宣布克伦威尔为英国的护国公并制定了一部用以巩固克伦威尔独裁统治的宪法——《政府约法》,克伦威尔被宣布为"人民意志的集中代表"。直到英国"光荣革命"之后,议会内阁制才正式建立起来,议会至上成为英国君主立宪的基本政治准则,国王的专制统治才得以彻底的根除,从此英国才真正步入宪政的时代。正如林纪东所说:"名誉革命⑤之

---

① 赵宝云:《西方五国宪法通论》,中国人民公安大学出版社1994年版,第135—137页。
② 林纪东:《比较宪法》,中国台湾五南图书出版公司,1980年,第71页。
③ 林纪东:《比较宪法》,第71页。
④ 何勤华:《英国法律发达史》,法律出版社,1999年,第79页。
⑤ "光荣革命"的旧译法。

后,英国迈进于立宪政治之途,而议会内阁制之建立,尤其中之显著者。"①可见,英国近代宪政的形成是一个较长的发展、变化的过程。

在英国近代宪政形成的过程中,同样也体现了一种独特的发展方式——以和缓、平稳、渐进为主要特色的英国发展方式。众所周知,英国是一个貌似保守、不爱走极端的稳重的国家,在欧洲摆脱中世纪的黑暗、走向资产阶级革命的过程中,她扮演了发动者、排头兵的重要角色,并为现代世界(至少是西方世界)奠定了资本主义政治和经济制度的最初基石:英国最早实行政治变革,为西方资本主义的民主制度树立了样板;英国最早实现工业化,成为近代大工业的开路先锋,从而把全世界推进到工业时代。纵观英国的历史长河,在传统与变革的冲突中,她走的是一条相互融合的独特道路,而英国宪政制度的发展道路便是这种传统与变革协调之路的典型。英国是立宪之母,讲起宪政必言英国,这不仅是因为它产生最早,而且特点鲜明、独树一帜。英国的宪政道路是一条自然演化和渐进改革的道路。手工工场与海上贸易演化出的资本主义经济,普通法和衡平法并行的法律传统,王权与贵族的对抗中萌生的政治制度——议会制,善于追求、摸索培育出的先进的自然科学与政治思想,和岛国心理孕育出的孤芳自赏的绅士精神以及独辟蹊径的宗教教会与圣洁的清教徒运动共同演化出了英国宪政的"自生秩序(Spontaneous order)"——不成文、重惯例的宪政制度与崇尚经验的宪政精神、自由观念相辅相成,并行不悖,创造了富有英国经验主义特色的英国宪政模式。

谈英国的宪政制度还必须说明英国的宪法。作为宪法权威,戴雪 1885 年在《英宪精义》(Introduction to the Study of the Law of the Constitution)一书中,分析了英国宪法,从对英国宪法和法律的研究中寻求对英国宪政精神更成熟的见解。他认为,所有直接地或间接地关联国家的主权权力的运用及支配之一切规则(rules)②,即是英国所谓的"宪法",它包括:一切有关主权各组成部分的规则,一切有关这些组成部分(国王、上下两院与法院)彼此间关系的规则,或有关主权行使方式的规则,有关王权继承顺序、首相特权、立法机关组织形式及其选举的规则,以及一切涉及各部部长——他们的职责、职权范围的规则、一切有关国家主权统辖的领土疆域和属民或公民资格的规则等等。

宪法分为两类:宪法性法律(Constitutional law)和宪法惯例(Constitutional Mo-

---

① 林纪东:《比较宪法》,中国台湾五南图书出版公司,1980 年,第 76 页。

② [英]戴雪:《英宪精义》,雷宾南译,中国法制出版社,2001 年,第 102 页。

rality)。前者指或议会通过的法律条款(statutes),或来自传统、习惯、经法官制定的规则,即普通法(Common law),均起由法院实施;后者不是法律而是习惯或惯例,来自于理解、实践、习俗的规则,不由法院来实施。关于宪法性的法律,戴雪探讨了三个问题:一是议会的最高性——议会是最高国家权力机关;二是普通法的最高性;三是宪法惯例对宪法性法律的从属性。即前二点是英国宪法最基本的原则:"议会主权"(Sovereignty of Parliament)和"法治"(Rule of Law)。他分别探讨了这两个原则以及之间的关联,指出英国政府没有专断权;所有的人都要遵守普通法院执行的普通法;普通法就含有宪法本身的法律,宪法性法律并不明显地单独存在,而是英国普通法的一部分,并且就是普通法的产物。

（二）关于议会和议会主权

从字面上看,议会主权意味着议会拥有对内的最高权力,不过,这种解释未免失之简单,议会主权的真正含义一直是英国宪政史学者讨论的问题。

英国议会一向誉为"议会之母"①,而雷宾南也提到,"不管巴力门的名称在各国中,如何立异……他们实际上都具有这位母亲的肖像"②。因此在讨论英国议会主权的问题之前,有必要说明在英国的宪法体制下何为议会。作为英国宪法主导特征的议会主权原则中的"议会",并不仅指议会的两个议院,而是指君临议会(the King in Parliament),诚如詹宁斯所说:"从技术意义上说,法律是由君临议会制定,而非由女王、贵族院和平民院分别制定的。"③同时,立法中通用的语句也说明了议会的这种构成:"兹由最崇高的女王陛下,根据宗教首领和世俗贵族以及平民代表的建议,并征得他们的同意,在本届召集的议会中,并由上述权威,制定如下的法律"④因此,英国议会实际上由三个部分——君主、贵族院(the House of Lords),平民院(the House of Commons)构成。

在英国议会主权的问题上,霍布斯、布莱克斯通和戴雪的观点是一脉相承的⑤,除此而外,奥斯丁对英国议会主权的论断也不可不提。布莱克斯通认为每个国家都必然有一种至高无上的权力,在英国这种权力属于议会,对一切法律英国议会都"可以创造、可以批准、可以扩张、可以收缩、可以裁减,可以撤回、可以再

---

① 参见蒋劲松:《议会之母》,中国民主法制出版社,1998年,序,第3页。
② [英]戴雪:《英宪精义》,雷宾南译,中国法制出版社,2001年,译者导言,第1页。
③ [英]埃弗尔·詹宁斯:《法与宪法》,龚样瑞、侯健译,三联书店,1997年,第93页。
④ [英]埃弗尔·詹宁斯:《英国议会》,蓬勃译,商务印书馆,1959年,第2-3页。
⑤ Alder,John,Constitutional and Administrative Law,Mcmillan Press LTD,1999,pp91.

立、又可以诠释"。同时布莱克斯通还提及科克对英国议会的评价,即英国议会的权力不仅卓越而且绝对,其地位至尊无上,其权限无所不包①

　　奥斯丁在详细分析了独立的政治社会后,提出"主权权力或最高统治权力,是不能受到法律限制的,无论这种权力是由个人掌握的,还是由个人组成的群体所掌握。"②但是,"从每一个实际的主权权力运作来看(无论主权者是一个具体的个人,还是由个人组成的群体),某些主权权力,是通过政治上处于从属地位的被授权者来行使的,而这些授权者,具有代表最高主权者的资格。"③在许多最高统治是公众的统治的社会中,主权或最高统治群体是通过"代表"来行使自己的全部或几乎全部的主权权力,具体到英国而言,这些平民就是通过他们的"代表"来行使主权的,更严格地说,除了推选和任命在英国议会中代表自己的议员的主权权力之外,他们将所有的主权权力交由代表来行使。④ 如果用大多数英国宪法学者的术语来说的话,就可以假定"时下的英国议会拥有最高的主权权力",也可以假定"国王、贵族和下议院议员构成了至高无上的主权的三位一体",但是准确地说,下议院议员仅仅是选民选举和指定的"代表"。因此,在奥斯丁看来,由于下议院与选民之间的关系是"授权"和"代表"的关系,选民设定一个职责,而下院议员就应该履行该职责,当然选民也不可能授权他们的代表即下院议员违背或破坏选民的目的。奥斯丁还认为,由于选民对议员的授权是默示的,而议员的职责则是由道德强制实施的,因而也可以假定英国的平民将自己的权力"绝对地授予了下议院议员。"⑤

　　在议会主权的问题上,戴雪始终是一个不可能不被提及的名字——迄今为止,尽管受到越来越多的挑战,戴雪的观点仍然是最具影响力的学说⑥。按照戴雪的说法,所谓"议会主权",就是"具有上方界说的巴力门在英宪之下,可以造法、亦可以废法,而且四境之内,无一人复一团体能得到英格兰的法律之承认,使其有权利撤回或弃置巴力门的立法"⑦;议会主权有肯定和否定两方面的含义,所谓肯定方面,是指"议会通过的任何法案,或任何一个法案的一部分,无论是用以制定

①　参见[英]戴雪:《英宪精义》,雷宾南译,中国法制出版社,2001 年,第 118 页。
②　[英]约翰·奥斯丁:《法理学的范围》,刘星译,中国法制出版社,2002 年,第 248 页。
③　[英]约翰·奥斯丁:《法理学的范围》,第 252 页。
④　[英]约翰·奥斯丁:《法理学的范围》,第 253 页。
⑤　[英]约翰·奥斯丁:《法理学的范围》,第 255 页。
⑥　John Alder,Constitutional and Administrative Law,Mcmillan,1999,pp52.
⑦　[英]戴雪:《英宪精义》,雷宾南译,中国法制出版社,2001 年,第 116 页。

一部新法,还是撤销或修改旧法,法院都必须遵行。"如果从否定的角度看,则"在英国宪法下,没有任何人或任何团体能建立无视或取消议会任一法案的规则,换言之,即与议会任一法案相违背的规则法院将不予施行。"①戴雪进而运用了正反两方面的实例来说明议会的确拥有"无限"的立法权力②,同时他也承认在有的学者看来,议会的权力并非全无限制:其一,与道德或国际法原则相违背的议会法案就应该是无效的;其二,君主特权虽不复为议会权力的限制,但是原先属于君主的某些权力对议会似乎仍有约束力;其三,某些法律一经通过,以后的议会就无权更改,如规定英格兰与苏格兰合并的 1707 年合并法③——事实上,直到现在,对议会主权的批评仍然集中在这几个方面。戴雪并不赞成奥斯丁所说的选民和议员之间是"授权"与"代表"的关系,并由此提出了著名的"政治主权"与"法律主权"相区分的观点,即国家的政治主权归属于全体选民,但审判机关在判案时依据的并不是选民的意志,而是议会的法律,所以法律上的主权属于议会。作为法律主权的议会的权力就必然会受到内外两方面的限制,所谓外部限制就是如果议会没有善用其权力,使臣民不愿守法,议会的主权就会因之而归于无效,从这个角度说,"法律主权的运用正有制限",议会的主权更是如此,而"大众反抗的可能性在可以钳制主权,使不能恣肆。"④因此戴雪也承认,英国议会的主权在理论上虽然是无限的,但实际上却受种种外部限制的约束⑤;但是戴雪似乎并没有明确表示对议会来说,其内部限制究竟是什么,而只是说明"内部限制起于主权权力的本质",哪怕是在独裁制度下,君主也不能任意行事,而且他还认为在议会政治下,议会所受的内部限制可能比外部限制更大。不过从他所举的例子来看⑥,所谓内部限制可能就是议会立法要受当时当地的政治环境和道德标准的影响。戴雪进而提出,主权的内部限制和外部限制的不能调和导致了英国资产阶级革命,是革命之后确立的代议制度使二者的差异最终得以消弭。⑦

戴雪最终总结了英国议会主权的三大特征:"第一,这个立法机关不得随意变

---

① A V Dicey, Introduction to the Study of the Law of the Constitution, 10thed, Mcmillan, 1964, pp40.

② [英]戴雪:《英宪精义》,第 117 – 135 页。

③ [英]戴雪:《英宪精义》,第 137 – 145 页。

④ [英]戴雪:《英宪精义》,第 151 页。

⑤ [英]戴雪:《英宪精义》,152 页。

⑥ 即议会不能随意制定对殖民地课税,参见[英]戴雪:《英宪精义》,第 152 页。

⑦ [英]戴雪:《英宪精义》,第 153 – 155 页。

易任何法律,基本法或寻常法俱依通常手续;第二,宪法与普通法无分别;第三,除巴力门本身外,国内再无第二机关,司法或其他,能宣告其所定法案,谓为非宪或无效。"①在此基础上,戴雪还比较了非主权的立法机关的权力与英国议会的权力,殖民地议会和自治领议会都被他归入非主权的立法机关②。但是随着英国殖民地的独立以及联合王国与自治领之间关系的松弛,戴雪在这方面的论断也受到越来越多的批评。

实际上,一些英国宪法学家认为,由于"议会主权(the Sovereignty of Parliament)"这种提法容易引起误解,尤其是难以与政治上或国际法上的主权相区分,因此采用了"议会至上(Parliamentary Supremacy)"或"议会的立法至上(Legislative Supremacy of the Parliament)"的说法③。显然詹宁斯也持同样的观点,尽管他也承认:"议会可以重塑英国宪法,可以延长自己的任期,可以颁布溯及既往的立法,可以确认非法行为为合法,可以决定个别人的案件,可以干涉并授权强征财产,可以授予政府独裁的权力,可以解散联合王国或英联邦,可以引进共产主义、社会主义、个人主义或法西斯主义,而完全不受法律限制。"④,但是他并不赞成"议会主权"的说法,原因在于英国议会的权力并非无限,而且在他看来,法律主权并不是主权,作为"法律家们用以说明议会和法院之间关系的一种表达形式",它仅指"法院将永远承认议会通过立法制定的规则为法律"。⑤ 按照詹宁斯的解释,议会至上包括两层含义,其一,议会可以合法地制定有关任何问题的立法,除受到政治权宜之计和宪法惯例的限制外,不受任何限制;其二,议会至上意味着它可以为所有的人和所有的地方进行立法。⑥ 正是这些对戴雪的理论的强有力的回应使詹宁斯成为继戴雪之后又一个英国宪法权威。时至今日,议会主权的概念问题或者说议会主权原则在英国宪法中的地位问题仍是宪法学家们讨论的重要话题之一,对"议会主权"或者说"议会至上"的争论现在仍在进行。不过无论是"议会主权"也好,"议会至上"也罢,对英国这样一个宪法具有不成文和柔性特点的国家而言,宪

---

① [英]戴雪:《英宪精义》,第159页。
② [英]戴雪:《英宪精义》,第160–192页。
③ 参见 E. C. S. Wade & Q Godfrey Philip, Constitutional and Administrative Law, Longman 9th ed,1977,pp59;另见 Neil Parpworth, Constitutional and Administrative Law, Butterworth, 2000, pp56;John Alder, Constitutional and Administrative Law, Mcmillan,1999,pp53.
④ [英]埃弗尔·詹宁斯:《法与宪法》,龚祥瑞、侯健译,三联书店,1997年,第100页。
⑤ [英]埃弗尔·詹宁斯:《法与宪法》,第101页。
⑥ [英]埃弗尔·詹宁斯:《法与宪法》,第116–117页。

法体制是伴随着时代的变化而变化的,诚如詹宁斯所说,"我们的法律和我们的体制是一并生长的;人们必须创造出来的东西不是一个理论上的解决办法,而是一个权宜之计——在起草宪法时,没有人为此而烦恼,而只是关注各种权力的分配问题"①。因此,也可以说,议会主权观念的发生、发展的过程本身就是英国宪法发生和发展的过程,从中可以看出英国宪法的发展轨迹。

(三)关于法治

法治,即法律之治,指一个国家或一个社会通过法律对权利进行制约和对个人权利进行保障的一种制度。它主张法律面前人人平等,反对法律之外和法律之上的特权。在西方的法律体系中,只有控制着人们日常生活关系的普通法非常独特地从英国发展起来,最终形成了独一无二的英国法治传统。

法治又是与人治相对应的一个概念。何谓人治·何谓法治·一般而言,法治是一种理性的、制度化的生存方式,它以保障公民人权和建立有限政府为基本特征,而人治则是一种依赖"德才兼备"的社会精英下达命令,再通过普通社会成员执行命令,从而实现社会治理的政治状态。现代社会所理解的法治是理性的、公平的和确定的,而理性又只属于人类,其基础是社会生活经验与知识的积累和创新。相反,人治则是非理性的、任意的、多变的。根据英国的历史发展,法治的真正实现以17世纪革命为端点,因为它给这个悬立在大西洋之上的岛国带来了无数的惊喜和值得后人深思的震撼。

四、本选题的主要任务与主要内容

本选题主要从议会、法治和地方自治等三个方面梳理英国从中世纪到近代早期宪政史的发展脉络,揭示这一时期英国宪政观念的发展变化,从而厘清英国近代早期宪政发展的若干问题,其中英国近代宪政是英国近代市民社会的产物,是本书的基本观点和结论,对我们理解英国宪政制度的起源和发展有一定意义。

"自由政制的治术是盎格鲁诺尔曼种族对于世界文明的最大贡献"②,英国是当今世界上唯一的不成文宪法国家,尽管没有哪个国家成功地移植了英国的宪法

---

① [英]埃弗尔·詹宁斯:《法与宪法》,第107页。

② 门禄:《欧罗巴政治》,转引自[英]戴雪:《英宪精义》,雷宾南译,中国法制出版社,2001年,译者导言,第1页。

制度,但是这丝毫不影响英国宪政制度的重要性——"立宪政府显然是我们时代占支配地位的政治学说,在这一发展过程中,英格兰扮演了主角。今天的民主制国家中有相当一部分是直接地和间接地通过美国从英国导出他们的政治制度的。"①而在英国宪政发展史中,议会、法治和地方自治始终居于核心地位,也就是说,英国宪政制度的发展是以议会、法治和地方自治为主导展开的。

英国的议会、法治和地方自治有着悠久的历史,无论是封建时代,还是资本主义时期,它们都是政治斗争的中心舞台和主要内容,在长期的宪政实践中,逐渐形成了"议会主权""法律至上""地方自治"等原则。自1885年英国著名宪法学家戴雪在他的代表著作《英宪精义》中首次把议会主权、法律之治、宪法惯例作为英国宪政的重要原则以来,至今这些原则仍然是英国宪政的核心原则。对我们来说,研究英国近代宪政原则发展的过程,就可以看出英国宪政发展的大致脉络;而且作为"宪政之母"的英国,在其宪政发展过程中也有许多经验和教训。因此,对英国宪政原则发展历程的详细考察,不仅可以帮助我们更加深刻地理解其他西方国家的议会制度和宪政实践,也可以为完善我国的人民代表大会制度、建设社会主义政治文明提供有益的借鉴。

因此,本选题从社会政治转型的角度,考察近代早期英国议会主权、法律至上、地方自治等原则的成因、发展及与宪政发展的关系,来梳理出英国近代宪政及宪政观念发展的历史脉络,以期获得有益的启示。本书共分五个部分对英国近代早期的宪政发展进行分析。

第一章对近代早期英国宪政的发展和宪政观念的转变的背景进行了介绍。在论述16、17世纪英国社会经济、政治及阶级结构发展变化的基础上,揭示这些因素与这一时期英国宪政发展与宪政观念转变的关系,认为正是经济、政治、社会结构的发展与变化,特别是王权由盛而衰的变化以及市民阶级经济与政治势力的不断壮大,为这一时期英国宪政发展与宪政观念转变奠定了基础。具体讲,16、17世纪英国社会经历着前所未有的巨大变革。经济上,传统的农本经济开始衰落,农业、工业以及商业贸易领域新经济因素迅速成长,重商主义经济蓬勃发展,城市化初步进行。政治上,专制王权与法治同时发展,从而引起了二者之间的斗争,结果延续了王权遵从法律的特殊政治传统。政治经济结构的变革带来了社会流动

①　斯科特·戈登:《控制国家—西方宪政的历史》,应奇等译,江苏人民出版社,2001年,第227页。

加剧和社会结构的变化,最终导致了英国近代市民社会的形成。乡绅和以工场主、约曼、商人、专业人士等为代表的中等阶层逐渐兴起,成为近代市民社会的重要政治力量,在社会政治生活中发挥着更为积极的作用,提出了更多的政治诉求,推动了英国宪政的发展和宪政观念的转变,并由此形成了17世纪英国革命的思想基础。

　　第二章按照时间顺序、从宪政史角度讨论英国议会政治的演变,主要考察中世纪至近代早期英国议会从产生到职权不断发展变化的历史过程,并讨论资产阶级革命前英国议会的若干问题。首先,英国议会起源于贤人会议,到14世纪前期基本形成。早期议会是英国封建政治体制中极为重要的一环,其职权范围非常广泛,囊括了咨议、司法、行政和立法等方面,但立法并非其主要职能。从议会的性质、职能、代表产生的程序乃至代表的广泛性来看,这一时期的议会离真正的代议制度还相去甚远,议会对限制王权所起的作用也还相当有限。其次,议会两院制的形成大约在14世纪后期,议会的职能仍在行政、司法、立法等方面,尽管上议院在多数时候仍居主导,但是下议院的作用也开始凸现,其中最突出的莫过于税收批准权,与此同时,议会的权威也在缓慢增长,并取得了一些独立于国王的权力,而这对议会主权观念的形成具有十分重要的作用。第三,到都铎王朝时期,议会的权威已经扩展到了宗教领域,君临议会获得了至上的地位,尽管这种权威是在国王的主导下行使的,但与之相对应的是君主也只有在议会中才能充分行使其最高权力,同时,下议院地位的上升为资产阶级革命的到来准备了条件。第四,英国资产阶级革命是以下院为主导展开的,革命期间所有的矛盾和冲突都以下院为舞台展开,由此反衬出上院的衰落,革命的过程还说明议会作为英国宪政制度的核心部分的法律地位已经确立。总之,本章试图通过对英国议会政治演变过程的考察,说明议会始终是英国宪政的核心部分和英国政治斗争的合法舞台;而且英国议会两院关系、职权等的发展无不具有明显的渐进性特征,这不仅是英国宪政的重要特征,也是英国政治文化的重要特征。

　　第三章对近代早期英国法治秩序建立的历史基础、基本过程、原因、特点、意义以及近代早期特别是斯图亚特王朝时期法治观念的转变进行了较为系统地考察和阐述。中世纪就已形成的普通法传统和《大宪章》所蕴含的法治精神为近代早期英国法治秩序的建立奠定了深厚的历史基础,然后经过都铎王朝时期专制王权与法治的并行发展、斯图亚特王朝时期争取司法独立的斗争以及17世纪的英国革命,近代意义上的法治秩序终于在英国建立起来。在17世纪革命之前,英国法治并不具有"民主性",法治的背后还存在着专制、等级特权制度。"天赋人权"、公民在法律面前人人平等、"主权在民"等原则并没有体现在人们的现实生活中;17 世纪革命后,有限政府、权力分立、司法独立等近现代自由宪政和法治社会的基本原则和价值要素得以确立。在这一过程中,以爱德华·科克为代表的近代市民阶级的政治思想观念同以詹姆士一世、菲尔默等为代表的国王、贵族的旧的封建政治思想观念发生了激烈冲突。科克严厉批判了君权神授的专制主义思想观念,他以英国历史上的普通法和古代宪政思想为武器,同詹姆士一世的君主专制思想进行斗争,使近代宪政思想在当时英国得以发展,深入人心,从政治思想与观念上树立了议会对于王权的政治优势,改变了革命前的政治文化,为英国革命的发生做了铺垫和宣传;他所阐述和宣传的制衡理论、司法独立等宪政思想观念,极大地推动了英国乃至整个欧洲近代政治思想和观念的发展,也极大地推动了英国政治的现代化。最后,本章对近代早期英国法治秩序形成的原因、特点和意义进作了深入分析。

　　第四章论述了自中世纪至近代早期英国地方自治的演进过程、形态与运作方式,并分析了地方自治的原因、影响、意义及其宪政价值。从中世纪到近代早期英国地方社会的组织与管理形式经历了从盎格鲁——萨克森时期的以郡守为中心到都铎王朝时期的以治安法官为中心的形式转变,贯穿于这种形式转变主线的是地方社会的自治特色。以郡守为中心的英国地方政府组织主要分为两级,即郡与百户区,他们各有自己的法庭:郡法庭与百户区法庭,其性质属于公共法庭;以治安法官为中心的地方自治的形式中,治安法官成为国王与中央政府在地方上主要的代理人,主要通过"季会法庭"来受理地方上的各种案件,维护本地的治安。地方社会的运作与自治主要通过管理地方公共生活、公共安全和选举官员与议会议员等方式来实现。在公共行政机构之外,英国地方社会还存在着私人特权管辖区,即领主私人拥有某片地区,自己设立法庭以代替公共法庭,实现对地方的统治与管理。市民社会的张扬是地方自治传统的社会历史前提,经验主义的理念是地方自治传统的理论根基,普通法的延续是地方自治传统的制度保障。英国的地方自治组织,在其后英国的政治生活中,形成一种根深蒂固的习惯原则,在维护自己应有权利、对抗专横的国王斗争中发挥了重要作用,从宪政角度来讲,地方社会的自治为英国近代早期宪政制度的确立奠定了一块深厚的基石。

　　最后,结语部分按历史基础、形成过程、形成特点、形成原因等内容对近代早期英国宪政的发展与宪政观念的转变做了总结性的深入分析。

　　总之,近代早期英国宪政的发展与宪政观念的转变涉及方方面面的内容和因素,一部论著自然难以囊括无余,本书选择以议会制度为最终表现形式的政治协商传统、以"王在法下"为核心内容的法治传统和体现了自由精神的地方自治传统作为论题的切入点,探讨这些传统在英国近代早期的发展和变化。之所以如此选择,理由有二:一是 19 世纪末 20 世纪初的英国著名宪法学家戴雪曾指出,英国宪政包含两大精义,即法律主治和议会主权,①尽管对此观点学术界并非毫无异议(例如詹宁斯就对此提出批评),但毕竟赞同者占多数。二是法治、政治协商和地方自治是构成现代宪政文明的主体构架,宪政既是法治政治,又是协商政治,同时也是高度自治的政治,三者之中无论缺少了哪一个,宪政都是不完整的,甚至是不真实的。

---

　　①　［英］戴雪:《英宪精义》,雷宾南译,中国法制出版社,2001 年,第 1 页。

第一章

16、17 世纪英国的社会结构变迁与政治变革

16、17 世纪英国社会经历着前所未有的重大变革。经济上,传统的农本经济开始衰落,农业、工业以及商业贸易领域新经济因素迅速成长,重商主义经济蓬勃发展,城市化初步形成。政治上,王权专制与法治秩序并行发展,又相互斗争,最后延续了王权遵从法律的特殊政治传统。政治经济结构的变革带来了社会流动加剧和社会结构的变化,最终导致了英国近代市民社会的形成。乡绅和以工场主、约曼、商人、专业人士等为代表的中等阶层逐渐兴起,成为近代市民社会的重要政治力量,在社会政治生活中发挥着更为积极的作用,提出了更多的政治诉求。

第一节　经济发展与社会结构变迁

一、经济的增长

由传统社会向近代社会转型的过程中,经济发展占据了重要的地位。进入 16 世纪,英国经济有了明显的增长。农业领域,传统农业面临人口增长的挑战,耕作面积不断扩大,耕作制度与农业技术得到改良,农作物物种不断更新,农业产量逐步提高,商品经济的渗透引发了农业领域的市场化经营,造就了一批自由雇佣农。工业领域,传统的工业部门生产技术不断改进,行业分工更加精细,出现了许多新的行业,如造船、制铁等。商业领域,在重商主义政策下国内外贸易走向繁荣,海外贸易公司发展迅速,商人阶层逐渐壮大,社会财富积累增多。

农业是整个古代世界决定性的生产部门。① 在传统农业社会向近代工业社会转型的重要时期,农业领域的变革首当其冲。随着中世纪末期黑死病所造成的人口锐减以及 1381 年农民起义的爆发,庄园制度基本解体,广大农民逐步摆脱了农奴身份的束缚,大大提高了劳动生产率。进入 16 世纪,由于人口增多带来的粮食需求量加大,物价上涨,农业商品化发展迅速,市场化经营程度不断扩大。农业生产不再局限于为家庭或者为庄园的自给自足,而是为了满足市场的需求,为了更广泛范围内的市场交换。农业领域的商品市场化又产生了明确的地区分工,许多地区成为远近闻名的专门农产品市场。因此可以说中世纪经济那种相对稳定静止状态正在迅速而集中地向货币、市场及商业交换为基础的更自由、更具流动性的状态转变。②

农业生产方式的变革带来了农业产权结构的变化。15、16 世纪英国乡村手工业发展迅速,特别是毛纺织业,成为英国重要的支柱产业。大量羊毛原料需求使养羊成为有利可图的事情,因此大批的土地被圈占为用于养羊的牧场,这次圈地运动规模并不大,却对封建土地制度产生了很大的冲击,传统的敞田制和公地制度遭到破坏,土地的所有权与用益权相统一,私有权得以确立,加速了农民与生产资料的分离过程,为劳工雇工化、土地资本化和地租资本化开辟了道路。

在圈地运动的同时,农业耕作技术也得到提高。传统的敞田制是与庄园制度相辅相成的。随着庄园的衰落、土地管理的疏松,出现了排灌不畅、放牧过渡等问题,传统的轮耕制也在限制产量的增加。因此在许多新式的农场中,源于诺福克的四茬耕作开始流行,合理的施肥、排灌设施的建设、轮耕制的应用、对牲畜的科学喂养方式和新的作物品种的引进都促进了农业产量的增加。与此同时还加大了荒地的开垦力度,许多沼泽、草地和荒地被围上了篱笆,加以利用,大大增加了可耕地的面积。正是圈地所带来的农业技术改良和耕作制度的改进,使议会在反圈地问题上开始争论不休,最终查理一世在 17 世纪 30 年代取消了对圈地的限制。③

在工业领域,由于重商主义兴起,国内外市场的扩大,不同部门的相互需求增大,英国的工业有了长足的发展。传统的工业许多都与农产品加工直接相关,基

---

① 恩格斯:《家庭、私有制和国家的起源》,载《马克思恩格斯全集》第 21 卷,第 169 页。

② A. L. Rowse, The England of Elizabeth: A Structure of Society, London, 1951, p. 80.

③ John Thirsk, The Agrarian History of England and Wales, 1640 – 1750, Cambridge, 1974, p. 429.

于满足人们衣食住行的基本需要而产生的,如面粉加工、毛纺织业、房屋建造和造船等。都铎中后期开始,出现了许多新的工业部门,如造纸业、亚麻纺织业、丝织业等,而传统工业的技术和产量也得到了提高。纺织业产量成倍地增长,质量也得到改善,矿业和金属冶炼业得到了很大的发展。同时行业分工更加细密,一些原来与农业密切联系的手工业,如纺织、酿酒、烤面包、农具制造等,越来越成为独立的手工业生产部门。

商业贸易也在近代早期迅速发展。早在 16 世纪前期,英国就掀起了以呢绒输出为中心的对外贸易高潮,但是由于长期以安特卫普作为主要的销售中心和渠道,随着海外竞争的加强,逐渐失去了主动性,所以到 1551 年英国在安特卫普的呢绒销售量反倒出现了下降。而新航路的开辟,以及英国海上势力的扩大为海外贸易提供了新的契机,各种海外贸易公司纷纷建立,在 1555 年第一个贸易股份公司——莫斯科公司得到了特许状。随后,东陆公司、利凡特公司、几内亚和东印度公司在 16 世纪中后期相继成立,大大拓展了英国海外贸易的辐射范围。英国商人开始越出西欧及其近邻地区,同北欧、东欧、北非和远东诸地区的商人进行直接来往和交易。

国内贸易也迅速发展。内河航运的发展及水路交通的便利促进了英国民族市场的形成,首先在伦敦周围出现了一个贸易交换活动频繁而迅速的地带,而这些集市的中心就是伦敦。16 世纪晚期,人口的迅速增长使伦敦成为国内贸易的枢纽。贯穿伦敦的泰晤士河为伦敦提供了便利的地理位置,水道四通八达,驿站星罗棋布。伦敦就像一个居于中央的太阳,全国都在吸取它的阳光。任何小的市镇和乡村一旦受到伦敦的影响,就会朝着专业化和商业化的方向发展。如埃塞克斯、肯特、萨里、赫特福德、诺福克等都在为首都忙碌,进行面粉加工、酿酒、制奶酪和提供蔬菜等。首都对于英国就像是铁路的中央枢纽,大量商品运抵首都,然后再从首都运走,或者运往全国各地,或者运往国外。① 而在伦敦之外,大大小小的城市乡镇贸易也发展起来。此时的英国已经发展出一套非常完整的市场网络:"16 至 17 世纪的英格兰约有 760 个设有一到两个集市的市镇,威尔士约有 50 个此类城镇,合计 800 个经常举行集市的城镇。两个地区的人口大约在 550 万上下,每个设集城镇的交易活动平均要辐射到 6000 至 7000 人,而其本身居民仅有 1000

---

① 费尔南·布罗代尔:《15 至 18 世纪的物质文明、经济和资本主义》第 3 卷,三联书店,1993年,第 418 页。

人左右,城镇商业活动涉及的人数大致等于其人口的 6 至 7 倍。这 800 个市镇中,至少有 300 个集市的活动是单一的,133 个从事小麦贸易,26 个蔬菜集市,6 个水果集市,92 个牛市,32 个羊市等等,……甚至还有专门出售木匙和木旋塞的集市。"①

城市的发展也是此时英国经济结构变化中的一个重要因素。在都铎晚期与斯图亚特早期,英国仍然是一个农业社会,大约有四分之三的人口居住在乡村,从事农业生产。但随着经济结构的调整,城市的重要性逐渐显现出来,大多作为市镇中心或者作为主要的物品集散地,周边乡村需要在城市购买原材料,需要在城市贩卖商品。同时城市也逐渐发展为政治生活的中心,成为法庭、议会、治安法官或主教集会的场所,也是医师、律师、学校和商店集中的地方。

从 1500 年到 1700 年英国中小城市的数量并没有多大变化,人数在 500 左右的小城镇约有 700 个左右,而有较大辐射力的地区中心城市、人口又在 1500 – 5000 之间的约有 100 个左右。但是随着乡村工业发展的荣衰,原来的纺织工业中心衰落,而许多新型的工业或港口城市逐渐发展起来,城市的分布悄然发生着变化,从东南部向西南和西北地区扩展。② 在中小城市之上的是大城市,如约克、布里斯托尔、诺里季和纽卡斯尔等,这些城市发展迅速,到 1700 年人口都已上万,成为人口增长最快的城市,环顾当时欧洲,恐怕只有阿姆斯特丹可以媲美。伦敦最为典型,从 1500 – 1650 年人口增加了 10 倍,已经成为当时西欧最大的城市,它集中了全国大部分的经济资源,是海外贸易的中心。由于优越的地理位置和众多拥有垄断经营的公司,全国大部分商品都要流经伦敦的港口,伦敦至少占据对外贸易额的五分之四。同时伦敦还是全国的政治文化中心,王室、议会以及各种中央法庭都集中在威斯敏斯特。"整个英国经济地域都服从伦敦的王权。政治权力的集中,英国王室的强大,商业活动的向心化趋势,一切都有利于首都的繁荣兴旺。这种兴旺本身保证了伦敦对整个英国地域的统治,使这一地域内建立起众多行政联系和市场联系。"③

16、17 世纪英国经济的增长、新的经济因素出现充分显示了经济结构调整的社会转型状态,随着社会经济分化加剧,势必引起社会结构的剧烈变动。

---

① Alan Everitt,The Food Market of the English Town,Munich,1965,P. 125.

② Peter Clark & Paul Slack,English Towns in Transition ,1500 – 1700,Routledge &Kegan Paul Ltd. ,1972,p. 8 – 9.

③ 费尔南·布罗代尔:《15 至 18 世纪的物质文明、经济和资本主义》第 3 卷,第 417 页。

二、社会结构变动

随着传统农本经济社会向近代工业社会的过渡,社会流动性大大增强,社会结构也悄然发生了变化。传统旧贵族出现衰落,乡绅兴起,职业阶层不断壮大,依靠工资生活、没有土地的雇佣劳动者出现。劳伦·斯通对于 16、17 世纪英国社会结构的概括最有代表性:"在 1540 – 1640 年英国政治史的发展进程中,英国社会的重要事件就是土地阶层和职业阶层人数和财富的显著变化。"①根据哈里森的描述,都铎时期英国社会可以分为四个阶层:贵族、城镇市民、约曼和劳工。这里的贵族阶层范围较广,上层为公、侯、伯、子、男等世袭的有爵位的贵族,而下层则为骑士、缙绅等。教会神职人员的上层也属于贵族阶层。② 随着经济的增长和政治结构的调整,大贵族出现了分化,拥有大地产的贵族势力依然较强,但是部分人因为挥霍和经营不善,开始衰落。"生活上的严重腐化、挥霍和管理不善使旧贵族入不敷出,变卖产业,1558 – 1602 年,英国 7 个郡中贵族地产逐渐减少 1/4。1561 年的 500 多个庄园中,旧贵族的占有率下降了 7 个百分点。"③通过亨利八世的宗教改革,教界贵族也日益衰落,总体上这个时期贵族人数在下降。

与贵族衰落相对的,是乡绅的兴起。关于乡绅很难给出一个严格的定义,因为它往往与英国社会其他阶层互相渗透,形成你中有我,我中有你的复杂局面。尽管如此,还是可以得出一个大致的界定。如陶尼在《乡绅的兴起》一文中指出:乡绅是一个财产差别相当大的社会阶层,主体是那些占有相当数量地产的人,规模在约曼与贵族之间。成员主要包括贵族的幼子、富有的农场主、职业群体(如医生、律师等),还有迅速扩大的商人团体。④ 正如有人所说的:"乡绅不能从法律上加以界定,这是一种按照财产的分类,某种程度上也是生活方式的分类"。总之,16 世纪以来,随着经济的增长和市场活动的增多,乡绅阶层逐渐壮大。他们懂得经营,又力行节约,"生活方式比挥霍无度的贵族和失去信用的投机商更好地适应了在通货膨胀年代里生存的需要",经济实力大大增长。如亨利八世时期没收的教会地产大多是出售给了社会中间阶层,而乡绅就是购买者最多的人群之一。

---

① L. Stone, The Causes of the English Revolution 1529 – 1641, Routledge, 1986, p. 72.

② William Harrison, Description of Elizabethan England, , p. 9.

③ L. Stone, The Causes of the English Revolution 1529 – 1641, p, 72.

④ R. H. Tawney, The Rise of the Gentry, 1558 – 1640, The Economic History Review, Vol. 11, No. 1, 1941. p. 7.

1642 年,约克郡的所有乡绅家庭中有 23% 是 1558 年以来新兴起来的。亨利七世时,全国中小绅士所拥有的土地只占可耕地面的 25%,到 1642 年时几乎占了一半。同时,约曼阶层占有土地的比例也从 20% 左右上升到 25% – 38% 之间。劳伦·斯通认为 1575 – 1625 年的 50 年间,乡村中绅士修建房屋比任何时候都要多,有力证明了乡绅的兴起。

乡绅阶层的兴起对社会政治结构的一个直接影响就是随着经济地位的提高,他们需要更为相称的社会地位和政治地位,因此他们大多热衷于参与政治活动,参与社会事务,关心国家的政策,参与地方的控制和管理。就像哈里森所说的,他们更热衷于服务社会,往往也发挥了重要的作用,积极入选议会,把持着地方行政和司法权力,成为都铎和斯图亚特王朝政治结构中的重要因素。

首先在下议院的代表构成中,未获得骑士称号的乡绅和市民代表逐渐成为下院议员的主体。随着选区的增多,到 1601 年都铎王朝最后一届议会中,威尔士的几个郡分别得到选派一名议员的权力,而且英格兰增设了蒙莫斯郡和柴郡两个选区,为乡绅的入选创造了极好的条件。伊丽莎白中后期,英国下议院中绝大多数议员都是出自乡绅阶层,女王的重臣威廉·塞西尔就是一个很好的例证。

其次,在地方社会的管理中乡绅担当了很大的责任。他们热衷于向官方机构靠拢,热衷于在地方政府中担任职务。治安法官这个职位的变化,就集中体现了乡绅的政治热情。治安法官出现于 14 世纪中期,当时对治安法官的职权范围大致有明确的规定。都铎王朝建立后,随着社会政治经济生活的复杂化,地方管理事务的增多,传统职责范围渐渐不能满足现实需要,在 1590 年议会对治安法官职能做了全面的修订,授权治安法官多项原来所没有的权力。治安法官逐渐成为负责地方综合管理治安事务的官职,成为 16、17 世纪英国地方管理的重要政治机构。由于不设薪水,治安法官大多都是由生活富裕的乡绅担任,在当时王国的每个地区基本上都有一个不用付薪水的乡绅在担任这类职务。

随着经济实力的增长、政治地位的逐渐加强,日益壮大的乡绅阶层开始向往更加广阔的舞台,不再满足于仅仅在地方一隅中发挥作用,乡绅逐渐从原本熟悉的乡村生活环境中"撤退",①希望谋求更高的社会地位和社会尊重。首先表现在

---

① James M. Rosenheim , County Governance and Elite Withdrawal in Norfolk, 1660 – 1720, in A. L. Beier、David Cannadine &James M. Rosenheim ed. ,The First Modern Society ,Cambridge, 1989 ,p. 95.

通过购买爵位进入上层社会,斯图亚特早期增加贵族爵位的数量和增设男爵爵位加速了乡绅向社会上层的流动。詹姆斯一世登基之初,仅仅四个月就增添了906名骑士,骑士总量陡然增加到了1611名,与伊丽莎白晚期相比增加了3倍。在1630—1635年间乡绅为了购买骑士爵位,大约共花费了173537英镑。① 购买爵位提高个人身份的同时,在生活习惯和文化教育上,乡绅阶层也积极向贵族社会靠拢,处处加以模仿。财富的积累使他们能够追求奢侈城市生活,"在伊丽莎白一世时期,社会精英群体在一年之中花上9个月的时间在伦敦度过,已经成为一种时尚。伦敦的社交季节吸引了各郡的乡绅蜂拥而至,年轻人在这里展示他们的浮华,年长者在这里节省开支和维护乡下住宅和接待费用。"②

总之,乡绅作为农业资本主义新时代的弄潮儿,已成为一支具有重大影响的社会力量。他们的崛起打破了几百年来传统社会关系的平衡。

另外,处于农村社会底层的农民在资本主义浪潮冲击下,也开始了剧烈的分化过程。极少数上层自由持有农发家致富,地位上升,形成一个富裕的约曼自耕农阶层,他们是乡绅和农业资本家队伍的重要后备来源。大批的自由持有农和公薄持有农在通货膨胀和圈地运动下走向破产,沦为工资劳动者,所以农村雇佣劳动者数量剧增。17世纪初,该阶层已占农村人口的1/3左右。

综上所述,随着农业资本主义的发展,革命前英国的农村社会正经历着一场革命性变革:土地占有结构正从封建领主所有制和村社公有制向资本主义地主所有制转变,农业生产结构正从自然经济型向商品经济型转变,社会阶级结构正从领主—农奴双层式等级制向地主—农业资本家—农业工资劳动者三层式非等级制转变,社会力量的重心正从封建大贵族一边转向资产阶级化的新贵族和乡绅一边。对于这一历史变革的革命性质,马克思曾论述道:"自亨利七世以来,世界上没有任何地方,是由资本主义生产这样毫无怜惜地处理各种传统的农业关系,这样使它的各种条件适应于它自己,并使它们服从于它自己。从这一点看,英国要算世界上最革命的国家。一切历史上留传下来的关系,……只要它们和农村资本主义生产的条件相冲突或不相适应,就都毫无怜惜地把它去掉。"③

农村社会结构的变化意味着封建社会体系的根基业已崩溃,这是近代早期英

---

① L. Stone,The Crisis of Aristocracy 1558—1641,Oxford,1967,p. 42

② Steve Rappaport,Worlds within Worlds:Structure of Life in 16th Century London,Cambridge,1989,p. 235.

③ 马克思:《剩余价值学说史》,第2卷,人民出版社,1978年,第263页。

国宪政制度及宪政观念发生变化的背景和原因。尽管英国宪政制度及宪政观念的变化是一个逐渐发展的过程,但正是这一变化最后导致了 17 世纪中叶的宪政冲突,最终导致了英国革命的爆发。正如当代英国革命史专家克里斯托弗·希尔所说:英国革命"是由于旧社会的崩溃而发生的,……是由于社会的结构、裂疤和压力,而不是领导者的意愿,使得革命爆发并提供了革命爆发的条件。"①

第二节　近代市民社会的形成与政治的新诉求

　　社会经济的发展与社会结构的变迁促使了英国由传统社会向近代社会的转型,而这一过程也就是近代市民社会形成的过程。近代市民社会意指以商品货币经济为基础的市场社会,而非原始的、野蛮的自然状态社会或以自然农业经济为基础的封建等级社会。在近代市民社会里,社会一体化的实现往往不再借助于传统的习俗和伦理规范,而主要是由共同的法律来实现的。它要求在经济领域里,资源的组织、分配和产品生产过程中不需要任何政治决定;而政治活动则是经由社会所授权和监督的并只能在法律规定的界限内行使,法治对政治干预经济活动作了严格的制度限制,并给经济自由和财产权提供了充分的法律保障。

　　近代早期英国市民社会的基本要素是自由产生的原因和法治与宪政形成的动力。市场社会的形成,孕育、产生出了个体自由,但个体自由的实现离不开法治的保障和宪政的维护。总之,近代早期英国的法治与宪政秩序的建构是在市民社会的框架内实现的。

一、市场社会与个人财富积累

　　近代早期英国货币经济的发展程度较高,其表现也较明显。克拉潘曾指出:"'历史是一件无缝的天衣',而在它的经济和社会方面往往更难发现类似接缝那样的痕迹。这件历史的天衣的变化往往是极其缓慢而难于觉察的。可是,16 世纪初叶所能追溯到的那些变化却没有被忽略,这些变化几乎暗示出一条接缝和一块

---

① C·希尔:《是一次资产阶级革命吗?》,译文见《世界史研究动态》,1986 年第 10 期,第 34 页。

新的材料。"①这块接缝和新材料就是英国自然经济向货币经济的过渡。伴随着英国货币经济的发展、土地和劳动力等万物货币化及市场原则向社会生活各领域的渗透,最终使市场原则上升为社会原则,从而市场社会在英国得以形成。因为"资本主义的成熟过程,一方面包括土地和产品的商品化,另一方面包括劳动力的商品化。"②也只有当一切事物都从属于货币的存在形式,一切事物都变成积累的商品,资本主义才能发生。而一旦万物商品化,必然会导致社会关系原则的逐渐市场化,从而导致市场社会形成。卡尔·波拉尼指出:"劳动力和土地不过是构成人类社会自身和社会所在的自然环境。把它们纳入市场机制意味着把社会本身的物质部分从属于市场法则。"于是,市场不再是社会的附属品,相反,社会却变成了市场的附属品。而在市场社会的形成过程中,货币是不可或缺的,"货币被虚构为商品,这一转变使得社会受到资本主义市场的控制。"而此种过程可概括为:(1)具备市场的社会向市场社会的转变;(2)土地、资本和劳动转变成商品;(3)为所有市场服务的法律和政治制度的转变。③

在市场社会中,最重要的生活内容就是个人财富积累。麦克弗森把英国市场社会的特征概括为"占有性个人主义"(possessive individualism),更为确切地说,是"财产积累个人主义"或者是"货币积累个人主义"。并得出结论:"占有性社会……意指那里的劳动力已经变成了市场上的商品,市场关系如此发达,以致渗透到其他所有社会关系,它完全可以称为市场社会而不是市场经济。"④麦氏将近代英国的自由主义追溯到霍布斯和洛克,其观点要旨非常简单:以财产为基础的、实际上是依附于财产的、与资本主义相适应的"占有性个人主义",它产生了一个"占有性市场社会",在占有性市场社会中,"不存在由权力决定的分工",它是一种市场自发调节。相反,早期的习惯社会或身份社会,"其生产与管理方面的分工都是由权力决定的。"⑤从而使得个体经济自由的确立成为可能。亚里士多德把

① [英]约翰·克拉潘:《简明不列颠经济史》,范定九、王祖廉译,上海译文出版社,1980年,第257页。
② [英]安东尼·吉登斯:《民族-国家与暴力》,胡宗泽、赵力涛译,第185页。
③ [德]乌尔里希·杜赫罗:《全球资本主义的替代方式》,宋林译,中国社会科学出版社,2002年,第46、17—18、1、25—26、34页。
④ Macpherson,C. B. ,The Political theory of Possessive Individualism:Hobbs to Locke,Oxford,1962,P. 48.
⑤ Macpherson,C. B. ,The Political theory of Possessive Individualism:Hobbs to Locke,PP. 49 - 53.

人定义为政治动物,而霍布斯和洛克认为人类是积累财产和财富的经济人。① 经济人的行为特点可概括为:经济人是无限欲望者,是无节制的财富积累者;经济人是数学家,他们在不停地算计,目的是获取最大利润;经济人是劳动的占有者,他们在市场上出售劳动获取货币。经济人的最根本特点就是无节制的财富积累,竞争迫使经济人不断扩大自己的资本来维持自己的资本,而他扩大资本途径只能是累进的积累。米歇尔指出:"资本主义既非人、亦非机构,既非意愿、亦非由于选择。资本主义是一种通过生产方式在起作用的逻辑,一种盲目发展而又顽强积累的逻辑。"②

二、市场社会与社会关系变革

个人财富积累,是对社会财富世界的征服。在市场社会中,自然界变成了财产,契约变成经济关系,良心变成了意志和动机,万物商品化和产权的出现使人与人之间的关系发生了重大变化。在这里,"要注意的中心点是,财产权不是指人与物之间的关系,而是指由物的存在及关于它们使用所引起的人们之间相互认可的行为关系"。③ 财产权不是物质财产或物质活动,而是抽象的社会关系。马克思指出:"在这里,人们彼此只是商品的代表即商品所有者而存在。……人们扮演的经济角色不过是经济关系的人格化,人们是作为这种关系的承担者而彼此对立着的。"④马克思也正是从人与物的关系来考察资本主义经济的。在货币经济社会中,人与人之间的基本关系,"采取了物与物的关系的虚幻形式。"⑤

所以,市场社会的产生对社会关系的转型和现代性制度的形成负有根源责任。它的产生是经济现象,却又不只是一种经济现象,它还是重要的社会现象、制度现象和文化现象。市场社会的诞生,可以说是传统社会关系变革中一个里程碑式的事件。第一,它瓦解了集体本位式社会关系组合,创造了人与人之间新型社会关系。它促使了货币式或金钱式的自由产生,即现代意义上的个体自由的产生,它导致了人的生存状态的改变。实物经济时代,人与人之间保持着一种固定

---

① [德]乌尔里希·杜赫罗:《全球资本主义的替代方式》,第35页。

② [法]米歇尔·博德:《资本主义史1500—1980》,吴艾美等译,东方出版社,1986年,第146页。

③ [美]R·科斯等:《财产权利与制度变迁》,上海人民出版社,1994年,第204页。

④ 马克思:《资本论》第1卷,第102—103页。

⑤ 马克思:《商品和货币》,载《马克思恩格斯全集》第23卷,第89页。

的身份关系以便维持对实物的"共有"状态的稳定。货币改造了财富存在方式和人对财富的拥有方式,财富的"货币化"形式存在,不动产的动产化使财产的私人占有成为可能。在货币经济生活中,人们很少再依赖确定的人,通过货币的使用,人们可以随意更换具体的依赖对象。每个人更多地依赖于自身的货币,人跟金钱更近,人跟人反倒疏远,"人对物的依赖"代替了人对人的依赖。第二,市场社会"使人与人之间充斥着竞争性和侵略性关系"①。亦即霍布斯和洛克所说的自由状态。因为,财富是个人"占有性"的,而不再是"共有"的,这就必然会造成个人之间,个人与社会之间矛盾的增多。第三,市场社会使得人与人之间关系相互主体化,社会关系规则日益客观化。私人财产权的产生,货币经济的运行,使得社会结构由纵向的政治隶属转变为横向的权利平等。在传统社会的财富"共有"状态中,个人生命和财产的拥有更多地依赖于政治身份和等级特权;而在货币经济社会中,以往处于财产"共有"状态中的依附关系变成了私有财产状态下的独立平等的契约关系,从而为法治的产生奠定了基础。同时,这种社会也必须有法治来规范和保障,否则就会陷入无政府的混乱之中。总之,"现代经济系统自早期社会的非正式交易和实物交易发展而来,与此相类似,现代法律也是自地方惯例和规则以及反映相应社会特征的诉讼程序和规则而来"。"经济活动发生在法律系统内,以法律为准绳。如果没有法律,现代经济系统就无法具备数量化及系统的特征","现代社会的法律系统和经济系统在趋于法规编纂、可靠性和准确性方面,经历了类似的发展过程。"②

三、市场社会对个体自由与法治的新诉求

(一)个体自由的产生及其实质

近代早期英国市场社会孕育、发展出了个体自由。近代早期的英国,不仅是经济发生变化和个人的社会流动性增大的时期,而且是一个类别发生变化的时期,不仅我们不能肯定如何界定有意义的社会集团,当时的人们也不能。③ 社会

---

① Macpherson,C. B. ,The Political theory of Possessive Individualism:Hobbs to Locke,Oxford,1962,P. 271.

② [美]詹姆斯・科尔曼:《社会理论的基础上》(下),邓方译,社会科学文献出版社,第 623 页。

③ [美]伊曼纽尔・沃勒斯坦:《现代世界体系》第 1 卷,龙来寅等译,高等教育出版社,1998 年,第 303 页。

结构的变化还只是变化的外观,究其深层本质,"16 世纪和 17 世纪经济变化的影响,与其说是产生了一些新的人群划分,不如说是给已存在的各类人等提供了新的机会。"①这种"新机会"就是个体自由事实本身。1641 年,当一个议员在解释他对"自由"的理解时曾说:自由是"根据一定的法律,我们得以知道,我们的妻子、儿女,我们的奴仆和我们的财产是属于我们自己的;我们建造,我们耕作,我们播种,我们收获,是为了我们自己"②。这种个体自由不是一种自然状态,而是现代文明的产物,现代文明的最重要特征之一就是个体自由。而个体自由,只能在前文所述的"占有性个人主义"货币经济社会中才能产生。英国宪政史家米勒指出:"自由的途径是物质的进步,在英国,自由权起源于近代,而不是在古代",英国宪政的平衡机制不是在历史性宪法内的政治平衡。而这种制衡必须到政治之外,也就是到一般社会中去寻找,其答案是"通过财富的增长和分散,商业社会的发展可以在民众中培育一种独立感和自由感"③。哈耶克也指出:"现代个人自由,人体上只能追溯至 17 世纪的英国。……在过去两百年的岁月中,个人自由的维护和完善渐渐成了英国的支配性理想,而且英国的自由制度和传统也已然成了文明世界的示范。"④

近代英国的个体自由的实质,是经济权或称经济自由。近代英国的个体自由主要是不受限制地享有的一些权利,这些权利包括生命、自由和财产等,尤其是对财富追逐的自由。它不仅承认基本上不受限制的个人财富积累权,而且赋予这种权利以中心地位。它源于一种以财产为基础的个人主义,亦即为麦克弗森所生动称道的那种"占有性个人主义"。这种个人主义试图以财产而不是出身为基础来安排人的社会地位,它更多存在于经济领域中而不是政治领域,主要是在经济和市场领域中的经济自由,而非是对共同体事务积极参与的政治自由。近代早期英国的自由是与市民社会中的"经济人"联系在一起的,只有如此我们才能理解近代早期英国个体自由的内涵。川岛武宜认为,"典型的市民社会是面对绝对主义权力而主张自己获得自由的近代市民社会,是以经济的自律为基础的自律的独自的社会。市民的首要的根本构造是仅由'自由的个人'而成立的。从封建的绝对主义的统治(政治的、社会的、道德的)下解放出来的'自由'个人的营利活动成为经

① [美]伊曼纽尔·沃勒斯坦:《现代世界体系》第 1 卷,第 307 页。
② Hill,C.,The Century of Revolution,P. 44.
③ Millar,An Historical View of the English Government,Vol. 4,London,1977,P. 100.
④ [英]弗里德利希·冯·哈耶克:《自由秩序原理》(上),第 203 - 204 页。

济生活及社会生活的原动力。这种自由人格者首先以营利的独立者的姿态出现。这是作为利己心的承担者而出现的社会成员,是奉行'人为自己而存在'、'世界为我而存在、以利己的自我主张为目标的人的存在,……市民社会以这种自由的原子的人为单位而构成。基于这种利己心的原动力,为使每一个个人的活动促进经济发展,这些个人都必须是平等自主的人。自觉地认识到自己的责任,独自决定自己的行为,能自我控制的自主人格的确立成为其现实的历史的前提。近代市民社会因这种人的存在才能形成。"①市民社会是"经济人"利益争夺的舞台,这也正是黑格尔所看到,在这里,"每个人都以自身为目的"②。

近代早期英国的个体自由,是市民社会中一种利己的、独立的"经济人"的个人自由、经济自由。与古典城邦的共和主义不同,表述近代早期英国个体自由观念的自然权利理论(洛克的理论),是建立在私人财产权利和个人利益基础上的。在自然权利理论法律家看来,公民的自由权存在于在法律保护之下管理自己事务的自由之中,它与经济人概念相联系;而在共和主义者那里,自由意味着对国家政治生活的参与,即人只有通过他在政治领域内的活动才能实现其自由,完成其美德,这里的自由含义与人是政治动物的概念相联系。自然权利理论是伴随着私人财产权利和个人主义观念,而不是伴随着政治美德和集体观念,萌芽生根的。"古代人的目标是在有共同祖国的公民中间分享社会权力:这就是他们所称谓的自由。"所以说,古典时期的公民自由是一种政治自由,他们在相当大的程度上是一种"政治动物",他们只有在政治领域中才会有自由,私人生活附属于政治生活,个人附属于城邦国家。因此,在古代人那里,没有个人自由概念。尽管"公民"广泛参与政治生活并行使权力,但实际上,个人以某种方式被国家所吞没,公民被城邦所吞没。③ 在近代英国,自然权利理论逐渐取代了共和主义理论而成为近代西方新的自由主义传统。人们享有的不再是古代人那种隶属于社会整体的自由,而是现代的独立的个体自由。

(二)个体自由的界限与法治

在市民社会中,自由是以自由为界限的。市民社会中的资本主义经济,是人

---

① [日]川岛武宜:《现代化与法》,王志安、渠涛译,中国政法大学出版社,1994年,第10—11页。

② [德]黑格尔:《法哲学原理》,范扬、张企泰译,第197、251页。

③ [法]邦雅曼·贡斯当:《古代人的自由与现代人的自由》,阎克文、刘满贵译,商务印书馆,1999年,第27—33页。

从自我的利己心出发而承认他人的利己心的经济。"资本主义经济的出发点是人相互作为利己主体加以承认的交换利益,从而对人格及私有财产的尊重构成其基本伦理。"①换言之,"资本主义经济是以个人的利己心及其自发的创造精神、责任感为原动力而运行的经济。但是,其利己民主政治不是绝对不论他人的原始的利己精神,而是以社会分工为基础的社会性经济中的利己。所以,资本主义经济是人把他人同自己一样作为人格的主体加以承认,常常是以等价从他人那里得到利益的伦理的世界。"②在市民社会中,社会关系被概念化为单个所有者之间的一系列自愿的市场关系。每个人都具有同样的自由权利,每个人的自由以不侵犯他人的自由为原则。凡是要求自由的人必须尊重他人的自由,自由以自由为限,即每个人的自由要以不损害他人的自由为限。这就是每个人权利的限度,即"利己不损人"。这便是凝聚在马基亚维里笔下的"人同此心的利己(universal egoism)"③和格劳秀斯所认为的,自然法是"彼此尊重权利"④。也正是洛克所认为的,只要不违反自然法,个人对本人的人身安排旁人不可越俎过问。即,"个人所有权应对别人没有损害","凡是可能妨碍个人所有权的,都不能认为正当"⑤。他们都已认识到,只有如此,个体自由才能成为一种普遍性的自由。

在自由以自由为界限的要求下,契约、法治必然要成为自由者之间社会关系组合的基本方式和手段。因为"在以商品交换为经济原理的市民社会,所有的人互相承认对方的自主的主体性。正是近代市民社会中的这种法主体者间的关系,才使法的独自存在成为可能。"在市民社会里,人与人的关系是权利义务关系。而"只有当社会关系被作为权利义务关系来对待,市民社会中的法才能成为独立的存在物。"因为,真正的法治是一种关于权利与义务关系的规范体系,它要求承认每个人的主体地位,"说个人是法主体是说个人不仅是客体,不仅是他人的手段,而且是以自己为目的。法秩序没有主体积极自觉地遵守法、维护法的话,法是得不到维持的。"⑥可以说,现代法意识中最根本的因素是主体意识,包括对本人权利的主张(自由)和对他人权利的尊重(平等)。⑦ 梅因把这一过程称之为:从"身

---

① [日]川岛武宜:《现代化与法》,第 42 页。
② [日]川岛武宜:《现代化与法》,第 47 页。
③ Sabine, G. , A History of Political Theory, New York, 1972, P. 342.
④ [英]R·J·文森特:《人权与国际关系》,凌迪等译,第 32 页。
⑤ [美]康芒斯著,《制度经济学》(上),于树生译,第 44 页。
⑥ [日]川岛武宜:《现代化与法》,第 18—19 页。
⑦ [日]川岛武宜:《现代化与法》,代译序第 7 页。

份"到"契约"的进程。马克思也认识到,资本主义劳动契约的形式与封建秩序下面领主和农奴之间存在的效忠纽带相去甚远。资本主义劳动契约是一种雇佣者与被雇佣者之间的经济关系,是两个"形式上自由"的行动者在劳动市场上相遇所建立的关系。并得出结论:"流通中发展起来的交换价值过程,不但看重自由和平等,而且自由和平等是它的产物;它是自由和平等的现实基础。作为纯粹观念,自由和平等是交换价值过程中的各种要素的一种理想化的表现;作为在法律的、政治的和社会的关系上发展了的东西,自由和平等不过是另一次方上的再生产物而已。这种情况也已为历史所证实。建立在这一基础上的所有权、自由和平等的三位一体,不仅在理论上首先是由 17 世纪和 18 世纪的意大利的、英国的和法国的经济学家们加以论述的。而且这种三位一体也只是在现代的资产阶级社会中才得到实现。"①且只有在法治的规范下,才能保证利己不损人的私人财富积累继续下去,才能保证"每个人的自由发展是一切人的自由发展条件",才能构筑真正的市民社会——人们用带有普遍主义,能保护到每个人的法律来结成"自由的联合体"。

第三节 社会失范、政治变革和政治领域的矛盾与斗争

一、社会失范:新旧秩序过渡

(一)近代早期英国社会秩序失范的发生

社会失范概念,最初是由法国社会学家杜克凯姆(Emile Durkheim)所使用。他曾指出,在一个高度失范的社会中,由于社会成员没有共同的生活目标与价值标准,缺少行为的指南与约束,因而这个社会有解体的危险。美国社会学家默顿在杜克凯姆的基础上进一步认为社会失范是指这样一种社会状态:社会所追求的目标同决定着达到这些目标的规范不一致。即当社会所规定的目标与用以达到这种目标的手段不一致时,社会出现失范。② 近代早期的英国,货币经济的发展、

---

① 马克思:《政治经济学批判》,载《马克思恩格斯全集》第 46 卷(下),第 477—478 页。
② [美]伊恩·罗伯逊:《社会学》(上),黄育馥译,商务印书馆,1994 年,第 246—247 页;[英]G·邓肯·米切尔主编:《新社会学辞典》,蔡振扬译,上海译文出版社,1987 年,第 12 页。

个体自由的产生,动摇了原来建立在封建土地所有制基础上的社会价值观和制度规范,瓦解了中世纪的社会结构,社会出现了失范。英国从 16 世纪晚期开始,社会发展进入到一个新阶段,此时货币与土地所有权的积累已使"严谨、纯真"的中世纪时代走向了终结。"在土地所有制居于支配地位的一切社会形式中,自然联系还占优势。在资本居于支配地位的社会形式中,社会、历史所创造的因素占优势。"①

中世纪的社会价值观建立在天国与俗界二元论对立的秩序图景之中,它为人们的存在提供了一种确定性。"在神圣的意识中,目的是由另一世界确定的,是真实的存在。"而 16、17 世纪英国货币经济的发展所带来的世俗意识社会价值观,所反对的正是这种宗教天国意识。"对于世俗意识来说,自我应是真实的目的,自我应是它自身的目的。世界是有意义的,这并不是因为它能够向我们展示上帝的计划,而是因为它为我们提供自我实现的各种机会。世俗意识将自身视为存在的核心和真理的焦点。"②在世俗意识中,霍布斯为我们建立了一种新的世俗社会伦理——一种自我主张的伦理观。在霍布斯那里,"世界成为一个以追逐自己的愿望,计划自身的和社会的目标,发挥自己的能力的舞台。"霍布斯说,"不论宇宙的最终权力是什么,我们都能够管理市民社会,建设某种政治工具以便我们可以追求我们的目的和利益。"③霍布斯要求抛弃所有形式的传统自然法观念,要用自己的主张和创造力取代传统的至善论和目的论。他强调:"旧道德哲学家所说的那种终极目的和最高的善根本不存在。"并认为,欲望注定是无限的。"因为心灵永恒的宁静在今世是不存在的;原因是生活本身就是一种运动,不可能没有欲望","人类的欲望和其他激情本身都没有罪"。"一个人对于时常向往的事物能不断取得成功,或者说,处于经常的得意之路,就是人们所说的快乐"成功就是获取"权势",所有的人都具有获取"权势"的坚定愿望:"永恒的永不停止的不断获取权势的愿望,直到死亡时才休止。"④

霍布斯关于利益与欲望的世俗社会伦理动摇了中世纪神治秩序和社会价值观,而当时许多人对于财富正在侵蚀着旧秩序的基础而感到忧心忡忡,同时他们认为质疑构成宇宙基础的和谐、平衡和统一,就等于反对上帝,制造混乱。胡克

---

① 马克思:《〈政治经济学批判〉导言》,载《马克思恩格斯选集》第 2 卷,第 110 页。
② [英]韦恩·莫里森:《法理学》,李桂林等译,武汉大学出版社,2003 年,第 87 页。
③ [英]韦恩·莫里森:《法理学》,第 82—83 页。
④ [英]韦恩·莫里森:《法理学》,第 95—96 页。

(Hooker)(1553-1600)认为,当我们看这个世界的时候,我们所看到的所有事物都是我们在存在之链中的位置的标志。这个世界是一个基本秩序的映射,我们不应当破坏这一秩序,因为秩序的和谐一旦遭到破坏,混乱和灾难就会降临。① "对于伴随这政治和经济发展而来的旧有价值准则和典章制度之摧毁,有许多人是激烈反对、甚至感到震撼的。托马斯·摩尔就曾用讽刺和忠告,最后用他的生命,反对都铎王朝的经济和社会政策。"②伊丽莎白一世时代的文学,例如莎士比亚借《特洛伊罗斯与克瑞西达》中的俄底修斯之口也表达了这种秩序忧虑。由于旧的社会价值观和秩序正在式微,而新的社会价值观和秩序又没有得到认可和确立,社会难免处于动荡之中。③ 旧的社会结构正在"解构",传统的习惯法正受到质疑和否认,而新的社会结构正在"结构",各种社会关系需要寻求新的价值原则和新的秩序体制以便重新组合。正像马克思所指出的:"彼岸世界的真理消逝以后,历史的任务就是确立此岸世界的真理。人的自我异化的神圣形象被揭穿以后,揭露非神圣形象中的自我异化,就成了为历史服务的哲学的迫切任务。于是对天国的批判就变成对尘世的批判,对宗教批判就变成对法的批判,对神学的批判就变成对政治的批判。"④

社会结构主要是指社会的基本构成单位及基本构成单位之间的相互关联方式,是社会生活与社会秩序的一种不易改变的相对稳定的状态。中世纪的社会结构是:社会由三个功能不同而又相互依赖的等级构成:一些人祈祷,一些作战、一些人劳动,而且这些等级的身份是由封建社会法律所规定的。然而到了16世纪后期,在英国这种中世纪的社会结构开始瓦解了。"社会已经通常是从职业上和经济上而不是按法律来区分人们。"⑤因为,英国"在1540年至1640年这一百年中发生财富从富人和穷人手中转向社会中产阶级的再分配。……在17世纪'乡绅'一词的创造,和'贵族'一词的应用,告诉我们很多关于社会进展的情况。城乡的结合、大城市的价值观和生活方式的传播、经济的流动和社会的变动等都包括在人们相互生活中的某个门类中了。到1690年,英国已经形成了一个流动性的

---

① [英]韦恩·莫里森:《法理学》,第82页,注释1。

② [美]泰格、利维:《法律与资本主义的兴起》,纪琨译,学林出版社,1996年,第177—178页。

③ Fletcher, A. and Stevnson, J., ed. Order and Disorder in Early Modern England, Cambridge, 1985, P11.

④ 马克思:《〈黑格尔法哲学批判〉导言》,载《马克思恩格斯选集》第1卷,第2页。

⑤ Hilton, R. H., The English Peasantry in the Later Middle Ages, Oxford, 1979, P. 3.

和单一的有钱精英。获得财富和权力的大门,不是像欧洲许多国家一样,限制在陈旧的特权观念和摆脱不掉的关于出身纯正的老框框中。"①此时,英国社会等级概念混淆不清,没有严格的界限。陶内曾指出,"'贵族'和'绅士',这些社会集团的界限互相溶合于彼此之中。"②

16世纪是英国绅士在财富、社会地位和权力等方面勃然兴起的世纪。绅士的兴起体现了一种新的社会价值观,即追求财富。因为他们"一心追逐利润。"这必然会引起新的生活样法在英国的产生。威廉·哈里逊说:绅士是那些因为有财产,从而能够并愿意支付作为绅士身份花销和行为举止费用的人。③ 而成为"绅士"的条件需要有充裕的财富和闲暇,以培养优雅的风度,教养和具备的知识和阅历,以获得治理社会和国家的素质和能力。16世纪"绅士"观念的扩大使英国开始形成了"上等人"观念,它将出身家世、教养、财富、生活方式、职位、权力结合在一起,而与无此条件的"下等人"对立。这已经脱离了中世纪以职业或社会功能划分等级的观念。④ 并且"绅士风度"(gentility)逐渐成为衡量"上等人"的标志。此时,家世出身、社会功能等传统等级标准在依然存在的同时,财富的多寡、生活方式也日益成为新的社会等级划分标准,身份的特权正逐渐为财富的特权所取代。人们开始注意到的是金钱的重要性,在拥有土地的乡绅中,划分等级主要根据地租的收入而较少根据出身和其他身份标志。这表明英国传统的等级标准正在向市民社会的等级标准转换,因为"金钱和教养"是市民社会里的"主要标准"。且市民社会的等级主要是个人间的等级而不再是集团间的等级,即"'市民社会是私人等级',或者私人等级是市民社会的直接的、本质的、具体的等级。"⑤

(二)建构新社会秩序的要求

随着货币经济的发展和获取财富成为社会生活的目标,必然要引发原有社会关系变革和新社会秩序重建。可以断言,货币经济发展与法治的秩序维持可谓密切相关,不可分割。在动态的、以金钱为价值本位的市场社会中,人为的法治秩序

---

① [英]肯尼思·摩根主编:《牛津英国史》,王觉非等译,商务印书馆,1993年,第316、319页。

② Tawny,R. H. ,The Rise of the Gentry 1558—1640,in E. M. Carus&Wilson(eds),Essays in Economic History,London,1954,P. 214.

③ 王觉非主编:《近代英国史》,南京大学出版社,1997年,第18页。

④ 施治生、徐建新主编:《古代国家的等级制度》,中国社会科学出版社,2003年,第385—400页。

⑤ 马克思:《黑格尔法哲学批判》,载《马克思恩格斯全集》第1卷,第344、339页。

是实现新社会价值目标的根本制度规范。韦伯强调道:资本主义能推行,法治的
维持为首要工作。这也正是亚当·斯密曾经所强调的而又被我们所忽视的,即,
如果说市场经济的特征在于鼓励经济活动的自发性的话,市场经济本身却不是自
发形成的。市场经济的形成有赖于一套特定的政治和法律。市场经济的发展需
要法治提供了公平制度保障,而在当时的英国这种法治只能说是正在建设当中。
布罗代尔指出:"任何一个古代结构组成的社会一开金钱使用之门,就会失去已经
获得的平衡"。① 这在中国古代、西方古典时期都是发生过,即中国的每个封建王
朝晚期都是商品经济活跃、土地兼并、货币化程度较高的时期,但随后而来的便是
此封建王朝的解体。西方古典时期也是如此,"虽然货币很早就全面地发生作用,
但是在古代它只是在片面发展的民族即商业民族中才是处于支配地位的因素。
甚至在最文明的古代,在希腊和罗马人那里,货币的充分发展——在现代的资产
阶级社会中这是前提——只是在他们的解体的时期。"②

　　近代早期英国市场经济的发展再次引发了传统秩序危机,正像米歇尔·博德
所指出的:"在这个时候,谁会想到一个新的上帝——资本,正在准备统治世界呢?
或许,托马斯·莫尔于 1516 年写《乌托邦》时,已感觉到这一情况的到来。在此书
中,葡萄牙海员希尔斯拉德宣布:'不过,莫尔先生,把我内心的感想坦率地对你说
吧:只要私有财产存在,只要金钱是衡量一切的标准,我以为一个国家就不会得到
公平恰当地统治。"③黑格尔也曾经指出:"在市民经济社会中,公正是一件大
事。"④对此,霍布斯已认识到:"建立一个崇尚法制的国家,一切由欲望充沛者所
引起的问题,都得到了一劳永逸的解决。"⑤

　　传统社会秩序失范、原有社会关系的变革和社会新秩序重建的要求,最终势
必反映到政治领域的矛盾和变革上来。新旧社会势力在政治领域形成了对抗并
展开了激烈的斗争。

二、政治领域的矛盾与斗争

　　革命是新兴革命阶级推翻旧政权、创建新政权的斗争过程。在这一过程中,

---

①　Braudel, F. , Afterthoughts on Material Civilization and Capitalism, Baltimore, 1977, P. 69.

②　马克思:《〈政治经济学批判〉导言》,载《马克思恩格斯选集》第 2 卷,第 105 页。

③　[法]米歇尔·博德:《资本主义史 1500 – 1980》,吴艾美等译,第 12 页。

④　[德]黑格尔:《法哲学原理》,第 237 页。

⑤　[美]艾伯特·奥·赫希曼:《欲望与利益—资本主义走向胜利前的政治争论》,李新华、朱
　　进东译,上海文艺出版社,2003 年,第 26 页。

旧政权的结构特点是制约革命爆发的另一重要变量,因为革命阶级能否成功地发动革命,与旧政权的统治是否稳固紧密联系在一起,而后者除了取决于旧的社会经济基础是否发生根本变化外,在很大程度上还受到自身结构特点的影响。

革命前的英国政治体制形成于都铎王朝时期,学术界通常把它称为"专制君主制"或"新君主制"。如果相对于英国自身历史而言,的确堪称为"新"或"专制",因为自亨利七世起,随着枢密院、星法院、宗教委任法院等专制机构的建立,英国王权不断强化,与15世纪的王权式微形成鲜明的对照。但是,假如把英国同大陆国家细加比较就会发现,英国王权远未强大到法国、西班牙等国那样绝对的程度,因为英国王权始终处于多种无法解脱的限制之中。

首先,从中世纪遗留下来的议会是限制王权的一个重要政治实体。英国议会同中世纪欧洲其他国家的类似机构一样,产生之初曾经是王权的附属物。然而,从14世纪中叶起,英国议会走上一条独特发展道路,它确立起两院制的组织形态,取得了制定法律、批准税收和批评、监督国王政府及其政策的政治权力,成为国家政治体制中一个相对独立的权力实体。在15世纪,议会借助贵族与王权、贵族内部不同集团间的权益之争,进一步巩固了自身地位,议会传统牢固树立起来。进入都铎时期,随着王权的强化,议会对国王的制约作用表面看来有所削弱,在宗教改革、对外战争、王位继承权调整等重大问题上,国王的意志总能得到议会赞同。但是必须看到,那时议会对王权的支持是都铎诸王在社会经济、海外贸易、殖民政策上充分满足了议会的要求而换来的,也是国王及其大臣通过各种"非法"手段收买操纵议员导致的结果,这一事实本身就显示了议会不可或缺的重要地位。况且,那时的议会并非时时事事都唯王命是从,有关著作中都列举了大量事例,说明都铎诸王的要求、提案和政策经常遭到议会的抵制或否决。① 发表于1589年的《英格兰共和国》中的一段话反映了议会在当时人们心目中的地位和形象:"英国至上而绝对的权力在议会,……昔日罗马人在'百人团民会'或'特里布斯民会'里可以做的事情,英国议会也可以做,议会代表并且握有全国和地方的权力。"②

其次,在习惯基础上形成的英国基本法和普通法从法律上束缚着国王权力的滥用。基本法指的是英国宪法的基本原则。众所周知,英国宪法是在保持原始民主制遗风的基础上,经过长期的历史累积和演进逐步形成的,它最早产生的是关

① Neale,J. E. ,Elizabethan House of Commons,London,1963. p. 127.
② 莫尔顿:《人民的英国史》,三联书店,1976年,第236页。

于国家统治者如何行使权力的某些基本准则,诸如未经公意许可国王不得征税、非经正常法律手续国王不得随意逮捕臣民等。这些原则通过 13 世纪的"大宪章"以含蓄的文字形式确定下来。在中世纪后期,"大宪章"虽然被人们遗忘,但体现在里面的宪法原则却始终铭刻在英国人民心中,也保待在英国政治实践的传统中。英国史学家哈兰姆指出,到 14 世纪末有 5 条宪法基本原则已被社会公认,它们是:"第一,除非经上、下两院组成的议会的同意,国王不得征税。第二,任何法规的制定均须经议会同意。第三,除非凭法院的令状不得逮捕任何臣民,被捕者必须迅速交付法庭审判。第四,刑事诉讼中关于被告的犯罪事实问题必须在案件发生地区的普通法庭上由 12 人组成的陪审团决定之;一旦陪审团做出决定则不得上诉。第五,对侵犯臣民个人自由和权利的国王大臣和政府官员也可以提出控告,不得以他们享有的权利为由请求担保,即使国王御旨也不得保释他们。"①这些原则构成英国宪法的基本框架。都铎王权虽明显加强,但没有突破这一框架的界限。因此,一个叫罗伯特·菲利浦斯的英国人在 1625 年不无自豪地宣称:"我们是基督教世界中唯一仍保持着原始权利和宪法的君主制国家。"②

普通法是亨利二世司法改革后,伴随着巡回法官的足迹,在统一各地习惯法的基础上形成的一种以判例为载体的法律体系。它实行陪审制和誓证法,有一套完整的司法程序和组织机构。在中央,有国王裁判所、高等民事法庭和财政法庭;在地方,有各郡季会法庭。中央普通法庭的法官虽由国王任命,但其薪俸主要来自法庭的讼金收入,而非依赖于国王,这为法官在司法实践中保持一定程度的独立性提供了保证。1623 年,大法官哈伯特说:"特权法是代表国王的国家法律,普通法是代表臣民的国家法律"③,这样区分二者虽不尽恰当,但至少透露出普通法律独立于国王特权之外、自成体系的性质特点。都铎时期各种特权法庭的建立,在一定范围内威胁到普通法庭的权威和权限,但就整体而言,普通法庭在司法领域内始终牢固地占据着主导地位,"普通法和法官法一直是都铎国家的基础"。④

最后,英国王权在财政、军事官僚机器等方面的种种缺陷严重制约着国王的统治方式和政治行为。"国王应靠自己生活"是英国的古老传统,英王平时的财政来源主要依赖封建捐税、王室领地进项和关税,数量微乎其微,若遇有战争,必须

---

① Hallam,H.,The Constitution History of England,London,1905. p. 8.

② Hirst,Derek,Authority and conflict:England 1603 – 1685,London:Edward Arnold,1986. p. 41.

③ Hirst,Derek,Authority and conflict:England 1603 – 1685,1986. p. 27.

④ Keir,D. L.,The Constitutional History of Modern Britain Since 1485,London,1961,p. 30.

求助于议会补助金。这种财政制度使国王政府处于经常性的财政困难之中。在15世纪的5位国王中,除爱德华四世身后留有少量国币外,其余4位死后无一不是国库空空,债务累累。都铎初年,随着对外贸易的扩大,关税剧增,特别是通过宗教改革,没收了大量教会财产,国王财政一度好转。但好景不长,从1562年起,连年的对外战争重新将政府拖入财政拮据的泥潭。到16世纪晚期,由于物价上涨、政府低效率、官员腐败等原因,财政再次出现巨额赤字。伊丽莎白女王竭力压缩开支,并变卖了80万镑王室地产,最后仍给詹姆士一世留下一笔40万镑的债务遗产。因此,斯图亚特王朝建立伊始便挣扎在"寅吃卯粮"的困境之中。

如果说英国王权在财政上严重不足的话,那么,它在军事官僚机器方面就更加虚弱不堪了。自亨利二世改革结束了中世纪早期的封建军队历史后,英国一直实行着独特的民兵制和临时募兵制。16世纪30年代,亨利八世利用夺自教会的财富,建立起一支由意大利和德意志雇佣兵组成的常备军,但到1561年,迫于财政压力又将其遣散。此后,国王只保留着一支微不足道的近卫军,负责王室宫廷和少数要塞的防卫。倘遇有战争,国王只能依靠议会拨款临时招募雇佣军和装备低劣、缺乏训练的地方民团。

英国的官僚机构也是当时欧洲各国中最不健全的。"查理一世时的英国中央政府可能不如法国诺曼底一省政府规模大。"[1]作为最高行政机关的枢密院仍是一个综合性机构,内部尚未出现职权分工,这不能不影响它的政治决策和社会控制效能。地方政府具有较强的自治性质,原来作为地方最高长官和国王代理人的郡长已空余其名,地方统治大权落入治安法官手中。他们全部出身地方乡绅,是不领薪的"业余官僚",为了地方利益,经常变通执行中央命令,带有强烈的地方主义倾向。由他们召集和主持的季会法庭也是一个综合性的地方机构,从某种意义上说,已具有地方议会的特性。大城市基本上全部实行自治,由各市自行产生的市长、长老和少数职员组成的市政当局,几乎独立自主地掌管着市政生活的所有领域,从城市治安保卫、物价调整直到家庭主妇的日常行为。

由上可见,与一切大权集于国王一身的法国、西班牙等大陆国家的绝对君主专制主义不同,革命前英国的政治体制是一种独特的双重混合结构,它既包含着享有特权的国王、枢密院、特权法庭等代表个人集权倾向的专制因素,又包含着议会、基本法、普通法、自治或半自治地方政府等反专制因素。英国之所以较早发生

---

① Hirst,Derek,Authority and conflict:England 1603 – 1685,London:Edward Arnold,1986. p. 29.

革命与这种双重混合政治体制有着密切关系,其原因可从如下三个方面加以分析。

首先,一场大规模的革命通常只有当新兴革命阶级在政治上趋于成熟并集结为一支有组织的政治力量时才有可能爆发,而双重混合体制有利于革命力量的成长与集结。城乡地方自治传统使英国资产阶级、新贵族、乡绅等新兴力量得以较早地参与地方政治,经受必要的政治训练,积累起一定的政治经验。尤其是英国特有的议会传统使他们当中的精英分子有机会参与上层国务活动和政治斗争,从而使自身政治素质和要求不断提高。从这个意义上说,议会是培育革命力量的政治学校。回顾英国革命的主要发动者和领导人,几乎都有一段或长或短的议员经历,其中,克伦威尔堪称典型,他原本是一个俗不可耐、不谙政治的乡巴佬,从 1628年步入议会大门后,历经几届议会斗争的锤炼,政治上迅速成熟起来,终于成长为英国革命的领袖。

其次,要爆发革命必须有成熟的革命形势,根据列宁有关论述,革命形势成熟的标志不仅包括"'下层不愿'照旧生活下去",而且包括"'上层不能'照旧统治下去"[1],双重混合体制有利于加速这种革命形势的成熟。因为英国的专制与反专制因素并存体制不是人们精心设计、自觉构建的结果,而是长期历史演进的产物,两种不同因素的权力范围和相互关系都是以涵义模糊的先例、习惯为根据的,没有明确的成文法律界定,因此二者之间难免产生权力之争。在此条件下,不同社会阶级间的矛盾和斗争,很容易透过二者之间的缝隙,反映到上层政治领域,并分别依托于两种不同的权力机构,从而使下层阶级斗争与上层权力之争交织一起,酿成全面危机,加速革命时机的成熟。回顾历史可以看到,自 17 世纪初起,新兴革命力量便以议会反对派的形式,利用议会传统权力和普通法为武器,展开反封建王权的斗争,这种斗争愈演愈烈,终于使斯图亚特王朝陷入难以维持正常统治的困境,结果较早形成了列宁所说的革命形势,促进了革命爆发。由此可见,英国革命的目击者詹姆斯·哈林顿所说,"那时的事情是政府的瓦解引起了战争(指革命),而不是战争引起了政府瓦解"[2],是颇有见地的。

再次,双重混合体制一方面为革命的发动提供了现成的政治据点,另一方面限制了王权的无限膨胀,减少了准备和发动革命的阻力,由于英王缺乏强有力的

---

① 《列宁选集》,第 2 卷,人民出版社,1972 年版,第 620 页。
② 詹姆士·哈林顿:《大洋国》,商务印书馆,1981 年,第 60 页。

社会控制和暴力镇压手段,因而在革命酝酿时期难以抑制革命力量的发展。早在都铎末年,新兴革命力量便对国王特权(滥发专利证)提出挑战,伊丽莎白女王无力还击,被迫让步。此后,革命力量日益壮大,在 17 世纪前期,围绕税收、宗教和对外政策等问题,形成议会与王权尖锐对峙局面。面对这种局势,斯图亚特王朝除接二连三地解散议会和最后实行"无国会"统治以躲避革命力量攻击外,找不到任何有效的镇压手段。然而,虚弱的财政地位又决定了它不可能长期维持"无国会"统治,当 1640 年重开议会时,革命力量立即发起更积极、更猛烈的进攻。查理一世一筹莫展,只得做出更多、更大的让步,致使政权开始从国王政府手中向议会手中转移,革命的帷幕由此拉开。假如英王拥有法王那样充足的财政来源、那样完备的官僚系统、那样庞大的常备军,推迟革命的爆发不是没有可能的。

任何一次真正的革命都需要某种思想理论作为精神动力。17 世纪前期,由于资本主义还不够发展,资产阶级尚未成熟,因而不可能提出像后来法国革命时期那样系统、完整的资产阶级政治理论,但是,在英国独特的政治文化传统中孕育而成的"英国人生而自由"的自然权利思想,王权有限、法律至上的宪政原则和法制观念,认为自诺曼征服后英国人一直遭受外国君主奴虐的"诺曼枷锁"学说,以及 I6 世纪后期产生的清教,共同构成了英国革命的思想基础。

第二章

近代早期英国议会及议会主权观念的发展与变化

按照英国著名宪法学家戴雪的观点,英国宪政包含三大精义,即议会主权、法律主治和宪法惯例。因此,本文首先从考察近代早期英国的议会及议会主权观念的发展和变化开始。议会及议会主权观念的发生、发展的过程本身就是英国宪政发生和发展的过程,从中可以看出英国宪政的发展轨迹。国内外许多学者在研究英国议会时注意揭示其产生和发展的历史渊源和时代契机,认为它是一个包括若干历史事件的渐进性发展过程。笔者就采用这种过程论的方法来阐述英国议会及议会主权观的发展变化及其与英国宪政的关系。

第一节　中世纪英国议会的演变

一、议会制度的起源——13、14 世纪的英国议会

（一）贤人会议

5 世纪中叶到 1066 年诺曼征服的时期是英国的盎格鲁—撒克逊时期,也是英国封建制度产生的时期。5－7 世纪,盎格鲁人、撒克逊人和裘特人趁罗马帝国崩溃之机征服了不列颠岛的中部和南部,并建立了许多封建小王国,开始了"英格兰人"的历史,英国也自此进入了中世纪。对于盎格鲁撒克逊时代的法律制度,由于史料的缺乏,后人所知有限。不过可以肯定的是,由于蛮族在入侵前处于军事民主制的末期,他们是从原始社会直接进入封建社会的,在封建化的过程中,各王国还保留了相当多的原始残余①,氏族公社的民主遗风就是其中之一,在此基础上

---

① 这也是日耳曼法的重要特征之一,参见由嵘、张学仁（主编）:《外国法制史》,北京大学出版社,1992 年,第 90 页。

形成的习惯法和贤人会议对后来英国的政治法律制度影响深远。贤人会议可能很早就有，但在文献中最早见于8世纪的麦西亚王国——大约在8世纪中叶，国王埃塞尔巴德创立了由大主教、贵族和近臣内侍参加的会议，这就是贤人会议的开始。这种会议的形式与军事民主制末期军事首领议决大事时应征求氏族贵族的意见的做法十分相似，因此贤人会议的起源应可追溯到日耳曼人的"马尔克"大会。不过早期的贤人会议成员并不固定，会议的时间、地点也都由国王临时决定，因此也可能尚未形成定例。931年3月，埃塞斯坦在科尔切斯特召开的一次贤人会议，参加者有2名大主教、2名威尔士亲王、17名主教、15名修道院院长、59名贵族。有学者认为对参加者来说，出席贤人会议不仅是一种荣誉和权利，同时也是一种义务①。

由于贤人会议的成员均属国内显要，因而权限十分广泛，这同时也体现了军事民主制的遗存。王位继承人要经贤人会议承认，在国王出缺的时候，贤人会议还有选举继任者的权利。贤人会议是国家的最高法庭，有权审理各种讼案，地方法庭不能判决或涉及政府官员的案件要提交贤人会议审理，作为集体行动的结果，贤人会议的判决无人能改变，国王也不例外。此外，税收、外交、防务、分封等重大事务都要经贤人会议讨论后决定。有学者还主张，贤人会议的职能中还包括为国王提供有用的信息，因为当时交通条件有限，中央与地方的信息交流不畅，国王在不同地点召集贤人会议，其目的就在于了解更多的情况②。不过对贤人会议的这种职能似不应估计过高，国王巡游各处是西欧封建社会早期的常见情形，除了政治上的考虑外，经济因素也不可忽视。

对贤人会议的性质，学者们有不同看法：有的认为贤人会议就是议会的前身③；有的认为贤人会议是盎格鲁—撒克逊时代不列颠王国的一种特有的中央机构，拥有行政、立法、司法权力，既是国王的助手，又是王权的制约者④；有的则认为对贤人会议作为贵族约束王权的机构不能评价过高，贤人会议只是军事民主制阶段的贵族议事会进一步发展的形式，贤人会议与议会之间并没有在组织上的继承关系，但承认二者之间至少有某种"政治习惯的连续性"⑤。有的认为，贤人会

---

①　阎照祥：《英国政治制度史》，人民出版社，1999年，第12页。
②　阎照祥：《英国政治制度史》，人民出版社，1999年，第13页。
③　刘建飞、刘启云、朱艳圣编著：《英国议会》，华夏出版社，2002年，第3页。
④　阎照祥：《英国政治制度史》，第13页。
⑤　沈汉、刘断成：《英国议会政治史》，南京大学出版社，1991年，第4页。

议大约是原来部落议事会的变形,这时已成为封建贵族的会议,其职能是为国王提供建议,讨论国王制定的法律和国王封赐土地,商议重大税收等,并强调它既非人民代表的议事机构,也无明确的职权范围,只是原始民主的一种残存形式①。

笔者认为,贤人会议与议会之间还是存在某种联系的,从其职能来看,早期议会也兼具立法、司法和行政职能;从议事规则来看,群体表决、多数通过的原则对议会制度的影响也是显而易见的;而且有时候以国王的名义颁布的法令,往往也需要得到贤人会议的同意,有的法令还是以经国王同意后的贤人会议的名义颁布的,其遗韵直到今天也仍然留存。因此即便不说贤人会议就是英国议会的前身,但是从历史的角度看,二者之间仍有极深的渊源,实际上,无论是贤人会议还是议会,它们都来自于习惯,而习惯对英国法和英国宪政制度的影响是显而易见的。

(二)从大会议到御前会议

诺曼征服给英国导入了封建的政治军事制度,即建立了完备的封君封臣制度,加速了英格兰的封建化进程。在土地制度方面,威廉宣布国王是一切土地唯一的、最高的所有者,把全部耕地和森林收归国王所有,国王在留下1/7作为王室领地外,其余的土地都分封给了总佃户。根据1086年土地赋役调查书的记载,当时英国计有总佃户1400人,其中大贵族约为180人,在大贵族中又以12个教会封建主和20个世俗封建主最为富有,其地租收入相当于全国地租收入的40%。②其中总佃户除留下部分封土直接经营外,其余的再分封给自己的封臣,这样经过层层封受,形成了封建土地占有制度。和其他大陆封建国家的不同在于,征服者威廉一开始就试图做到"我的封臣的封臣也是我的封臣",1086年威廉在索尔兹伯里召开效忠宣誓会,使英国的大多数封建领主都宣誓永远效忠于威廉,因此从盎格鲁诺曼时期一开始,英王就试图建立强有力的王权,这种相对强大的王权对英国政治法律制度的影响则无须赘言——统一的司法制度由此建立,并因而形成独特的普通法,封建割据相对大陆国家而言不太严重,王国的行政管理也较大陆国家更有效率等。

封君和封臣之间的关系虽不平等,但是彼此也享有一定的权利,相互之间也有应尽的义务。对封君来说,其义务是保护封臣的领地不受侵犯,承认并维护他们的经济收益和政治权力;对封臣来说,其义务包括跟随封君出战,在封君的长子

---

① 马克垚:《英国封建社会研究》,北京大学出版社,1992年,第8-9页。
② 马克垚:《西欧封建经济形态研究》,人民出版社,1985年,第125页。

晋封骑士、长女出嫁或封君本人作战被俘时,向封君献纳协助金以及出席封君的法庭并向封君提供法律咨询等。在这里,尤其需要强调的是出席封君法庭的义务:封建主从国王那里获得了领地的同时,也就获得了在自己的领地内开设法庭的特权,由于日耳曼法中大量以罚金代替惩罚,因此法庭罚金成为封君收入的重要来源,法庭采取集体判决的习惯法诉讼形式,因而对封臣来说,出席封君法庭,保证法庭的正常开庭也就成为封臣的义务之一。

封君与封臣之间的这种关系同样也适用与国王和他的封臣们。由于当时公法和私法之间并无明确的界限,国王的家事与国家大事之间也就没有明确的界限,因此早在盎格鲁—撒克逊时期就有的王廷,到这时既是国王的宫廷生活管理中心,也是国家行政中心,而国王主持的封君法庭也就兼具国王的私人法庭和国家司法机关的性质。从理论上说,国王的所有封臣都应出席国王的法庭,但国王的封臣为数众多,封君法庭很难包括全体封臣,因此国王一般只召集大贵族出席——诺曼征服以后,直接封臣大概有500人,其中170人是大封建主,但出席大会议者从未超过75人,一般是50人左右。① 这就是所谓的"大会议"。大会议召开的时间也逐渐成为定例,一般一年三次,多在圣诞节、复活节和圣灵降临节前后。

因此,大会议实际上具有双重职能,一方面是国王的司法机构,是解决封臣之间的纠纷,审判大案要案的法庭,所有出席者都是法官,而且仍然保留着集体确认的习惯;另一方面还是国家的中央行政机关的核心部分,更改习惯法、任免地方官、颁布教会法规等都是会议的议题,如册封贵族、任命教职、接受封臣宣誓效忠等这样一些重大活动,也在大会议召开时进行。此外,贵族们还应提出建议,协助国王和王室制定政策和法律,在这个意义上说,大会议同时也是国王的议事咨询机构。

由于国王经常巡游各地,而法律纠纷众多,行政事务繁杂,大会议又不能随时随地召开,因此大会议之外还有一种小会议,多由经常随侍国王左右的亲信组成,因此又称御前会议。小会议人数既少,召开的时间、地点都不固定,大概是只要有需要即行召开,因此也被视为大会议的核心组织和类似于常设性的机构。二者在职能上区别不大,都是国王与之议事的机构,兼王室法庭,同时也负责行政、咨询、司法和立法事宜。不过有学者认为,随着小会议中个别人物作用逐渐突出,以及

---

① 马克垚:《英国封建社会研究》,北京大学出版社,1992年,第89页。

专业行政机构如文书署和财政署从中分化出来,它与偏重司法工作的大会议比较,呈现出偏重行政管理的发展趋势,小会议也因此可视为以后枢密院和内阁会议的雏形。①

实际上对大小会议的职能并不能给予过高评价,二者首先是作为封建关系的一种表现形式而存在,其次由于征服者威廉以英格兰王统的合法继承人自称,宣称保留原先的法律和制度,尊重盎格鲁—撒克逊人的习惯等,因此大小会议不可避免地保留了一些上古遗风,如为国王提供建议、会议以集体确认为原则等。值得注意的是,从一开始,大小会议的立法、司法和行政职能就是糅合在一起的,甚至可以说,由于诺曼王朝诸王着力建立一个强大的王权,大小会议的立法职能刚开始并不突出,当时的国家大事基本由国王决定,"国王召集大、小会议,只不过是听取一些意见,讨论何种问题,由哪个会议讨论,都由国王决定。"②这种状况一直持续到金雀花王朝时期。显然,这种多种职能糅合的形式对英国议会体制具有深远的影响。

从 13 世纪前后开始,大小会议进一步发生演变,又分化出界于二者之间的御前扩大会议,议会的名称也开始现于历史文献。英文中议会 parliament 一词源于法文 parler,意思是会谈、谈话,13 世纪时,大会议一般被称为 magnum concilium,而小会议则称 concilium,有时大会议也被称为 parliamentum,该词在 11 世纪的意大利用于商业洽谈,12 世纪末表示王廷会议或贵族召集臣属举行的会议,在 13 世纪以前的英国则指封君法庭,英国议会也正是从封君法庭演变而来的。亨利一世开始,英国国王开始加强对法律的控制,限制封建领主的司法裁判权,亨利二世更进而进行司法和行政体制改革——普通法自此开始形成,因此在西欧大陆广泛存在的封君法庭在英格兰逐渐式微,只有作为国王个人的封君法庭即贵族会议得以保留,并继续发挥重要作用,但其构成则发生了变化。伴随着亨利二世的司法改革,御前会议的作用进一步加强,逐渐成为普通法的最高上诉法庭。有时由于案情复杂,而御前会议人数有限,为了加强判决的权威性,需要扩大法律咨询的范围,因此 1164 年的克拉伦登诏令规定,大主教、主教和其他大贵族必要时仍有义务出席御前会议,协助国王审判,这就是御前扩大会议,它和大会议的不同在于,大会议包括全体大贵族,而御前扩大会议只有接到国王召集令的大贵族才可以出席。

---

① 阎照祥:《英国政治制度史》,人民出版社,1999 年,第 30 页。
② 马克垚:《英国封建社会研究》,北京大学出版社,1992 年,第 90 页。

不过在 13 世纪前,御前扩大会议事实上很少召开,这是由于诺曼和安茹朝诸王常常往返于海峡两岸,特设宰相一职辅理国政,宰相无权召集御前扩大会议,而国王虽有权召集,但由于在本土待的时间既少,且以御前会议和宰相为权力中心的格局已成习惯,这就在很大程度上使御前扩大会议难以发挥效用。这种状况直到 1234 年亨利三世迫于贵族的压力废除宰相一职并改革政府机构才得以改观,御前扩大会议才日渐重要。亨利三世对政府机构的改革包括:御前会议分裂为三个并列的王室法庭,上诉案、要案、难案则转归御前扩大会议审理,御前扩大会议的成员和会期乃至地点也固定了下来。其成员包括国王、各王室法庭的法官、司玺大臣、度支部大臣和大贵族,会期则沿袭御前会议的旧制,在几个宗教节日前后举行,为方便查阅法律档案,会议地点也逐渐固定在威斯敏斯特。至此,御前扩大会议实际上取代了原先的御前会议,而原先的御前会议即小会议则成为专施司法的王室法庭。1257 年到 1265 年间是亨利三世和大贵族激烈斗争的时期,这场斗争不仅使御前扩大会议的召开成为定例,而且其职权也在斗争中得以固定,并增加了向国王宣誓的程序。这些都为以后的英国议会打下了基础,不过早在 1255 年,"人们已经普遍用'议会'作为御前扩大会议的代名词。"①

(三)13 - 14 世纪的议会制度的定型

13 - 14 世纪的议会基本奠定了以后英国议会的基础,我们可以从两个方面进行分析,一是其职能的演变,二是议员成分的演变。

13 世纪中叶议会尽管已成为御前扩大会议的代名词,但其职能与大小会议相比并无太大变化,一方面仍然是国王主持的封君法庭,另一方面也是国家的中央机关之一,有关内政、外交、宗教、战争以及王室婚姻等重大国事仍是议会的主要议题——"13 世纪的议会召集令表明,开会的目的常常是讨论国家面临的紧迫问题。"②不过初期议会的职能还是以司法为主的,尽管官方文件对同样的构成的会议有时用词也不一致,有时称议会,有时称御前会议,有时称贵族会议,但是凡用到"议会"一词时,该会议必定有司法的性质,而有些由国王召集的、未行使司法权的贵族会议则从未被称为议会③。可见在当时人们的观念中,议会是一个特殊的最高法庭。

---

① 沈汉、刘新成:《英国议会政治史》,南京大学出版社,1991 年,第 11 页。
② 沈汉、刘新成:《英国议会政治史》,第 13 页。
③ 沈汉、刘新成:《英国议会政治史》,第 13 页。

在 13 到 14 世纪议会职能的演变中,除司法职能外,议会又逐渐取得了批准赋税和立法的权力,而这两方面的职能可以说都是大贵族和国王斗争的结果。在中世纪英国的政治舞台上,最活跃的是两大势力——国王和贵族,二者的关系十分微妙,一方面同属封建主阶层,在多数情况下,二者基于共同的利益能够互相依赖配合,尤其在亨利一世和亨利二世时期,国王重用贵族,贵族积极参与政务活动又加强了国王的地位;但另一方面,自诺曼征服以后,英国历代国王都着意加强王权,他们的主要手段就是王室最高司法裁判权的适用,这直接侵害了大贵族可以从司法裁判中获得的经济收益,但英国贵族没有像欧洲大陆国家贵族那样拥有封建割据的实力,因此贵族和国王的斗争主要集中在对中央政府控制权的争夺上,在英国的整个封建时期,议会就是他们争夺控制权的舞台,而批准赋税的权力和立法的权力则是这种控制权的核心,议会这两方面职能的演变过程清晰地体现了这一特点。

就税收而言,中世纪英国国王的收入主要有两个来源,一是作为封君征收的封建税,二是作为国君征收的国税。封建税包括王室领地上的地租和国王的直接封臣应向国王交纳的各种捐税,尽管在理论上国王征收封建捐税是不受限制的,但在实践中,封建捐税的数量不应超过习惯法许可的范围,否则就会招致农奴、封臣的不满,在特殊情况下,国王也可以向封臣索要特殊税,但这种税收一般要得到封臣的同意才可征收,即要得到封君法庭的许可。国税则是以统一的税率在全国范围内征收的产业税,包括丹麦金、盾牌钱和动产税。丹麦金最初是为抗击丹麦人入侵而征收的,不过到 1162 年就正式废止了;盾牌钱是针对封臣和封臣的封臣征收的赋税,后演变为所有拥有 20 镑以上财产的自由民都应交纳的固定国税;动产税的征收始自 1207 年,是安茹王朝在政府机构扩充和对外战事频繁的情况下为扩大税源而征收的。根据封建原则,国王应以自己的封建税为生,若征收国税必须征得国民的同意,因此国王在征收国税时,总是宣称为了全民的共同利益。但频繁征收国税总是会引起大贵族的不满,他们首先谋求确立国王未经批准不得征收国税的原则,然后又试图把批准国税的权力限定在他们能够控制的范围之内,而一旦他们获得了这种权力,他们就利用这种权力来迫使国王接受他们的政治要求。"围绕国税进行的斗争对议会的形成和发展有很大的影响,"[1]

围绕税收的斗争的第一个重要成果是《大宪章》的签署。约翰王当政期间,由

---

[1] 沈汉、刘新成:《英国议会政治史》,南京大学出版社,1991 年,第 18 页。

于他在国内推行了一系列违反封建惯例的政策,任意征收盾牌钱,动辄没收封土,又在与教皇和法国的斗争中相继失败,使英国被迫向教皇称臣纳贡,还丧失了在法国的大片领地,激起了贵族们的不满。1215 年 6 月 15 日,在贵族的武力威胁下,约翰被迫签署了贵族们拟定的文件,即《大宪章》。①

就内容而言,大宪章的多数条款重申了国王的权限和贵族的封建权利,因而其性质不过是一个典型的封建法和习惯法文献。不过尽管它"陈述了旧法律,却未制定新法律"②,但它确定了国王不可擅自征税的原则,强调除传统捐税外,任何赋税的征收都必须得到"全国人民的一致同意",所谓全国人民一致同意也就是御前扩大会议的同意;《大宪章》确定了臣民享有人身自由的原则,《大宪章》声明:"非经合法裁决和本国法律的审判,不得将任何人逮捕监禁,不得剥夺其财产,不得宣布其不受法律保护,不得处死,不得施加任何折磨,也不得命我等群起而攻之和肆行讨伐",这也被法律史家视为英国正当程序的肇始;《大宪章》还确定了在立法、征税的问题上应与全国人民协商或征得全国人民同意的原则;《大宪章》的最后一条还规定,成立一个由 25 名大贵族组成的委员会,监督《大宪章》的执行,国王如有违犯,可采取包括剥夺其土地和财产在内的一切手段予以制裁。

虽然这里所说的人民不过是僧俗贵族,这里的自由也不过是封建贵族的自由,这里的赋税也仍然是一些封建贡赋,但是《大宪章》的重要意义在于它第一次使国王正式地承认了封建法,比较含蓄地申明和体现了法律至上和王权有限的宪法原则。国王承认了有关征税和立法事宜应征得人民的同意,也为数十年后议会的形成及其职能的确定奠定了坚实的法律依据。

不过约翰王之后的一段时间内,《大宪章》对限制王权曾起过一定的作用,但到 16 世纪《大宪章》已经被遗忘了,直到资产阶级革命开始后才重被发现,并作为议会权力的法律依据之一为资产阶级革命服务,因此有学者据此认为,《大宪章》的本质仍是封建性的,是英国封建制度的产物,不能把它视为议会政治的产物③。笔者认为,《大宪章》的签署当然不是议会政治的产物,不过,尽管由于英国封建社会王权相对强大,批准赋税权、立法权力归属的确立以及王在法下原则的申明等措施对王权进行限制的实际效力恐不能给予过高的评价,但这些制度的萌芽对英

① 《大宪章》全文可参见张学仁:《外国法制史资料选编》(上册),北京大学出版社,1982 年,第 249 - 258 页。

② 阎照祥:《英国政治制度史》,人民出版社,1999 年,第 44 页。

③ 参见蒋孟引(主编):《英国史》,中国社会科学出版社,1988 年,第 120 - 121 页。

国的议会制度的发展具有十分重要的指引作用,对英国宪政体制的发育显然也具有重要的意义。

对议会立法权力的确立来说,《牛津条例》则是具有重要意义的历史文献。13世纪30、40年代,是英国频繁发生政治危机的时期,而御前扩大会议即议会就是国王和大贵族"接火"的地方,这种斗争对议会的发展有着直接的影响。

1242年,亨利三世为了筹措军费而召开议会,与会者没有马上表态同意与否,而是聚在一起讨论、取得一致意见后再答复国王,这是议员们共同意识的开始,国王则主动询问议会有何政治改革要求,最终议会没有批准征税——这也是英国议会史上第一次拒绝批准赋税,政治改革最后也不了了之。1258年,亨利三世再次因国库空虚而召开议会,以西蒙·德·蒙特福特为首的大贵族全副武装地去见国王,要求进行政治改革,国王被迫让步,双方达成协议,由12名御前会议大臣和12名大贵族代表组成24人委员会,负责拟定政治改革方案。6月11日,24人委员会向议会提交了"贵族请愿书",请愿书得到了国王的承认,这就是《牛津条例》。条例重申了《大宪章》的基本原则,并规定:从24人委员会中选出御前会议大臣和大贵族代表各2人,组成4人小组,该小组负责推选咨议大臣,咨议大臣会同原御前会议大臣组成15人委员会参与国事管理,国王必须依照委员会意见治理国家,政府高级官员和地方官员每年应向委员会述职以决定去留;确立议会法规的最高权威,一切法规不得与议会法规相抵触,议会每年召开三次,分别定于米迩勒节后第八天、圣烛节次日和6月1日开幕,所有国家重大事宜都由议会决定。

《牛津条例》是继《大宪章》之后的又一重要政治和法律文件,它的重要性在于,在英国历史上首次提出了政府的主要大臣要对委员会负责,而不是对国王负责,议会不再是根据国王的个人意愿召开的、可有可无的会议,而是一个定期举行会议的国家机关,议会的地位也进一步提高,这等于公开地宣布了王在法下的原则和议会是国家的最高立法机构。1258年8月,亨利三世正式批准了《牛津条例》,其后数年,在《牛津条例》断断续续地实行的过程中,总是贯穿着国王与以西蒙为代表的大贵族的斗争。1264年到1265年间,以西蒙为首的贵族集团成了英格兰的实际统治者,1265年还在伦敦召集了议会,除通知部分贵族和各郡骑士代表外,还首次要求各市选派两名市民代表参加,为此"西蒙议会"被称为未来下院乃至议会制度的重要起点,有的学者也因此把它视为议会产生的标志。

到爱德华一世时期,议会制度已基本定型。亨利三世时期的大贵族为建立议会制度而斗争的成果在爱德华一世时期体现了出来:爱德华一世时期,议会的召开已成为制度——爱德华一世在位35年,议会就召开了50余次;召集议会的权利虽属于国王,但议题已不完全由国王决定;议会法规的重要性也在上升,连爱德华一世本人也承认,议会全体通过的法律未经议会全体的同意不能废除;议会立法的数量也不断增长,这一时期颁布的议会法规的数量超过16世纪以前任何一个君主统治时期,因此爱德华一世才有"英国的查士丁尼"之称。

议会制度定型的另一个例证是地方代表出席议会的制度化。英国很早就有地方代表参加政治活动的习惯,12世纪初亨利一世时期的法令,就提到村民应出席百户及郡法庭,亨利二世推行的陪审制更是地方代表参与司法、行政事务的典型体现。约翰王统治时期,也曾多次从各城市、港口召集代表商讨货币、船只事宜,1213年还用令状命令各郡郡守从各郡选择4名骑士会同大会议诸男爵一起讨论国家大事。不过地方代表进入议会并非习惯使然,而是由英国的封建政治格局决定的。

11-13世纪是英国的封建经济迅速发展的时期,随着经济的复苏和生产力的提高,城市的经济功能日益重要,工商业也有很大发展。这一时期也是城市自治运动兴起的时期,许多城市往往以向国王交纳一笔固定的款项作为条件而享有自治特权,城市是作为集体封土向国王承担封建义务的,城市的自治因此也是封建割据的一种形式①。商品货币关系的发展影响到社会生活的各个方面,一些阶层的社会地位也发生了变化,最显著的就是市民的经济和政治地位的上升。几乎就在同时,动产税也成为国税的主要来源,以骑士为代表的中小贵族和市民则是动产税的主要纳税人。

英国中世纪城镇中70%是王室城市②。所谓王室城市就是国王兴建的城市或兴起于王室领地的城市,以区别于其他类型的领主兴建的城市,但对获得了自治权的城市,国王是不能随意征税的。起初国王在征税的时候并不直接征求市民的同意,贵族会议中的大贵族被视为全社会的代表,会议做出的征税决定对中小贵族和市民也有约束力。由于大贵族和国王之间有矛盾,国王在御前会议中的征税要求常常受到阻碍,于是就转而寻求其他途径向市民征税,有时是通过代理人与市民协商,有时是把各地的代表召到王庭,议决赋税。到12世纪末13世纪初,

---

① 项炎:《试论11-13世纪英国城市自治权的封建性》,载《武汉大学学报》,2000年第1期。

② R. H. Hilton:English and French Town in Feudal Society:a Comparative Study,Cambridge,1992,p.42.

国王在召集御前会议时,也责成某些郡的郡长选派代表出席,前述 1213 年约翰王召集地方代表就是英国历史上地方代表首次参加御前会议,不过国王并不经常采用这种办法,而大贵族则利用这种先例,以骑士未到会为由拒绝批准赋税。在亨利三世与西蒙·德·孟福尔斗争期间,双方都曾召集过大贵族和骑士代表来讨论重大事件,1265 年,西蒙因感到支持他的力量日少,所以召集了一次会议以获得政治上的支持,这次会议的参加者有 5 个伯爵、18 个男爵、每郡 2 名骑士、每个城市 2 个市民。这次会议开创了后来议会的先例,对以后议会的构成有一定的影响,甚至有学者把这次议会视为英国议会产生的标志①。

1295 年夏,司法案件、对外战争、威尔士叛乱、对苏格兰作战等一系列问题需要大笔的军费,迫使爱德华一世再次召集各界赴会以获得足够的税收,这就是所谓的"模范议会"。这次会议的参加者包括 2 名大主教、18 名主教、67 名大修道院长、7 名伯爵、41 名男爵,37 个郡每郡派 2 名骑士代表,110 个城市每市派 2 名市民代表,与会人数达到 400 多人,这是骑士和市民被吸收到全国性政治会议的起点,议会的主要内容此时已全部具备,因此著名宪政史家斯塔布斯称此次会议为"模范议会"②。这一结论被后世长期沿用,在我国学术界,迄今仍是关于英国议会起源问题的占主导地位的学说③。实际上,这次议会的参加者虽代表了社会中的三个重要阶层:教士、贵族和平民,但是各阶层代表的数额尚未固定下来。13 世纪末14 世纪初,议会代表又几经演变,多数修道院院长退出议会,高级教士中只有 2 名大主教和 18 名(一说为 19 名)主教成为宗教界的固定代表,世俗贵族的变化较大,到 14 世纪初稳定在 80 - 100 人。而平民代表则是其中最不稳定的群体,在爱德华一世召开的 52 届议会中,骑士仅出席了 14 届,市民出席了 11 届,即使是出席了议会,他们的地位也不高——尽管 1295 年的议会召集令宣布,地方代表有权讨论"国王和御前会议"提交给他们的问题,但他们事实上既无决定议题的权利,对讨论结果也无最后决定权。这种状况直到 1310 年才有所改观,当时爱德华二世迫于贵族的压力而同意成立"贵族立法团",负责制定政府改革法令,地方代表因此而享有直接请愿的权利,国王为了抑制大贵族的势力,也乐于召集平民代表出

---

① 参见阎照样:《英国政治制度史》,人民出版社,1999 年,第 51 页。

② W. Stubbs,The Constitutional History of England,vol. 2,Oxford,1880,pp139 - 140.

③ 参见蒋劲松:《议会之母》,中国民主法制出版社,1998 年,第 1 - 3 页,第 15 - 16 页;刘建飞、刘启云、朱艳圣:《英国议会》,华夏出版社,2002 年,第 6 页;蒋孟引主编:《英国史》,中国社会科学出版社,1988 年,第 131 页。

席议会。1313 年,议会的召集令中第一次明确地指出,地方代表享有"议决权",从 1313 年到 1325 年,只有两届议会没有平民代表,1325 年以后地方代表成为议会不可或缺的组成部分,"无平民代表即可召开议会的时代最终结束了"①,至此,英国议会历经一百多年始告形成。

通过以上对早期英国议会形成过程的论述,我们可以看出议会制度是在英国封建制度下各种政治力量的博弈中产生的,是"以封建统治阶级调整内部关系为其主要内容的英国政治体制不断演变的结果,是英国政治传统长期积淀的结果。"②显然,在议会形成的过程中,社会各阶层尤其是贵族与国王的斗争对议会的形成具有至关重要的作用,但因此而得出结论,认为英国议会的形成标志着封建英国建立了有限王权的宪政制度③,恐过于草率。因为英国议会尽管开创了代议制的先河,但是在形成之初,乃至此后的非常长的时期内,议会的封建性质都是非常明显的。

当时的议会实际上是一个多功能的国家机关,其职能包括司法、立法和行政,甚至可以说立法职能所占的比例最初是十分有限的,而且英国议会职能的多样性一直是其重要特色之一。从性质上看,它是一个封建的等级代表机关,这个时期英国的君主制也因此被称为等级君主制,以与 16 世纪的专制君主制或新君主制相区分。事实上,议会的形成、构成乃至职能在很大程度上都取决于其封建性。诺曼征服以后,国王和大贵族之间结成了封君和封臣关系,二者地位虽不平等,但也互有权利和义务。议会的逐渐形成固然有习惯的因素,但也正是基于这种封建关系,议会首先是一个司法机构,其次在事关贵族利益的事务中,国王要征求其封臣的同意,立法也好,征税也罢,莫不如此。同样是基于封建关系,才有地方代表出席议会,其中尤为典型的是市民代表的出席——由于城市作为集体封土向国王承担封建义务,因此在向城市征税时,也要征得市民的同意。

综上,英国议会是在西欧的封建制度下形成的国家机关,在形成之初就已经为其日后的发展奠定了基调。不可否认的是,早期议会的确是英国封建政治体制中极为重要的一环,不过从议会的性质、职能、代表产生的程序乃至代表的广泛性来看,这一时期的议会离真正的代议制度还相去甚远,议会对限制王权所起的作

---

① 参见沈汉、刘新成:《英国议会政治史》,南京大学出版社,1991 年,34 页;阎照样:《英国政治制度史》,人民出版社,1999 年,第 52 页。

② 沈汉、刘新成:《英国议会政治史》,第 38 页。

③ 蒋劲松:《议会之母》,第 15 页。

用毕竟还相当有限。

二、两院制的形成——14、15 世纪的英国议会

（一）两院制的形成

从 14 世纪 20 年代议会制度确立到 16 世纪初都铎王朝建立君主专制制度,是英国的等级君主制时期。和闻名于世的法国三级会议不同,英国的议会分为上、下两院。对法国三级会议来说,三级会议的建立意味着国王与市民阶级的联合,与大贵族相对峙,并逐步向绝对君主制过渡。而对英国的议会两院来说,议会更多的是作为一个整体与王权相抗衡,议会的发展往往就意味着对王权的限制的发展。当然和法国的三级会议相同的是,社会各阶层在议会中的地位并不平等,14 - 16 世纪可以说是上议院居于主导地位的时期。

14 世纪中期,乡村骑士和市民代表进入议会后,议会的贵族特色有所减退,逐渐演变为一院制多等级联合会议。教士首先退出了议会:在早期议会召开时,除大主教、主教和修道院长外,还有低级教士代表。14 世纪后期,低级教士转而参加由两个大主教分别主持的宗教会议,讨论决定如何向国王交税的问题,低级教士因此不必再出席议会。高级教士参加议会则不是以圣职的身份而是以世俗封建主的名义出席议会。贵族阶层本来就有大贵族和中小贵族之分,大贵族是国王的直接封臣,他们是由国王个别召集的,在出席议会时,每个人都会接到一份召集赴会的令状,名义上他们仍是以封臣奉召出席封君法庭,为封君提供咨询的身份前来出席议会的,爱德华二世时期,这些贵族自称为 peers,意为社会地位相等的一个集团,实际上是指他们是除国王外社会地位最高的等级,单独奉召出席议会也因此成为身份高贵的象征,这种身份只能由长子继承,这些大贵族就是上院的固定成员。中小贵族实际上就是乡村骑士,他们是由发给郡守的令状选举产生的,在社会地位上显然不如大贵族。刚开始,他们是与大贵族一起议事的,但由于大贵族和高级教士逐渐形成了自己的单独集团,骑士实际上颇受排挤,但他们和市民代表的融合又经历了一段时间,原因在于他们自认为社会地位高于市民,后由于相当多的骑士放弃了战争职业,成为经营性的地主,经济利益的接近使他们与市民代表在议会中有相似的要求,愿意在一起讨论问题,下院因此而逐渐形成。

在上下议院分立的过程中,也出现过反复。1332 年贵族和平民首次分院议事,虽不久重新合并,但也有人认为这是两院形成的开端。1341 年,一些官僚指控大主教斯特拉福理财不善,未能尽力筹集对法战争的费用,斯特拉福则提出,根据

旧制,只有贵族才有资格审判他,在场贵族一致赞成,于是退出壁画大厅,到白厅聚会。就在同一年,国王正式免除了低级教士参加议会的义务。1343 年的复活节,议会在伦敦举行,高级教士和世俗显贵被指派到白厅集会,而骑士和市民则在彩色厅堂开会,议会档案首次详细记载了两院分开议事的情况。到 1376 年的议会中,下院的平民代表在讨论政府税案时,首先集体起誓对外要严守秘密,以防国王和贵族干扰刁难,然后又推选才思敏捷的骑士代表彼得·马克为下院发言人(Speaker),负责觐见国王和贵族,察报下院讨论情况和要求,这种做法逐渐形成制度后,彼得·马克被公认为英国历史上的首任下院议长,Speaker 的名称也沿用了下来。不久之后,上院也采取类似做法,由于大法官谙熟法度,又具专业辩才,得以成为当然的上院议长。

议会分为两院后,国王仍要求两院共同汇报所交任务的完成情况,两院的联席会议由此产生。上院的代表一般由下院提名,人数为 9－12 名,其中世俗贵族占三分之二,高级僧侣三分之一,下院代表则由下院选举。通常情况下,联席会议在下院提议下于开幕式结束后两三天举行,若联席会议不能取得一致意见,则代表返回各自议院进行磋商,然后双方代表再次会晤,有时要反复多次才能达成一致。

议会两院形成后,上院的地位明显高于下院,上院贵族具有协助国王管理国家的责任,同时上院还是国家的最高上诉法院;下院的权限虽有所扩充,但是群体地位仍在上院之下,而且在下院内部,骑士往往也自认身份高于平民代表,上下议院的这种差异持续了很长时间,甚至可以说,上下议院地位的变化构成了英国议会发展史的重要篇章。

(二)14、15 世纪议会的职权概况

14、15 世纪议会的职能仍在行政、司法、立法等方面,但是这些职能在这一时期也经历了一个缓慢的演变过程。在这个过程中,尽管上议院在多数时候仍居主导,但是下议院的作用也开始凸显,其中最突出的莫过于税收批准权。①

中世纪英国议会最主要的权力——"议会赖以存在的基础"②,在于它获得了批准税收的权力,未经议会的同意,国王不得征税。13 世纪确立了征收动产税要

---

①　议会征税权的起源可参见李金亮:《英国议会征税权探源》,载《史学月刊》,1994 年第 4 期。

②　马克垚:《英国封建社会研究》,北京大学出版社,1992 年,第 299 页。

得到议会批准的原则—由于动产税是国王在自己的封建收入不足时征收的补助金,因此动产税的征收必须取得"全国公众的同意",而当时所谓"全国公众的同意"就是议会尤其是下议院的同意。14 世纪的动产税分为直接税和间接税。间接税即关税,起初关税是由国王直接与商人协商征收的,而商人实际上把关税转嫁到了生产者和消费者身上,因此 14 世纪的人们提出,关税关系到全体国民的利益,应得到全民的同意,也就是要得到议会的批准。1351 年的议会请愿书表示,只有议会才有权批准国王征收关税,国王应向议会说明征收关税的理由,向议会提出请求,并经议会批准才能征收关税。就是从这一年开始,国王征收关税必须得到议会的同意,议会则授予国王附期限的关税征收权。不过议会的这一权力并不持久,1368 年后,在理查德二世的压力下,议会不得不宣布国王终身享有对羊毛出口税的征收权,直到詹姆斯一世统治时期,每个国王都在即位后的第一届议会上获得了这种特权。

议会对动产税征收的控制主要体现在直接税的批准权上。13 世纪议会取得的批准赋税的权力主要是指直接税的征收,包括对市民和农村土地所有者动产的税收以及"教区税"和"人头税",而这种权力的行使主要在下议院。14 世纪 90 年代后,在批准税收的法案中,不再有"经上、下两院批准"的字样,取而代之的是"在征得上院同意后,下院批准"①。下院之所以取得这种地位是因为作为国王的"合伙人"②的上议员只代表个人,下议院则代表整个社会,而下议员在议会中同意的决定,对他所在地区的国民具有拘束力,因此国王首先要征求下院的意见,否则就没有征收赋税的可能。1407 年,亨利四世在与上院商定了征税数额后才通知下院,引起了下院的抗议,亨利四世被迫宣告,今后任何税收均由下院提出和批准,并由下院议长亲自向国王察报。1472 – 1475 年,下议院虽批准了爱德华四世的征税要求,但对税款的用途作了严格的限制。

但我们对下院通过税收的批准权而向国王施加压力也不能给予过高的评价,14 – 15 世纪英国的赋税政策经历了一个调整改革的过程。实际上,国王在提出征税时,议会一般不会断然拒绝,下院所采取的态度是,他们同意征税,但征税的数额往往不能如国王所愿,在可能的情况下他们要求尽可能减少税额,例如 1380 年国王要征收 16 万英镑的补助金,在下院的争取和上下议院的反复讨论下,补助金

---

①　沈汉、刘新成:《英国议会政治史》,南京大学出版社,1991 年,第 47 页。

②　J. Goldsworthy,The Sovereignty of Parliament:History and Philosophy,Oxford,1999,p. 24.

减为 10 万英镑,而且征收方法也和最初提出的有出入。有学者在分析下院与国王在征税问题上既斗争又合作的原因时指出,下院之所以这样做,一方面是出于现实的考虑—因为即便是改变了税收政策还是引发了农民起义,另一方面是百年战争民族情绪的增长使下院愿意给国王以财政支持,同时中小贵族和市民也缺乏政治独立性,在很大程度上还依赖于王权①。因此,可以说下院乃至整个议会与国王在征税问题上的斗争不过是同一个阶级内部的斗争,在维护本阶级统治的原则问题上,二者的立场是一致的,否则议会就不会批准国王的征税要求。

值得注意的是,征税批准权中还演变出对国王的财政监督权,不过这种权力的行使还带有偶然性,并未形成制度。批准赋税权只是一种消极的权力,议会只能对国王要求的税额表示同意与否,并在可能的情况下争取减少。因此,议会有时把同意征税作为一种交换,要求国王答应议会的一些条件,由此建立了"先改正,后供给(redress before supply)"的程序,多数时候国王因急需财政支持,被迫接受议会的情愿,"先改正,后供给"也开始成为惯例,尽管这种惯例还不稳定,但至少在国王与议会的关系上,议会又多了一种约束国王的手段。因此也可以说,国王受议会约束的程度取决于他在财政上依赖议会的程度。

议会的立法权在这个时期也逐渐发展起来,最显著的发展在于下议院开始享有立法创制权,不过立法权的取得不像征税批准权那么一目了然。根据普通法的原则,法官的任务是发现存在于生活中的法律,因此普通法形成的最初一段时间内,并无所谓的"立法"。到爱德华一世时期。他进行了大量的立法活动,法学家事实上承认君主享有创制法律的权力,直到 14 世纪,议会制定哪些法律、法律规定哪些内容,仍多由国王垄断。随着议会制度的确立和下议院的征税批准权的确立,从申冤和请愿制度中发展出了议会尤其是下议院的立法权。

议会制度确立后,下议院可以向国王提交请愿书,也就是臣民向国王申诉,谋求解决个人或集体的某种问题,或改正所受的不公正待遇、错误判决等。实际上,召开议会对国王来说,是为了寻求财政上的支持,对骑士和平民代表来说,则是借此机会向国王申冤请愿。请愿分为个人请愿和公共请愿,个人请愿只与请愿者个人的利益相关,提出请愿的人不一定是议员,下议员的重要职责之一就是为本选区的人民递交请愿书。由下议院提出的、与公共利益相关的请愿称为公共请愿,这个时期以下议院的名义提出的公共请愿并不意味着该请愿已经得到了全体议

---

① 沈汉、刘新成:《英国议会政治史》,第 47 页。

员的同意,只要请愿涉及公共利益,均可以下议院的名义提出。请愿书也可采取口头形式,书面请愿书和经议会书记官整理后的口头请愿后来称为议案。请愿提出后,经议会书记官之手交国王和议会委员会,由咨议会成员和上议员组成的议会委员会对请愿书逐一审议后提交国王。委员会有权否决个人请愿,但对公共请愿,则无论赞成与否都必须提交给国王,尽管委员会的意见对国王能够产生影响,但最终决定权仍在国王手中,若国王接受请愿即可成为法律。不过,经过这么几道关口以后,请愿书到最后成为法律的时候已经面目全非了,但是请愿制度对下议院的立法创制权的确立无疑具有十分重要的影响。在下议院行使请愿权的过程中,他们还常常利用国王急需财政支持的特点,迫使国王接受他们的请愿,这也是"先改正,后供给"程序的由来。

到 15 世纪中叶,下议院争取立法权的努力取得了较大突破。1414 年对下议院的发展来说是一个重要的年份,在这一年议会中,下议院提出,因为他们是议会的当然成员,是国民的代表,所以他们不仅是请愿书的提出者,也应该是法律的批准人。因此以下议院的请愿书为蓝本制定的法律在内容和形式上都不应有别于请愿书,也就是说,上议院不能随意变更根据下议院提出的请愿书制定的法律。这也是下议院第一次要求严格意义上的立法权。到巧世纪中叶,下议院自己拟订法案并通过后,国王可以否决也可以钦准,甚至可以搁置,但不能予以修正:另一方面,议会所通过的立法的序言从原来的"经上、下议院表示意见和同意",变为"依上、下议院的权力",下议院的立法权至此得到了正式的承认。这似乎是表明了议会是一个整体,也就是所谓的"议会不再仅仅是皇家政府的工具,它是王国作为一个整体的声音"①,虽然下议院实际上还远未取得和上议院平等的地位。

14、15 世纪同时也是议会弹劾权萌芽的时期。弹劾作为一种宪政制度已广泛地流行于许多西方国家—尽管在其发源地英国的宪政体制中所起的作用已微乎其微了,不过,14 世纪就已出现的弹劾制度对限制王权曾经起过十分重要的作用。有学者指出,"议会弹劾权的创立既是古老的议会司法权的延续和发展,又是议会权力增长和议会与王权之间斗争激化的直接产物。"②事实上,议会弹劾权的产生与议会批准税收权、立法权、请愿权乃至下议院地位的提高有着密切的联系,同时也体现了议会司法权在中世纪中期的演变。

---

① J. Goldsworthy, ,The Sovereignty of Parliament:History and Philosophy,Oxford,1999,p. 33.
② 程汉大:《英国法制史》,齐鲁书社出版社,2001 年,第 303 页。

前面已说明,议会的司法权是议会制度形成之初的主要职权之一,从议会产生之初,司法权就由上议院行使,随着下议院地位的提高和平民通过下议院提交请愿书数量的增多,由上下两院参与的弹劾制度也逐渐形成。上议院作为王国的最高法院已经形成定例,不过在审判叛国罪等重罪时,上议院和普通法法庭时有争议。1352 年的《叛国罪法》阐明了叛国罪和重罪的内容和概念,同时确立了叛国罪和重罪应由上议院审理的原则,该法的通过为议会创立弹劾权提供了法律依据。另一方面,普通法形成后,司法的理性化要求区分作为不同法律程序的起诉和审理,既然上议院享有司法权,也就意味着上议院主要负责案件的审理,相应的就由下议院行使起诉的职能。下议院起诉权的另一个来源是请愿制度,在由下议院提交的平民请愿书即个人请愿中,多数为司法请愿,而那些涉及多数国民的重大冤情、损害国民和王国利益的重大案件,则由下议院以全体英格兰人民代表的身份提出请愿,这就是下议院在弹劾案件中承担起诉方的雏形。

议会最早的弹劾案可以追溯到 1327 年。爱德华二世统治期间,由于他过于倚重内府管理国家,引起了大贵族的不满。1327 年,趁国王滞留国外期间,议会举行会议,由温切斯特主教约翰·斯特拉特福德发布了《斥国王书》,指出国王善恶不分,偏听奸佞,致使国家丢失了在爱尔兰、苏格兰和法国的领地,国王的行为完全背离了他加冕誓言的精神,而且他不思悔改,实属罪恶昭彰。《斥国王书》在议会通过后,全体议员一致同意废黜爱德华二世,立其长子即后来的爱德华三世为国王。在强大的压力下,爱德华二世被迫退位。1327 年的事件在英国议会史上具有重大意义,《斥国王书》实际上起到了弹劾案的作用,从而开创了议会弹劾国王的先例。

不过有学者指出,弹劾作为一种特殊的司法程序,在程序上具有一些不同于普通诉讼的特征,同时在弹劾的起因、对象、作用和意义方面,又是一种监督和制约国王大臣政治权力的宪政手段①。若以此作为标准,则 1327 年的事件还不能称为严格意义上的弹劾,因为这时的议会不仅是第一次未经国王召集即自行召开,而且在程序上也很不严格,只能说其结果和弹劾实际所起的效果相同。对英国议会何时开始第一次弹劾,学者们有不同看法②,不过多数学者都承认 1376 年对拉

①　程汉大:《英国法制史》,第 304 - 307 页。
②　程汉大:《英国法制史》,第 304 - 307 页。

提默尔的弹劾是最早记录的弹劾案①,在这个案件中,下院第一次以起诉方的名义提出弹劾,上院则充任法官,在听取了拉提默尔的答辩后做出裁决,1376 年后的几次弹劾基本都是按照这个程序进行的。

毫无疑问,弹劾权的形成及运用对议会权力的发展具有十分重要的意义:弹劾权的运用使议会获得了监督大臣和国王的合法手段,的确是"值得肯定的一大历史进步"②。同时,弹劾程序也是一种以司法程序为表现形式的政治斗争,议会因此成为解决政治争端的场所,这也是英国议会发展的重要途径。不过,对弹劾权在限制王权方面的作用也不应高估,由于弹劾通常发生于王权相对虚弱之时,一旦国王渡过难关,往往会重新起用被弹劾的大臣,因此即便是成功的弹劾也只具有暂时的意义。有学者认为弹劾大臣不过是"议会作为党派斗争的工具,附和统治阶级内部一党而攻击另一党。"③而"议会仍是国王的议会,是国王下属的政府机关。"④不过,值得注意的是,弹劾权的行使使议会在获取独立于国王的政治地位上又前进了一步。

(三)14、15 世纪议会权威的缓慢增长

应该承认的是,随着议会职权的发展,14、15 世纪英国议会的权威也在缓慢增长,它已经取得一些独立于国王的权力,尽管这些权力的行使并不稳定,这主要体现在以下几个方面:其一,君临议会的权威高于国王个人的权威,其二,15 世纪后,国王在继承王位时,往往要寻求议会对其头衔的确认,其三,随着下议院地位的上升,议会越来越成为表达全社会的声音的场所。

大约在 1340 年,一位侍奉过爱德华三世的学者,沃尔特·伯莱(Walter Burley)写道:"由国王、贵族和王国的贤人组成的多数,所行使的统治权和国王单独一人一样多,或者超过国王一人,正因如此,国王为了处理难以解决的事务才召集议会。"他似乎表达了这样一种观念,即国王和议会共同的权威大于国王个人的权威。⑤

真正对君临议会权威的增长具有里程碑意义的是 1388 年的事件。在 1388 年

---

① 蒋劲松:《议会之母》,中国民主法制出版社,1998 年,第 27 页;程汉大:《英国法制史》,第 305 页。
② 程汉大:《英国法制史》,第 307 页。
③ 马克垚:《英国封建社会研究》,北京大学出版社,1992 年,第 305 页。
④ 马克垚:《英国封建社会研究》,第 306 页。
⑤ J. Goldsworthy,The Sovereignty of Parliament:History and Philosophy,Oxford,1999,p. 29

的"无情议会"中,站在国王一边的"宫廷派"遭到全面清洗,议会通过弹劾程序对"宫廷派"首脑人物进行审判。在弹劾进行期间,国王试图挽救自己的宠臣,指使王室法官对上院的司法权提出质疑,上院则针锋相对地宣布,按照古老的惯例,上院历来具有议会法庭的性质,完全有权对有贵族身份的人实行审判,它有独立的司法程序和判决,其程序和判决都不由国王决定,而由上院决定,议会法庭独立于王权,不受国王个人左右,它专门审判既危害国王个人又危及国家利益的案件。因此,这个事件本身说明了议会并不承认国王可以凌驾于议会之上,它建立了国王只有在议会中才享有最高权力的原则,即"君临议会(King in Parliament)"原则,①而所谓"议会主权"中的议会就是"君临议会"

1388年后,国王理查二世与议会"弹劾派"的斗争又几经反复,最终议会取得了胜利。在1399年8月的议会会期上,首先宣读了理查二世的退位声明,然后列举了国王的33条罪状,国王的"罪名"是"独裁、破坏自由和法律,不正当地利用议会,践踏议会法规,⋯⋯狂妄地凌驾于法律之上,妄称立法权为国王所独有。"②历时183年的安茹王朝至此完结,亨利四世登上了政治舞台。尽管这是议会运用弹劾权的又一个成功例证,但如果没有个别权势人物对议会的巧妙利用和控制,没有统治阶级内部的争权夺利,议会对国王的弹劾是不可能成功的。正因为亨利四世不是理查二世的继承人,他和他的支持者都更强调三个等级(教士、贵族和平民)的权力。③

自1399年后,国王至少在实践中承认了"君临议会"的原则,这种承认的具体表现就是国王往往要得到议会对其作为君主的资格的确认:1406年,议会即直接颁布了王位继承条例(1406年王位继承条例),宣布英格兰和法国王位属于亨利四世及其自然继承人。1460年,亨利六世与约克公爵理查之间达成协议,约定亨利死后由理查继承王位,该协议由"国王和三个等级,在本届议会"批准。次年,理查被杀而亨利还活着的时候,理查之子爱德华四世"在宗教贵族、世俗贵族和平民的建议和同意下"被宣布为国王,他作为君主的资格"由上帝之法、人法和自然法"规定,并由议会的权威加以确认。1485年,理查三世被杀后,亨利七世迅速召集了

---

① 沈汉、刘新成:《英国议会政治史》,南京大学出版社,1991年,第58页,关于1388年事件的详情,可参见该书第55–58页。

② Wilkinson,B.,Constitutional History of Medieval England 1216–1399,Longman,1964,转引自沈汉、刘新成:《英国议会政治史》,南京大学出版社,1991年,第60页。

③ J. Goldsworthy,The Sovereignty of Parliament:History and Philosophy,,Oxford,1999,p. 31.

议会并颁布了另一部继承条例(1485 年王位继承条例),"由议会的权威加以规定、认定和颁布"的条例明确宣布英格兰和法国的王位属于亨利及其自然继承人。① 当然,我们不能因此而得出结论:由于到 1485 年国王的王位都是由议会授予的,因而议会的权力高于国王。事实上,议会并不是一个与国王相分离的机构,它由国王召集,目的在于建议和辅佐国王处理王国事务。从 1399 年到 1485 年的这段历史可以看出,封建大贵族内部的斗争异常激烈,王位的更迭十分频繁,议会频繁地对获得权力者作为君主的资格加以确认,不过是从另一个侧面反映了议会在王位继承问题上事实上的无能为力。由于"议会的法令是国王和全社会共同的法令,或者可能是在全社会的代表同意下的国王的法令,"而"议会自身的合法性和权威至少部分地取决于国王的合法性和权威,"②因此议会实际上是通过确认国王作为合法国王的地位,来确认了其自身作为合法议会的地位。不过,上述事实仍然说明议会在国王获取合法权力的过程中,尽管也许只是走走过场,但也有其他机构不能替代的重要作用,这显示了议会的权威仍在逐步增强,而这对议会主权观念的形成无疑具有十分重要的作用。③

议会权威缓慢增长的第三个表现是议会越来越被看作整个王国的代言人,与此同时,下议院也开始发出自己独立的声音。下议院地位的提高主要在巧世纪,除前述的批准征税权和立法权外,还表现在对议员人身的保障和选举法规的出台两个方面。就议员的人身保障而言,1401 年,亨利四世接受下院的请求,声明今后在下院辩论结束前不接见任何议员,不听信任何报告和传言. 后经过国王的重申和认可,大约 15 世纪 30 年代,全社会都相信议员享有自由议事和在开会期间免遭逮捕的特权。不过,所谓自由议事也是有条件的,即议员的言行可以冒犯一般人,但不能冒犯国王④;而在开会期间免遭逮捕则更不可靠—直到资产阶级革命期间,国王还率领军队到下议院逮捕议员,并由此形成了国王不得进入下议院的惯例,因此对议员人身的法律保障是到近代以后才真正确立下来的。

选举法规的出台也是议会特别是下议院政治地位上升的表现,这说明下议院的人员构成开始有了制定法的保障。1406 年颁布的英国历史上第一个选举法规规定,郡长必须按照正当的选举程序组织选举,选民不应受到外界压力的影响,选

---

① J. Goldsworthy,The Sovereignty of Parliament:History and Philosophy,pp. 31 – 32.

② J. Goldsworthy,The Sovereignty of Parliament:History and Philosophy,p. 32.

③ J. Goldsworthy,The Sovereignty of Parliament:History and Philosophy,p. 38.

④ 蒋劲松:《议会之母》,中国民主法制出版社,1998 年,第 31 页。

举应是完全自由的。① 后为了避免违法行为,特出台了补充规定,授权大法官监督各郡的选举。1429 年、1432 年和 1445 年又先后对选民、候选人的财产资格进行了专门的规定,凡年收入达到 20 先令并居住在参选郡者才能成为选民,而候选人的社会地位必须在骑士之上,并拥有 20 镑以上的年收入。可以看出,这些规定充分保障了骑士和中小贵族的参政权利。不过,"中世纪议会选举几乎从未摆脱过操纵与把持"②,选举法规并不能阻止国王、豪绅富商以及郡守等地方官员对下议院议员选举的操纵,真正规范化的民主选举是在近代以后才实现的。

除以上三个方面外,议会权威的增长还体现在制定法的效力高于普通法上。17 世纪中期以前,英国的法学理论中并不存在所谓的"立法"和"司法"的划分,"在中世纪的观念中,法律被看作是永恒的,而议会则被看作是解释法律而非改变法律的一个法院。"③"议会的高级法院(the High Court of Parliament)"最主要的意思是指它制定或撤销法律④,这里的法院也并不是现代意义上的法院,而是承担了行政、立法和司法等诸多职能的机构,实际上,枢密院、法院和议会的权力之间并无明显的界限,枢密院和议会经常从事法律的解释和审判,法官们定期地帮助起草立法,而司法解释被看作是实质上的立法。到 15 世纪,法官们已经普遍接受了制定法高于普通法的事实,法官不再以与神法和自然法相违背而废止制定法⑤,到 15 世纪末,一些司法观念已经确立下来,包括:制定法可以超越普通法的原则,可以超越风俗习惯,可以约束整个国王的领土和国王的所有臣民,在与王室的特权发生冲突时制定法仍会得到支持,制定法可以超越与商法的冲突和宗教法的限制。⑥ 值得注意的是,这里的议会不仅仅指上下两院,而是包括国王、上议院、下议院三者在内的"君临议会"。

① C. Stephenson & F. Marcham ed. ,Source of English Constitutional History,A Selection of Document from A. D. 600 to the present,New York and London,1937,转引自阎照祥:《英国政治制度史》,人民出版社,1999 年,第 85 页。
② 蒋劲松:《议会之母》,第 31 页。
③ J. Goldsworthy,The Sovereignty of Parliament:History and Philosophy,Oxford,1999,p. 38.
④ J. Goldsworthy,The Sovereignty of Parliament:History and Philosophy,p. 39.
⑤ J. Goldsworthy,The Sovereignty of Parliament:History and Philosophy,p. 45.
⑥ J. Goldsworthy,The Sovereignty of Parliament:History and Philosophy,p. 45.

第二节 近代早期英国议会的发展及议会主权原则的形成

一、都铎王朝时期议会及议会主权的发展

（一）议会权威的上升及其表现

都铎王朝是英国从封建社会向资本主义社会过渡的时期,也有学者把这个时代称为"资本主义时代的开端"①。从政治制度的角度看,都铎王朝是英国从等级君主制向绝对君主过渡的时代,国王的权力达到了整个封建时代的顶端②。值得注意的是,国王在加强其专制权力的同时,利用议会实现其个人意志,君临议会的权威也因此达到了前所未有的高度。梅特兰指出,从伊丽莎白时代的见证人托马斯·史密斯的阐述就可以看出,"君临议会是绝对至高无上的,凌驾于国王和法律之上的。"③尽管对议会的权力究竟是指仅在议会才实践的国王个人的权力,还是一个复合的机构即"君临议会"的权力,还存在争论,但是"争论的双方都同意,没有其他的人类机构——包括教会——能有权威判定任何制定法是无效的,实际上,这种可能性在16世纪50年代就被消除了。"④因此,议会权威实际上是伴随着国王权力的增长而增长的,而议会权力还扩展到了宗教事务和王位继承方面,其中尤为典型的是议会取得了对宗教事务的管辖权。

宗教改革堪称都铎王朝最重要的历史任务,它始自亨利八世,中经爱德华六世,再到玛丽女王的反复,直至1571年由伊丽莎白一世亲自主持制订并经议会通过了《三十九条信纲》,才最终确立了英国国教的法律地位。

都铎家族原是兰开斯特家族的旁支,本无继承王位的合法资格,因此都铎王朝的开国君主亨利七世即位以后,就采取了一系列措施巩固有争议的王位,建立了强有力的王权⑤。但教会强大的政治经济势力和思想文化垄断地位是王权进一步加强统治的主要障碍,亨利八世上台后,就以教皇不批准他的离婚请求为借

---

① 蒋孟引(主编):《英国史》,中国社会科学出版社,1988年,第272-273页。
② 阎照祥:《英国政治制度史》,人民出版社,1999年,第102-107页。
③ F..Maitland,The Constitutional History of England,Cambridge ,1908,p. 298.
④ J. Goldsworthy,The Sovereignty of Parliament:History and Philosophy,Oxford,1999,p. 53.
⑤ 程汉大:《英国法制史》,齐鲁书社出版社,2001年,第232-238页。

日,发动了自上而下的宗教改革。1529 年,他召开了著名的"宗教改革国会",本届议会历经 7 年,通过了《首年薪俸法案》(1532 年)、《禁止上诉法案》(1533 年)、《王位继承法》(1534 年)和《至尊法案》(1534 年)等一系列法案,断绝了英国教会和罗马教廷的一切关系,确定国王是英国教会的最高首脑。其中《首年薪俸法案》规定,禁止英国主教、修道院长将首年薪伴上缴罗马教皇;《禁止上诉法案》宣布,英国是一个"帝国",国王在包括世俗事务和教会事务在内的所有事务上,都享有完全和充分的司法权力,并禁止将有关于教会事务的案件上诉到罗马教廷;《王位继承法》规定,所有臣民都应宣誓承认亨利和安妮的婚姻及这一婚姻的后嗣的继承权,违者以叛国罪论处;《至尊法案》则宣布,"国王陛下,他的后嗣和继承者,这个王国的诸国王,应取得、接受和被称为那被叫作安立甘教会的英格兰教会在尘世唯一的最高首脑,"①凡否认者概以叛国罪论处。这些法案的实施,使亨利八世成为国家和教会的绝对领袖,所有神职人员和修道院都要向国王宣誓效忠,国家则动用武力严惩拒绝宣誓者。

英国的修道院反对这些法案最力,有些修道院长宁死也不肯宣誓效忠国王,而修道院的财产也使亨利八世垂涎,1536 年和 1539 年,议会两次通过法案,下令封闭所有修道院,修道士被勒令还俗。国王不仅从没收的教产中得到了 100 多万镑的巨额收入,而且在政治上除掉了天主教会反抗王权的最后一个阵地,教会已经失去了与王权抗衡的能力—亨利八世后,宗教改革虽有反复,但改革重点主要集中在教义和宗教仪式等领域,应该说亨利八世为他的子女创造了良好的开端。

爱德华六世(1547－1553 年在位)即位时不满 10 岁,改革派大臣借机深化改革,和亨利八世不同的是,爱德华六世时期的改革稍稍偏向新教,在坚持国王为教会的领袖的基础上,接受和实行了一些新教的主张,同时通过议会颁布了一些改革教义的法规,如两部《信仰合一法案》(1549 年和 1552 年)。1553 年玛丽女王(1553－1558 年在位)即位后大肆复辟天主教,但即便在她统治期间,也不能完全无视其父和其弟通过的法律—无论这些法律是否符合上帝之法,它们都是有效的,因而要消除其效力,只能予以正式的撤销②。由此可见,议会制定法对教会事务的管辖已经得到了公认,而且"除非被正式撤销,否则议会法规一经通过就被视

---

① 蒋孟引(主编):《英国史》,中国社会科学出版社,1988 年,第 302 页。

② J. Goldsworthy, The Sovereignty of Parliament: History and Philosophy, Oxford, 1999, p. 54.

为具有法律效力。"①1558年,伊丽莎白一世上台,恢复了亨利八世的宗教改革政策,并继续由国会制订法案推行改革。《至尊法案》(1559年)重申国王为国教会的最高首脑,废除教皇在英国的一切权力;同年通过的《信仰合一法案》对国教会的教义和宗教仪式做出了统一的法律规定;到1571年《三十九条信纲》经议会通过,确定了英国国教的教义、信仰原则和礼仪制度,标志着英国国教的最终确立。

纵观整个英国宗教改革的过程,我们可以看出,议会在这场"加强王权的社会变革"②中起了十分重要的作用——都铎王朝的国王们正是通过一个又一个议会法案来推行其改革的,尽管这实际上意味着国王权力的扩张,但是不可否认的是,国王仍然需要倚重议会才能达到其目的。在1559年的信仰合一法案中,议会就已经"证明了自己可以无视教士的意见而改变王国的宗教"③,这充分地说明了议会的权力是至高无上的。

就议会在王位继承方面的管辖权而言,一个最有力的证据就是,亨利八世统治时期议会曾颁布过三部《王位继承法》,第二部王位继承法曾经宣布他的女儿玛丽是私生子,而第三个王位继承法则恢复了玛丽和伊丽莎白的王位继承权,在继承顺序上她们排在爱德华及其子嗣的后面,而此时从法律意义上说,两位公主还是私生子,"议会显然认为它可以安排继承问题而根本不考虑合法性问题。"④实际上,议会对王位继承的管辖权在前代已有先例,而都铎王朝议会之所以一再就王位继承颁布法规,与宗教改革的进程是息息相关的,也就是说,亨利八世是在宗教改革大局已定的前提下,才给予他的两个女儿以继承权的。

从宗教改革的过程来看,我们可以得出结论,都铎王朝时期议会的权威已经扩展到了宗教领域,议会已经获得了至上的地位,不过这种权威是在国王的主导下行使的。这里必然要涉及另一个问题,即国王和议会的关系问题。

(二)议会与王权关系的变化

前面已说明,在都铎王朝建立之前,君临议会的制定法就已经取得了最高权威,都铎王朝时期,君临议会的权力进一步扩展到了宗教领域,即议会的制定法对宗教事务也有至高无上的管辖权。有学者指出,对于这种最高权力究竟归属于"在议会中"的国王,还是由国王、贵族和平民"在议会中"共同制定的,当时有截

---

① J. Goldsworthy,The Sovereignty of Parliament:History and Philosophy,p. 54.

② 安长春:《基督教笼罩下的西欧》,中央编译出版社,1995年,第327页。

③ J. Goldsworthy,The Sovereignty of Parliament:History and Philosophy, ,p55.

④ J. Goldsworthy,The Sovereignty of Parliament:History and Philosophy,Oxford,1999,p. 55.

然不同的两种看法。一种曰"保皇主义",认为制定法是由国王单独制定的——虽然是在议会中的贵族和平民的建议和同意之下,议会的两院只是协助国王履行他制定法律的权力,这种权力是上帝而不是社会授予他的;一种曰"议会主义",认为制定法是由国王、贵族和平民在议会制定出来的,事实上是这三者分享立法权,他们之所以拥有至高无上的权力是由于他们共同代表整个社会。① 根据保皇主义的观点,国王的权力来自上帝的授予,作为上帝在人间的代表,国王解释神法的权力高于除上帝而外的任何人。《上诉条例》(1533 年)的序言就宣称,国王"在仁慈的、宽容的上帝的安排下,拥有充分的、完全的和不受限制的权力、地位、权威、特权和司法权"②。亨利八世本人也宣称,"在上帝的法令和默许之下,我们是英国的国王,而且是仅次于上帝的英国国王。"③很显然,国王是这种理论最坚定的支持者,而统治阶级出于对秩序和稳定的渴望以及对内乱的恐惧,也认为由叛乱所引发的无政府状态比暴政更糟糕,因此他们并不赞成在某些情况下合法地反抗统治者的行为,无论是普通臣民,还是任何下级官员阶层,都没有权利去判断是否应该反抗统治者的行为。④

议会主义者则认为,代表着全社会的君临议会,拥有一种在法律上至高无上的和不受置疑的制定法律的权力。前已说明,议会代表着王国的全体臣民的观念,早在 15 世纪就已经被人们接受,而到了 16 世纪这种观念已经成为人们的共识。而税收只有在取得议会的普遍同意以后才是合法的,这种观念至迟在 15 世纪中叶之前也已被广泛接受了。因此对议会主义观念来说,其核心在于:议会代表着全社会,同时也集中了全社会的智慧,尽管议会应该受到自然法和神法的限制,但是由于解释自然法和神法的权力同样操在议会手中,因此这种限制也没什么意义。⑤ 在议会主义者看来,议会是由国王、贵族、平民共同构成的,其隐含的意思是,三者的地位是平等的。"英格兰有时候被说成是享有一种巧妙的三种统治形式的结合,即君主制、贵族制和民主制,每一种的优点都补偿了其他的缺点。君主制的因素抑制了派系斗争和政治上的混乱,民主制的因素抑制了暴政等

---

① J. Goldsworthy, The Sovereignty of Parliament: History and Philosophy, p. 63.
② J. Goldsworthy, The Sovereignty of Parliament: History and Philosophy, p. 65
③ J. Goldsworthy, The Sovereignty of Parliament: History and Philosophy, p. 65
④ J. Goldsworthy, The Sovereignty of Parliament: History and Philosophy, pp. 66 – 67.
⑤ J. Goldsworthy, The Sovereignty of Parliament: History and Philosophy, p. 67 – 75.

等。"①"制约平衡"的观念虽然到 17 世纪才大行其是,但我们可以看出,这种观念早在 16 世纪就已经开始萌芽了。

通过以上分析,我们可以看出,保皇主义与议会主义都承认议会由国王、上议院、下议院构成,它们的区别主要在于对国王在议会中的地位的认识,实际上,正是这种对王权的不同认识导致了国王与议会在 17 世纪的决裂。

如果我们历史地考察一下都铎王朝国王与议会的关系,也许我们就可以明了上述两种观念之所以形成的原因。纵观整个都铎王朝的历史,我们就会发现,都铎王朝前期(亨利七世—亨利八世统治期间),所谓"君临议会"的权威,其重点在于"君"即国王,而到都铎后期,随着下议院政治地位的不断上升,国王虽然仍高踞最高权力之首,但"君临议会"的权威已逐渐转向议会,议会不再完全听命于国王,这也是议会与伊丽莎白女王偶生嫌隙的原因。

都铎王朝之初,大贵族的衰落使议会丧失了对王权的限制能力,议会成为国王的驯服工具.亨利七世时期,议会与国王的关系既疏远又融洽,疏远是因为亨利七世在 1496—1497 年征收议会补助金受挫以后,就加紧整顿政府财政部门,以图减少在财政上对议会的依赖,1497 年后,他只召开了一次议会;融洽则是指亨利七世仍然沿袭了理查三世以来利用议会法规贯彻君主意志的先例,政府提案在议会总是能够顺利通过成为法律。② 不过由于亨利七世主要致力于整顿政府体制,他与议会之间的关系还不具备典型性。

宗教改革是亨利八世统治期间的主要任务,从前述宗教改革的过程中,我们可以清楚地看到,国王利用议会加强了王权,同时议会的权威也随之增长,议会成为国王"驯服的工具"③。其中改革派大臣托马斯·克伦威尔起到了十分重要的作用,在利用议会推行宗教改革的过程中,他十分重视下院的作用并频频对下院施加影响,④客观上起到了提升下院地位的作用,下院逐渐取代了上院成为议会的主体。议会与国王的合作收到了奇效,就在亨利八世统治时期,英国成为一个享有充分主权的国家,亨利八世也在 1543 年的议会上正式承认了"国王在议会中"的原则⑤。不过,尽管这个时期"君临议会"的权威的重点在于国王,国王可以

① J. Goldsworthy,The Sovereignty of Parliament:History and Philosophy,Oxford,1999,p. 75.
② 沈汉、刘新成:《英国议会政治史》,南京大学出版社,1991 年,第 103 - 104 页。
③ 沈汉、刘新成:《英国议会政治史》,第 116 页。
④ 沈汉、刘新成:《英国议会政治史》,第 113 - 116 页。
⑤ 沈汉、刘新成:《英国议会政治史》,第 117 页。

利用议会,但就在他利用议会提高自身权威的同时,他也提高了议会和法律的权威,由此而来的就是,离开了议会,国王的最高权力也无从谈起,这就为议会权力的增长奠定了基础。

到爱德华六世、玛丽女王和伊丽莎白一世统治时期,下议院的独立性逐步显现出来。爱德华六世统治期间,下院就曾经驳回了政府议案,而摄政王诺森伯兰伯爵提出的两次征税要求也基本未获满足。玛丽当政期间的情况比较复杂,一方面玛丽在英国复辟了天主教,应该说没有议会的配合,她是很难成功的;另一方面,在涉及返还教产的问题上,下院曾多次抵制政府提案,因此有学者认为,尽管在宗教问题上玛丽时代是一个历史倒退的时代,但就议会政治而言,议会为后代做出了榜样①。伊丽莎白一世统治时期是君主专制达到巅峰的时期,但随着资产阶级和乡绅政治经验的逐渐丰富,下院和女王的冲突比前朝更为频繁,在宗教教义、王位继承、立法创议权和反专利法与反圈地法等方面,下院都提出了和女王不同的主张,因此有学者说,"英国资产阶级革命所采取的以议会为一方,以国王为另一方的斗争形式,应该说发轫于伊丽莎白时代。"②

通过以上分析,我们可以看出都铎王朝君主和议会之间关系变化的过程。到伊丽莎白统治末年,尽管女王仍然认为,君主有权召开议会,有权解散议会,有权赞同或反对议会所做的一切,但是君主在财政上仍需依赖议会,君主只有在议会中才能充分行使其最高权力,而且随着议会尤其是下议院独立性的增强和地位的上升,君主在议会中行使的最高权力还时时受到了约束,因此,都铎王朝的君主专制并不是绝对的。

(三)议会内部的变化

已经取得了至上地位的"君临议会"是由国王、上议院、下议院三个部分构成的,就在都铎王朝国王们的权威达到封建社会的最高峰的同时,上、下议院的成分、关系乃至各自的政治地位也在发生着变化。从某种意义上说,这种变化也左右了国王和议会之间的关系。

就上议院而言,其变化主要在于,上议院的构成成分发生了变化,宗教贵族人数减少,世俗大贵族的经济实力有所下降,法官和政府大臣退出了上院,同时所有有封号的世俗贵族都获得了进入上议院的权利,这些都在国王的掌控之下,上议

---

① 沈汉、刘新成:《英国议会政治史》,南京大学出版社,1991 年,第 125 页。
② 沈汉、刘新成:《英国议会政治史》,1991 年,第 136 页。

院也因此逐渐失去了原先那种与国王相抗衡的能力,由之而来的是上议院政治重要性的减弱。

红白玫瑰战争(1455－1485)是都铎家族得以登上王位的重要历史事件,这场战争对英国议会的发展也有十分重要的影响,这场因约克家族和兰开斯特家族为争夺王位而进行的封建大混战极其激烈和残酷,交战双方的每一次胜负,都与大批贵族被判刑或遭杀戮相伴随,幸存者中又有一些因与国王和得势贵族发生冲突而被褫夺爵位,旧贵族的力量被严重削弱,相应的是出席上议院的人数减少,15世纪下半叶,上议院贵族从14世纪的约50名减至1461年的44名,到亨利七世的第一届议会中则降至29人,而宗教贵族则达到49人。① 亨利八世实行宗教改革、解散修道院后,宗教贵族人数减至21人,后虽增加了5名大主教,但宗教贵族"在总体实力上已退居二流地位"②,这不仅表现在人数的变化上,而且表现在宗教改革后,国王成为英国教会的最高首脑,授予圣职的权力也收归国王,宗教贵族无论在经济上还是在政治上都要仰国王的鼻息。与此同时,有封号的贵族在16世纪则趋于衰落,由于地理大发现后贵金属大量流入欧洲,引起"价格革命",导致物价飞涨,靠土地租金为生的旧土地大贵族的实际收入大大减少,经济实力大不如前。

有资格出席上院的世俗贵族的成分也发生了变化。除大法官外,原为上院成员的王室法庭法官、检察长、副检察长、王室高级律师以及没有封号的枢密院顾问官和内府大臣都退出了上院,他们虽可以出席上院会议,有时还可以起很大的作用,但没有表决权。大法官是上院议长,但由国王任命,多数时候都遵从君命,实际上成了国王在上院的代理人。亨利八世为了使其宗教改革政策得以顺利推行,还召集所有拥有公、侯、伯、子、男等封号的5级世俗贵族出席议会,③与会的世俗贵族不再限于少数大贵族,上院成为完整意义的"贵族院"。都铎后期开始,国王为赢得新兴等级的政治支持和迅速得到大量资金弥补财政亏空,还公开出售爵位,大批富有的乡绅商人跻身于贵族阶层,这种状况一直持续到资产阶级革命前。这样,一方面国王不断地加强自己的权力,另一方面,教俗贵族的经济实力既降,是否出席议会的权力也掌握在国王手中,就形成了上院在政治上逐渐无法与国王相抗衡的局面。

---

① 阎照祥:《英国政治制度史》,人民出版社,1999年,第81页。

② 阎照祥:《英国政治制度史》,第121页。

③ 阎照祥:《英国政治制度史》,第121页。

对下议院的变化,多数学者主张下议院的地位大大提高了,除下议院的立法职能和议员特权在前朝的基础上有进一步的加强和增长外,还表现在下议院规模的扩大和构成的变化和下议院议事程序的制度化方面。另外,尽管下院的选举程序与前朝相比并无大的变化,但权贵操纵选举并不罕见,这从另一个侧面说明了下议院重要性的提高。

立法职能方面。都铎时期,议会的多数议案都是下院创议,而有关社会经济立法和财政拨款的议案则必须首先由下院提出并决定,这些职能都是前朝的延伸,不过,围绕社会经济立法和财政拨款,下议院和国王的斗争也日趋激烈,其中尤以伊丽莎白时期关于颁发商品专卖特许状为甚。下议院立法职能加强的另一个明证是,进入 16 世纪以后,下院的提案数量和议案通过率均呈上升趋势。① 当然我们对此也不能估计过高,多数时候议会通过的提案和立法都贯彻了国王的意志。

议员特权方面。1523 年,托马斯·莫尔首次担任下院议长时,就明确请求国王允许议员自由发言,并得到了亨利八世的允可。此后下议员们为了确立和维护自由发言、在会期和会期前后一定时间内免遭逮捕的权利,进行了长期的抗争。大约在 16 世纪中叶,议员在议事期间和会期前后各 40 天免遭法庭逮捕的特权基本确立,而且为避免议员心有旁骛,这种特权还延伸到了他们的仆从。不过,由于君主专制制度的固有属性,议员的这种特权还没有形成真正具有法律效力的惯例。另外,1543 年,一位下院议员因在私人诉讼中败诉而判处监禁,在下院的争取下,该议员被释放,并惩处了侵犯议员权利的伦敦商业区官员,这说明下院开始争取对本院事务尤其是议员的处分权。

下议院规模的扩大首先表现为议员人数的增加。都铎时期,下议院议员的人数比前代有大幅度的增加,从 16 世纪初的 296 名,增加到了伊丽莎白末年的 462人,增长了 56%。② 议员人数的增加与选区的扩充有关。除亨利七世外,都铎王朝其他君主都增设选区和城市:亨利八世时期,威尔士开始派代表参加英国议会,同时英格兰增设了蒙默斯郡和柴郡两个选区,议员人数因此增加了 33 名;爱德华六世、玛丽女王和伊丽莎白一世时期,下院分别增加了 34、25 和 62 个议席,③这些

---

① 阎照祥:《英国政治制度史》,第 125 页。

② G. R. Elton, The Tudor Constitution, Documents and Commentary, Cambridge, 1960, p. 248.

③ G. R. Elton, The Tudor Constitution, Documents and Commentary, p. 248.

增加的议席多来自新增的议会城市,而且这些新增议席多由乡绅占据。根据英国史学家尼尔的研究,由于乡绅有着出席议会的强烈愿望,他们往往通过巴结权贵的方式来争取议会城市的设立。① 而乡绅之所以愿意出席议会是因为 16 世纪议会的立法范围不仅包括宗教问题,还扩展到了包括财产和价格在内、与乡绅的切身利益紧密相关的社会经济问题方面。② 而对国王来说,扩大选区的范围也就意味着扩大了财源。

有学者对下院议员的构成进行了详细分析后指出,由于乡绅占据了本属于市民的议席,使乡绅和市民的比例达到了 4∶1,与此同时,骑士的人数并无大的变化,乡绅遂成为下院议员的主体,到 1601 年,下议员中乡绅占 4/5,的确堪称"垄断了下院"。乡绅多半受过良好的教育,有较高的文化素质,为下院提高参政水平奠定了基础。退出上议院的枢密顾问官和内府官员也加入到下议院中来,他们人数不多,仅占约 1/6,但在下院居于领导地位,他们的下议员资格曾遭质疑,但要求取消他们资格的议案未获通过,应该说他们在下议院占据一席之地对国王推行其主张显然是有帮助的。市民在下议员中所占比例不大,约在 1/8,他们多来自较发达的城市,代表了新兴资产阶级的利益,在议会辩论中他们主要关心地方利益,对其他事物兴趣不大,因此在议会中的地位和作用都不如乡绅。另外一些普通法律师也是下院议员,他们人数不多,但具有较强的独立性,不容易被人左右,还善于争取支持,他们的专业知识和素质对提高下院辩论水平、确定议事程序方面起了十分重要的作用。③

在下议院议事程序方面,都铎时期已经形成了一系列制度和惯例,有些直到今天仍然在发挥作用。

首先,从亨利七世开始,提案开始取代请愿书成为议案的来源。在都铎王朝以前,请愿一经提出就不能修改,其最终命运要么是全文通过,要么是全盘否决,实行提案制以后,议会可以先就提案进行辩论,在确定提案合理后再拟写议案,增加了立法程序的合理性。提案也分私人提案和公共提案,一般提交两院议长或议会书记官,到 16 世纪下半叶,下院议长成为主要的提案接受人。

---

① J. E. Neale, Elizabethan House of Commons, Aylesbury, 1963, p. 133;转引自沈汉、刘新成著:《英国议会政治史》,南京大学出版社,1991 年,第 93 页。

② J. Loach, The House of Common 1518 - 1603; In R. Smith & J. S. Moore(ed), The House of Commons, sever hundred years of British tradition, Smith's Peerage Ltd, 1996, p. 79.

③ 沈汉、刘新成:《英国议会政治史》,第 93 页。

其次,三读制逐渐固定下来。16世纪末,三读制基本确立,在这之前。一个提案有可能在两院反复宣读、辩论多达9次。议会书记官首先在上院或下院宣读提案,是为一读,为节省时间,一读后通常不辩论,提案二读后可以付诸辩论,然后提交议案委员会,在多数委员同意的情况下,委员会可以修改提案,在议案提交本院全会时,由委员会派代表解释修改内容,随后再次付诸辩论,议长在他认为适当的时候中止辩论,询问议员对议案的意见,如全院同意,则在羊皮上普写议案,再进行三读。一般情况下,对议案的表决在三读后进行,有的议案也可能因多数议员反对在一读或二读时就被否决。在议案一至三读的过程中,某一院均可将议案转交另一院,后者也可提出修改意见,但正式修改必须在原院,某院通过的议案在另一院无须辩论和修改即可付诸表决。

第三,表决方式。都铎初期,下院表决是由议长根据议员表示支持或反对的呼喊声的高低来判断的,只有在议长无法决断或他的决断受到挑战的时候,才实行计数表决的办法。① 但1558年前计数表决的方法很少使用,此后逐渐增多,有学者认为,"这也许是下院辩论日趋激烈,下议员的政治独立日益增强的结果。"② 计数表决由下院议长主持,同意者走进休息厅,反对者则留在原地,这种方式有利于反对者。1601年,据当时一位议员的观察,一些原先表示同意的议员就因为担心失去座位而留在了原地。③ 政府有时就利用这一点,让下院议长对他们不满意的议案进行计数表决。由此可见,至少多数下议员并没有意识到表决的重要性,这也从另一个侧面说明了下议院地位的提高还是有限的。

除以上显著变化外,还有一些制度也确立下来,如议会警卫官和议会书记官的设立,下议员的保密和宣誓义务,辩论方式和会议时间、地点的固定化等等。④

下议院的选举程序比前朝稍有进步。在15世纪关于选民和候选人的财产资格的规定继续有效的前提下,由于经济的发展和社会结构的变化,选民和候选人的人数都有大幅度的增加。但选举的混乱程度并无大的改观,贵族和大臣

---

① J. Loach,The House of Common 1518 – 1603;in R. Smith & J. S. Moore(ed),The House of Commons,sever hundred years of British tradition,Smith's Peerage Ltd,1996,p. 80.

② 沈汉、刘新成:《英国议会政治史》,南京大学出版社,1991年,第99页。

③ J. Loach,The House of Common 1518 – 1603;in R. Smith & J. S Moore(ed),The House of Commons,sever hundred years of British tradition,p81.

④ 沈汉、刘新成:《英国议会政治史》,第101 – 102页。

等权贵控制垄断选区议席的情况非常普遍,选举腐败现象比比皆是,贵族和权贵希望把他们中意的人选入下院,固然有显示他们能量的原因,但也说明,他们希望能够因此而影响下院—前已说明,这说明下议院重要性的提高。由于自治城市的增加,许多城市为了得到国王的特许状,往往通过宫廷显贵转呈请愿,宫廷显贵因此而成为这个城市的"庇护人(patron)",对该城市议员的选派有一定特权,乡绅们也乐于和这些显贵们结交,许多乡绅就是通过这种方式进入下议院的。

　　当然,也有学者对下议院地位提高的程度表示了异议。詹尼弗·劳奇认为,下议院非但没有获得创议权,反而屈从于国王及其大臣,不惜一切代价避免与他们发生对抗。例如在征税问题上,都铎王朝和斯图亚特王朝早期,国王的征税要求相当频繁,而对臣民来说,税负实际上很重,尤其是 16 世纪 40 年代和 90 年代,但通常情况下,国王的征税要求都得到了满足。下议院的这种姿态一方面与政府对下议院的控制有关,如由国王任命并由国王支付薪酬的下院议长,既有权决定在辩论中发言的人选,也有权决定议案讨论的顺序;从亨利八世时期开始,凡不能在上院拥有议席的皇家枢密官和大臣都被选为下院议员,他们在下院的座位紧邻议长,这使他们对议长施加影响成为可能。另一方面,下议院与国王的合作还表明,在经过了玫瑰战争这样的内战以后,和平与安宁成为头等大事,为了避免内战的再次发生,下议院宁愿顺从国王的意志。① "一般来说,下议院似乎把它和国王以及国王的大臣们的关系,当作一个公司里股东和该公司的董事长和其他各部门之间的关系,他们献身于同一个目的—在这种情况下,其目的在于和平和繁荣,但偶尔会因为如何最好地达到这些目的而意见不一。"② 在詹尼弗·劳奇看来,16世纪下议院真正显著的而永久的是两个变化,一个是下议员人数的增长,一个是下院开会地点的固定化。就议员人数的变化而言,她认为,国王增加选区并不是出于经济和社会因素的考虑,而由于国王的心血来潮和王室政策的变化,某些选区的加入是因为王国政府统治的延伸,某些选区则是在宫廷权贵的帮助下,由国王授一些城市以特许状后加入的。选区的增加固然为王室扩大了税收的范围,但更重要的原因在于国王可以借此机会把他认为有用的人塞进下院。

---

① J. Loach, The House of Common 1518 – 1603; in R. Smith & J. S. Moore (ed), The House of Commons, sever hundred years of British tradition, Smith's Peerage Ltd, 1996, pp71 – 72.

② J. Loach, The House of Common 1518 – 1603; in R. Smith & J. S. Moore (ed), The House of Commons, sever hundred years of British tradition, p. 73.

对权贵们来说,增加选区并把一些有求于他们的人弄进下院,倒不见得是为了给个人谋求什么好处,而是借此提高他们的声望。① 而乡绅们之所以愿意获取一个与骑士相比不那么体面的市民议员的位置,也不完全是因为下院的立法越来越与他们的切身利益相关,更不是因为议员的特权对某些人特别有利,②真正的原因在于,伦敦作为一个消费中心,吸引了越来越多的贵族和乡绅到那儿过冬,在这个意义上,下议院成为一个人们会见朋友的俱乐部。"我们应该把16世纪下议院的扩张放在社会体制,而不是政治的、法律的或宪法体制中来进行考察:下议员的增长是由于伦敦的吸引力,而宫廷也因此变得吸引人了。"③从1549年开始,下院的议事场所固定在威斯敏斯特宫中央的圣斯蒂芬小教堂. 这样,下议院有了永久的开会地点,可以容纳议会书记官和其他职员,议会程序的正规化也因此成为可能。④

如果对上述两种关于下院政治地位的不同评价加以考察,我们会发现,实际上两种观点所依据的是同样的历史事实,两者的不同在于解释角度的不同。我们绝不能忽略的是,都铎王朝是整个英国封建社会中王权最为强大的时期,而资产阶级羽翼未丰,还远远无法与王权相抗衡,从这个意义上说,下议院的所获取的实际权力是相当有限的,它在很大程度上受到了国王权力的制约甚至屈从于国王的意志。但是我们还应该注意到,都铎时期的议会也是英国议会发展史上十分重要的一环,君临议会已经取得了至高无上的权威,尽管在这个时期,这种权威主要还体现为国王的权威,但是议会尤其是下议院从未放弃过与国王的斗争,随着新兴中产阶级和新贵族经济实力的增长和政治经验的丰富,他们的独立性日渐增强,当他们与国王的矛盾无法调和的时候,英国的革命爆发了,而都铎时期下议院地位的相对提高则为英国革命的到来准备了条件。

---

① J. Loach, The House of Common 1518 – 1603; in R. Smith & J. S. Moore(ed), The House of Commons, sever hundred years of British tradition, p. 77.

② J. Loach, The House of Common 1518 – 1603; in R. Smith & J. S. Moore (ed.), The House of Commons, sever hundred years of British tradition, p. 78.

③ J. Loach, The House of Common 1518 – 1603; in R. Smith & J. S. Moore (ed.), The House of Commons, sever hundred years of British tradition, p. 79.

④ J. Loach, The House of Common 1518 – 1603; in R. Smith & J. S. Moore(ed.), The House of Commons, sever hundred years of British tradition, p. 81.

二、斯图亚特王朝时期议会的发展及议会主权原则的确立

（一）斯图亚特王朝早期议会与王权的斗争

17 世纪是英国发生急剧变化的时期,经济领域中,圈地运动正向纵深发展,一些新的工业部门开始出现,商业贸易空前兴盛,对外贸易方面也有长足的进步。经济上的变动改变了社会关系,一些乡绅依靠资本主义经营方式聚敛财富,成为资产阶级化了的新贵族,城市中的工、商业业主、手工工场主、专业人士等则转化为中等阶级。新贵族和中等阶级在经济利益上的一致导致了他们在政治上的接近。经济和社会领域的变化反映在宗教领域,就是要求简化宗教仪式、废除主教制的清教运动的出现。

1603 年,伊丽莎白一世死后,苏格兰王国国王詹姆士六世继承了英格兰王国的王位,称詹姆士一世,开始了斯图亚特王朝在英国的统治。詹姆士一世对英格兰社会和法律都不熟悉,专横地强调国王的主宰地位,标榜君权神授和王权至上,尽管他也宣称决不会违法剥夺一个臣民的生命,但是他根本无力解决都铎王朝遗留下来的众多社会经济问题,进一步加剧了都铎后期已经开始的王权与议会的冲突。到 1640 年革命前,议会与王权的斗争主要围绕着财政冲突、弹劾国王的宠臣和议会特权等三个方面。

早期斯图亚特王朝议会和国王的首要矛盾是财政问题。英国封建社会中,国王的私人金库和国库之间并没有分开,政府开支也从国王的收入中解决。16 世纪起,政府组织日益庞杂,各项开支明显增多,詹姆士一世从伊丽莎白时代继承了总数为 40 万镑的债务,同时还为伊丽莎白的葬礼和他本人的加冕礼付出了大笔款项,但在价格革命的影响下,王室地产收入和经议会认可的关税收入实际上是减少了。为了广开财路,早期斯图亚特王朝的国王一方面依照惯例召开议会,要求议会批准税收及补助金,另一方面则利用出售专卖权、征收骑士捐、卖官鬻爵、出售王室森林等各种手段平衡政府开支。

在税收问题上,议会往往附加一些条件才同意征税,双方无法达成一致以至不欢而散的情形也时有发生:1604 年,詹姆士一世上台后的首届议会上,国王的征税请求只得到了部分批准,而下议院提出的重申议员特权的议案也未获国王批准,这届议会于 1611 年解散;1614 年的议会要求詹姆士一世先恢复教士在 1604 年被取消了的俸禄,否则不向国王提供任何补助金,最后本届议会仅存在了两个月就被解散,由于未办理任何重要事务,被称为"无用议会',此后 7 年未召开议

会;1621 年议会在詹姆士一世同意向西班牙开战的前提下才批准了国王的征税请求,而且把拨款额从 50 万镑减为 15 万镑。查理一世在位期间,类似的冲突不仅没有减少,反而增多了,1625 年查理一世的第一届议会和 1626 年他的第二届议会,下院都首先要求弹劾国王的宠臣白金汉,1628 年的第三届议会,下院议员反对派更提出了政治自由、保护私有财产的要求,最后议会以批准 5 笔共 30 万镑的款项支持战争为代价,赢得了重要的宪法性文件《权利请愿书》的勉强通过。1629年,当议会号召人民拒绝向国王交税时,查理一世即解散了议会,开始了长达 11年的无议会时期。

在议会批准的补助金不敷使用或长期不召开议会时,两位国王都采取各种手段聚敛钱财,詹姆士一世曾索要捐助、出卖专卖权、出卖爵位,查理一世则强行借贷并关押拒绝借钱给他的人,他还强制授人于骑士身份、出卖王室土地和森林,强制征收多年未征的船税。这些手段实际上都违背了几百年来英格兰的传统,极易招致各界反对、激起民愤。这也是为什么 1640 年查理一世重开议会,矛盾迅速激化,革命爆发的一个重要原因。

从上述早期斯图亚特王朝国王与议会的几次冲突来看,詹姆士一世时期,议会与国王的斗争主要围绕着经济财政问题,而到了查理一世时期,二者的冲突主要集中在争夺政治权力上,下院不仅批评国王的内政外交政策,弹劾国王的宠臣,而且越来越频繁地要求保证议员的特权。

都铎王朝时期,由于专制王权的相对强大,议会在多数时候都听命于国王,另一方面许多廷臣同时也是下议员,加之该朝的君主们也比较善于调和下议院与朝臣的关系,所以议会基本未使用等级君主制时期的法宝——弹劾。但弹劾国王的宠臣的事件在斯图亚特王朝早期则频频发生。詹姆士一世时期,议会先后弹劾了国王的谋士、大法官弗兰西斯·培根和财政大臣克兰菲尔德。1621 年,下院成立专门委员会调查上院议长培根的罪行,后在两院的共同审理下,培根被解除一切职务,罚款 5 万镑后关进了伦敦塔监狱;1623 年,下院指控克兰菲尔德犯有操纵国王岁入、接受贿赂、篡改监护法庭命令以及从糖税和杂货出口税中谋取私利的罪行,随后下院和上院共同审理了该案,克兰菲尔德最终被判有罪,撤销了一切官职,同样在处以罚款后被投入监狱。查理一世时期,议会再次运用弹劾权,与国王的宠臣白金汉公爵展开斗争。白金汉公爵怂恿查理一世发动了对西班牙的战争,使英国每年花费大量的军费,议会反对这场战争,对白金汉大权独揽而又不负责任非常不满,1626 年议会召开后,议员开始为弹劾白金汉活动,下议院最终成立了以约翰·埃里奥为首的小组委员会负责调查对白金汉的指控,但不久查理一世解散了议会,议会对白金汉的弹劾没有成功。议会弹劾白金汉的意义在于,议会的弹劾理由不是强调他违反法律,而是在政治上对他进行抨击,"这说明议会的斗争比早先更为深入了"。① 下议院频繁地弹劾朝臣的现象,说明奉行君权神授的国王与地位日益独立的议会之间的矛盾,在斯图亚特王朝早期已经越来越难以调和,而且我们可以看到,这种矛盾已经不仅仅局限于议会认定国王的宠臣是否有罪,更体现了议会在国家管理领域的使命感。

这个时期议会还为捍卫议员的特权做出了不懈的努力。詹姆士一世和查理一世都多次干涉过议会的议事自由,下议院则有两次较典型的斗争,一次发生在詹姆士一世时期,在 1621 年议会召开时,他为了制止下议院议员们"乱议国是",就提出议会的特权来自君主的赐予,君主赐予议会多少特权,议会才有多少特权。但一批议员则以下院的名义向国王递交了一份名为《下院的辩解》的文件,宣告:"议会的自由、豁免权、特权和职权皆为英国臣民自古以来与生俱来的、不容置疑的权利和遗产。"②要求各郡、市和选区应当自由选择代表出席议会,当选的议员在议会召开期间不受监禁和逮捕,议员在议会中可以不受限制地自由表达自己的观点。不过,显然下议院的观点未被国王接受,1642 年查理一世甚至亲率士兵进入下议院逮捕反对派议员。另一次斗争则发生在查理一世时期,议员争取特权的斗争到 1628 年《权利请愿书》提出时达到了高峰。《权利请愿书》规定,此后不经议会同意不能强迫任何人交纳赋税,任何人如未被指出具体罪状,不得加以逮捕,任何人如无法庭判决,不能剥夺其财产,士兵不能强占民房,和平时期不能用军事法对公民进行审判等。查理一世虽签署了该文件,但并无履行议会要求的诚意,次年就解散了议会。从这两次斗争来看,议员的议事自由在专横的国王面前并未得到保证,这也加剧了下议院与国王的矛盾。

从以上分析我们可以看出,在斯图亚特王朝早期,由于国王顽固坚持君权至上,主张极端的君主专制,根本否认几个世纪以来逐渐形成的宪政体制;而已经发展壮大的中等阶级和新贵族不仅拥有相当的经济实力,而且已经获得了议会斗争的政治经验,他们要求确认已经初具规模的下议院乃至议会的宪政地位,因此两者的矛盾实际上是"国王与平民院对各自的地位、权力的看法发生尖锐分歧,终至

---

① 沈汉、刘新成:《英国议会政治史》,南京大学出版社,1991 年,第 147 页。
② 蒋劲松:《议会之母》,中国民主法制出版社,1998 年,第 50 页。

无法调和"①的宪政矛盾。我们还应该注意到,从斯图亚特王朝早期开始,英国反封建专制的派别与封建王权的斗争就是以议会为主战场展开,这种方式一直延续到革命期间,而这对英国革命的进程、形式乃至结果都产生了重大影响。

在英国革命前夜和革命过程中,反封建专制的议会党人和民主派的政治思想的一个特点是广泛地从中世纪的政治文化中汲取思想养料,"诺曼奴虐"说和自然权利思想是他们主要的反封建专制的理论武器。

"诺曼奴虐"说认为,在1066年以前,盎格鲁——撒克逊居民是自由和平等的,他们推选代表组成管理他们的机构。而1066年的诺曼征服剥夺了他们的这种自由,建立了残暴的外来国王和地主的统治。但人民并没有忘却他们原有的权力,不断展开斗争以恢复其远古的自由,他们的斗争迫使统治者一次又一次地让步。这种斗争传统在后来与诺曼征服者的后继人的斗争中不断表现出来。"诺曼奴虐"说通过重申历史的传说以反映反对封建统治和专制王权的民主要求。

与此同时,"英国人生而自由"的自然权利观念也给了反专制王权的议会派以很大的鼓舞。例如,爱德华·科克认为,1215年的大宪章和斯蒂芬·朗吞以及亨利二世制订的法律中都具有议会自由的原则思想,这也是1215年以后英国宪政事件的一贯精神,他认为在13世纪的封建文件中还具有论证财产权的内容。② 科克的观点在17世纪20年代到40年代影响很大。在1620年议会辨认中,反对派议员便以1215年大宪章和封建时代的法律为依据,与查理一世抗争。1628年议会提出的《权利请愿书》便是一例,它写道:"国王爱德华一世统治时期制订的法律曾宣示规定,国王或他的继承人,在本国领土内如果没有大主教、主教、伯爵、男爵、骑士、市民及其他本国子民中的自由人的善意和同意,不得征收贡税或补助金。""根据被称为《英国自由大宪章》的宣示和规定,除了依照同级贵族的合法判决或依照国家法律,任何自由人不得被逮捕、监禁、被剥夺自由不动产、各种自由或自由习惯,不得被摈于法律保护之外、被放逐,或用任何方式毁伤。"③1641年7月取消星室法庭的法令说:"根据无数次在议会中确认的大宪章所规定,任何自由

---

① 蒋劲松:《议会之母》,第43页。

② Pocock,S.,The ancient constitution and feudal law:a study of English historical thought in the seventeenth century,Cambridge,1987. pp. 44—45.

③ Gardiner,S. R.,(ed),Constitutional Documents of the Puritan Revolution,1625 - 1660,Oxford,1906,pp. 66 - 67.

人不得被监禁、剥夺他的自由不动产或人身自由。"①

在斯图亚特王朝时期反封建的斗争中,爱德华·科克发挥了很大的思想影响。科克(1552 - 1634 年)是著名的法学家和律师,1598 年进入下院,曾任下院议长、首席检察官、高等民事法院院长、王座法院院长。他曾参加英属北美弗吉尼亚公司的殖民地商业活动,力主自由贸易和取消封建所有权。② 他是英国普通法的权威,研究并评注了从大宪章到詹姆士一世的各种法令和法庭判例,对英国普通法进行了整理、汇编和注释。他说,"老的土地必须长新庄稼",③强调普通法是国家至高无上的法律,它的唯一解释者是律师。议会的立法权至高无上,不得加以限制。④ 他通过解释普通法来反对国王的特权。科克著的《英国法学原理》1628年出版后在反对斯图亚特王朝的议会反对派和各阶层反封建人士中产生很大影响,被认为是"解释英国普通法的最好著作"。⑤ 科克是运用封建时代的立法和惯例为反封建斗争提供思想依据的一个典型。在科克活动的前后,反对斯图亚特王朝的斗士一再引用封建法、大宪章和议会历史的例证作为反封建斗争的理论根据,以表达自己的自由民主要求。对这种政治思想再生产的特殊现象过去马克思主义学者没有作过正面阐释。在解释近代初期的政治活动家从中古时期的政治文献中寻找斗争武器的现象时,应当注意马克思的一个提醒,即必须注意"历史的观念论的历史叙述同现实的历史叙述的关系",特别是同文化史的关系,"这所谓文化史全部是宗教史和政治史"⑥。在英国中世纪,不断发生着地方诸侯和国王争夺国家权力的冲突。这种反对中央王权的斗争在性质上毫无进步性可言,但这种斗争的格局,这种削弱王权的政治斗争形式却能使 17 世纪初反专制王权的代表产生共鸣,即 17 世纪反专制王权的代表是从政治斗争形式上汲取古代的经验。此外,反专制王权的人士能从大宪章和中古宪政文件中找到斗争的武器还在于中古时期宪法文件中词语语义的不确定性。在 13 世纪前后英国社会中使用的词语几乎没有经济学的含义和生产关系的内容,而主要反映法律上的身份关系,其中有些词汇到 17 世纪仍在广泛使用,但含义已发生了很大变化。如"自由民(free-

---

① Gardiner, S. R. , (ed) , Constitutional Documents of the Puritan Revolution, 1625 - 1660, pp. 179 - 180.

② Hill, Christopher, Intellectual Origins of English Revolution, Oxford, 1982, p. 174 、pp. 225—245.

③ Veal, d. , The Popular Movemet for Law Reform 1640 - 1660, Oxfod, 1970, p. 66.

④ 詹宁斯:《英国议会》,商务印书馆 1960 年版,第 1 页。

⑤ F. Maitland, The Constitutional History of England, Cambridge, 1908, pp. 268 - 270.

⑥ 《马克思恩格斯全集》,第 64 卷,上册,人民出版社 1979 年版,第 47 页。

man)"一词,在大宪章时代系指享有司法权的封建贵族,而到 17 世纪初则包括一切有财产的公民。这种语义的不确定性使反封建专制的新兴阶级的代表有可能直接利用封建时代的一些文件,赋之以市民阶级自由民主的内涵,用以支持自己,支持投入反封建专制斗争的各阶层群众。17 世纪人的这种似乎是歪曲历史真实的"叙述方式",却正是政治史上的匠心之作,它成为市民阶级自由民主观念赖以产生的一座桥梁。①

(二)议会与革命

1640 年 4 月,查理一世为了解决与苏格兰人作战的经费,重新召开了已有 11 年未召开的议会,议会召开后不久,议员即提出了一份请愿书,列举了教会和国家事务中的种种弊端,并要求国王停征船税,否则不批准国王的征税请求。查理一世拒不接受议会的要求,5 月 5 日就解散了议会,史称"短期议会"。短期议会后,英格兰军队在与苏格兰战争失利,对方索要赔款,英国财政极为困难,同时国内要求召开议会的呼声很高,一些上院议员甚至表示如果国王坚持不发布召开议会的命令,他们将撇开国王,自行召集议会。

在全国上下的压力下,困境中的查理一世被迫于 9 月 20 日发布了召开新议会的救令。11 月 3 日,新议会在大选的基础上重新召开,这届议会断断续续一直存在到 1653 年,史称"长期议会",这是英国历史上国王首次迫于民众的压力召开议会,从这以后,议会成为英国革命的领导中心,长期议会的召开也标志着英国革命的开始。

根据英国革命的进程以及议会所起的作用,可以把英国革命分为三个阶段,即 1640 年长期议会召开到 1648 年底普莱德清洗为第一个阶段,1649 年共和国建立到 1660 年斯图亚特王朝复辟为第二个阶段,1660 年到 1688 年光荣革命为第三个阶段。

第一阶段是长老会派议员为主导的时期,也是以长老会派议员为主的下院从革命转向保守的时期。长期议会一开始显示了空前的革命性,逮捕了查理一世的宠臣斯特拉特福伯爵和劳德大主教,不久处死了斯特拉特福,议会的权力达到了新的高度,随后又通过了《三年法案》等一系列限制国王权力的法案。1641 年,下议院先后提出了《根枝法》和《大抗议书》,前者要求连根带枝地取消主教制度,将国教改为长老会教,使教会脱离国王而听命于议会;后者则要求工商业自由发展,

① 沈汉、刘新成:《英国议会政治史》,南京大学出版社,1991 年,第 197 - 199 页。

建立资产阶级长老会派教会组织以及国王应在议会信任的人中任命政府主要官员，①两法案在下院都是勉强通过的，这说明在革命之初，议会内部的矛盾就已开始显现，以长老会派为代表的资产阶级和新贵族只想维护自身利益，如发展工商业、建立从属于议会的教会等，并未考虑到下层人民的利益，而这种矛盾的最终爆发就导致了议会作用的削弱。

1642 年 1 月，查理一世不顾惯例，带领士兵闯入下院，要求议长交出下院反对派领袖皮姆等人，议长明确宣告："我的眼睛只朝着本院指出的方向看，耳朵也只能听取本院的指示，我是这里的仆人。"这是下院议长首次违抗国王的命令，充分说明了革命影响的扩大。查理一世此举也引发了第一次内战。在 1642—1646 年的第一次内战中，议会作为最高革命领导机构，在政治、军事和宗教方面做了大量的工作，但长老会派的保守性也暴露无遗：下院在委任艾塞克斯为议会军总司令时，就宣称他们斗争的目的是："为了国王个人的自由，保卫两院和服从两院的人，保护王国的宗教、法律、自由与和平。"②而长老会派在内战期间所采取的措施处处维护上层资产阶级和新贵族的利益，宗教上以从属于议会的长老会派为国教，经济上征收消费税，征税项目不断增多，直接影响普通民众的日常生活，这就引起了其他政治派别乃至城乡贫苦民众的反感。这时，议会与王党势力之间的矛盾暂告缓和，而反王党阵营中的矛盾和斗争则迅速激化，斗争的核心问题在于是否继续推进革命，以及建立何种类型的政治制度。

反王党阵营中的斗争首先表现为长老会派与独立派之间的斗争。内战结束后，长老会派控制的议会就宣布内战结束，并急于与国王谈判，筹建君主立宪制，而代表中等新贵族和资产阶级利益的独立派议员则认为革命尚未结束，斗争不应停止。1647 年 8 月，军队开入伦敦，克伦威尔以武力威胁长期议会，驱逐了敌视军队的 11 名长老会派议员，其他一些长老会派议员也仓皇逃走，这标志着由议会一手组建的军队与议会分道扬镳了，从此独立派掌握了实权。1647 年，克伦威尔又镇压了平等派士兵的示威，独立派至此取得了对军队的控制权。1648 年第二次内战爆发后，一些长老会派显贵竟然投靠国王，为独立派打击政敌提供了口实。1648 年 12 月，上校普莱德率兵把守下院各个入口，赶走了所有的长老会派议员，这就是著名的"普莱德清洗"。

①　张学仁：《外国法制史资料选编》（上册），北京大学出版社，1982 年，第 309 页。
②　阎照祥：《英国政治制度史》，人民出版社，1999 年，第 159 页。

第二阶段是独立派和平等派居于主导的时期,同时也是议会的作用和地位被严重削弱的时期。普莱德清洗后的议会史称"残阙议会",残阙议会最重要的贡献是明确地宣示了"主权在民"原则。1649年1月,下院向上院提出了审判国王的决议,理由是他犯下了叛国罪、挑起内战罪、破坏法律和英国人民自由罪,按照惯例,下院的决议要得到上院的批准,但上院否决了下院的议案,在独立派军官和民众的支持下,下院迈出了英国宪法史上重要的一步:1月4日,下院通过了一项决议,正式宣告了"在上帝庇荫下,人民是所有正当权力之源泉,故选自人民并代表人民的英国议会之平民院理当拥有国家最高权力。凡议会下院制定后颁布的法令仍应具有法律之效力,全国人民亦当遵照执行。"①1649年2月,议会通过决议,宣布废除君主制,取消上院,行政权属于以克伦威尔为首的国务会议,同年5月正式宣布成立共和国。国务会议名义上从属于议会,但国务会议成员多数是议员,而议会开会时出席者总是不多,国务会议的行动实际上极易得到议会多数的支持,共和国的权力实际上集中在一部分人手中。

共和国从成立之时起就一直面临着内外交困的局面,外有王党分子准备卷土重来,长老会派推波助澜,内有平等派和掘地派深化革命的斗争。1653年4月,残阙议会提出一项选举法案,提出长期议会的议员不应改选,而应自动进入以后的议会,企图使自身的权力合法化,此举引起了军队的不满,克伦威尔旋即率火枪手冲入下院,宣布解散残阙议会。在13年的政治斗争中发挥了重要作用的长期议会寿终正寝。总体上看,残阙议会是一届政治上极为保守的议会,由于国务会议掌握了实权,而他们的注意力主要在对外征战方面,无暇顾及国内政治和议会改革,因而残阙议会基本上是一个"空谈机构"②。

残阙议会解散两个多月后,为了稳定时局,克伦威尔又召开了苏格兰和爱尔兰首次派员参加的新一届议会,这也是历史上第一次以三国名义召集来的议会。这届议会的正式名称为"英吉利共和国议会",又称贝本议会。由于封建贵族和长老会派大资产阶级都被排除在外,议员几乎都是以独立派为主的中小资产阶级和新贵族的代表,他们都是英吉利共和国的坚定支持者,在活动中表现出比以往任何一届议会更强烈的激进民主精神。在贝本议会存在的8个月中,成立了包括法律改革委员会在内的若干委员会,并采取了一些激进的改革措施,如取消大法官

---

① 阎照祥:《英国政治制度史》,第163页。

② 沈汉、刘新成:《英国议会政治史》,南京大学出版社,1991年,第168页。

庭,对刑法进行改革,有关教会收入交由地方清教组织处理等,这些措施触动了现存的社会秩序。而以克伦威尔为首的军官集团只是想把议会当作军事独裁的民主点缀,这就注定了贝本议会的存在不能长久——同年12月,一些右派议员在议长的默许下,提交了一项决议,表示由于贝本议会对制止国家的混乱无能为力,宣布解散本届议会。随后在军官集团的唆使下,议长率50多名议员前往白厅,"自愿地"把权力交给"权力的来源者"克伦威尔,剩下一些不愿散去的议员再次被军队驱散。

兰伯特向军官会议提交了名为《政府约法》(亦称《施政条例》)的宪法性文件,英国进入了护国政府时期。根据《政府约法》的规定,英吉利共和国的最高权力属于代表人民的护国公和议会,立法权属于一院制议会,议会每三年选举一次,由护国公召集,从召集之日起不满三个月不得解散;在议席分配上,苏格兰和爱尔兰各拥有30席,威尔士拥有25席;选举上仍有财产资格的限制。由护国公和国务会议行使行政权,护国公由国务会议选出,终身任职但不得世袭,形式上,护国公的权力受到国务会议的制约,未经国务会议同意不得调动军队和宣战烤和等,但事实上是国务会议听命于护国公——国务会议成员出缺时,护国公有权决定补缺人选。由此可见,所谓护国政体实际上是披着民主外衣的军事独裁政体,护国公统掌立法和行政权,权力和地位己与昔日的国王无异,在这种情况下,议会的地位和权力实际上也无法得到保障。

克伦威尔当政期间召开的两届议会都对克伦威尔和高级军官独揽大权的做法展开了斗争,不过斗争的实际效果非常有限。在1654年召开的第一届议会上,议员们即对《政府约法》进行抨击,提出护国公应受议会制约,克伦威尔则强硬地声明,议会无权规定护国公的权力范围,他要求议员在忠诚于护国公、共和国和基本宪法文件的宣誓书上签名,未签名的一百多名议员就此退出了议会,议会后来起草了一份宪法草案,提出护国公应由选举产生,选举方法由议会决定,现任护国公应当就定期召集议会宣誓,保证不干涉议会的特权和自由,在未得议会同意之前不得解散议会。这些提法显然无法让克伦威尔接受,也使他感到议会难以控制,不久,这届议会在勉强支持了不到5个月即被克伦威尔解散。1656年召开的第二届议会又向克伦威尔递交了请愿书,要求保留议员自古以来享有的自由特权,设立上院,通过议会两院以立法形式人民国务委员会委员,部分议员甚至建议授予克伦威尔国王称号,克伦威尔批准了这份请愿书,但未敢称王。后议会仍有扩大自身权力的倾向,仍未逃脱被克伦威尔解散的命运。

克伦威尔死后,其子理查德继任护国公期间,也于1659年召集了一届议会,但仅存三个月即被解散,随后理查德放弃了护国公的权力,共和派议员和高级军官会议谈判后达成协议,以革命会议的名义邀请残阙议会的议员回到议会履行职责。但议会与军队的合作仅仅持续了两个月就告破裂,军队再次解散了议会。1660年3月,驻苏格兰英军司令部蒙克率军进入伦敦,蒙克重新召回了普莱德清洗时被逐的全体议员,议会在批准了蒙克的全权后就解散了。5月,新选出的议会接受了查理二世的《布列达宣言》,同意英国政府应由国王、上院和下院组成,查理二世回到伦敦,斯图亚特王朝复辟。从革命的第二个阶段看,议会虽不时召开,但议会完全从属于以克伦威尔为首的军官集团,尽管议会也进行了一些抗争,但无法形成对军官集团的有效制约。

斯图亚特王朝复辟后,尽管查理二世和詹姆士二世希望建立法国式的绝对王权,但实际上却没有这种可能,反专制王权的革命派别仍然在议会发生着影响,急风暴雨式的革命停止了,但缓慢的演进仍在继续,在护国政体时期被冲荡得面目全非的议会也回到了正常的轨道上来了,因此有学者说,"这次复辟不仅是国王的复辟,也是议会的复辟。"①

查理二世重新登上王位前的议会在复辟后继续存在了8个月,这届议会也被称为"协商议会",查理二世被迫同意不再恢复革命时代被消灭的封建税务衙门,认可议会关于完全取消国王与封建主之间附庸关系的决议,承认议会在财政和赋税政策方面拥有优先决定权,同意议会为其规定的年收入120万镑的限额。作为回报,议会也同意了国王的某些要求,如逮捕并处死弑君者,对克伦威尔等人掘墓鞭尸等。

复辟时期共召开了5届议会。它们的共同特点是在议员的构成上体现了政治妥协的特点。此前的协商议会承认英国议会应由国王、上院和下院组成,一些信奉国教的贵族陆续回到议院,骑士议会召开后,离开议会多年的主教们也恢复了他们在上院的席位,取得下院席位的则有相当一部分参加过长期议会,保守派在议会中占据了多数。从1679年开始,议会内部形成了对峙的两派,这两派的构成也体现了议员构成的特点,议会内部的斗争也逐渐转化为政党之间的斗争。

复辟时期议会与国王之间仍有斗争,不过在某种意义上,议会掌握了斗争的主动权——为了阻止国王控制军队,骑士议会通过了一项法令,决定由民兵承担

---

① 阎照祥:《英国政治制度史》,人民出版社,1999年,第175页。

国家防务,民兵必须由各郡军事指挥官指挥。议会与国王的斗争主要集中在宗教问题和王位继承上,而王位继承又与宗教问题息息相关。骑士议会极力恢复国教的独尊地位,为此颁布了总称为《克拉伦登法典》的一系列法规,国教会控制了城镇,非国教徒的激进教徒被排斥在政权之外,被迫迁居乡间,而复辟王朝在宗教上的基本政策是恢复天主教,1672 年查理二世颁布了《信教自由宣言》,为复辟天主教埋下了伏笔。由于国王的宗教政策引起了下院的不满,1678 年底查理二世解散了骑士议会。在随后的两届议会中,议会都提出了《排斥法案》,主张剥夺加入了天主教会的约克公爵的王位继承权,但两次都是议案通过后议会即被查理二世解散,提出该法案的辉格党人还遭到了迫害。1685 年,约克公爵即詹姆士二世即位后,即加快了复辟天主教和加强君主专制的步伐。他拉拢托利党人组成新议会,借口镇压人民起义扩大常备军,进而让天主教教徒担任军职、进入政府,还在爱尔兰组织天主教军队。到 1687 年,他更颁布宗教宽容宣言,要终止那些不许天主教徒担任军政职务的法律的效力,遭到了议会反对,詹姆士二世解散了议会。次年,他又颁布了宗教宽容法令,引起了宗教界的反对。鉴于詹姆士二世在复辟天主教、加强君主专制的路上走得太远,加上他的王后新生一子,此婴将在天主教的直接影响下长大,辉格党和托利党人便联合发动宫廷政变,把詹姆斯二世赶下了台,是为"光荣革命"。光荣革命成功地从根本上改变了英国宪政制度的发展方向,同时又没有割断历史、超越传统。原有君主制的形式继承了下来,国王继续保留了许多重要的权力,如决策权、行政管理权、大臣任免权等。但是这些权力已不再被视为国王个人与生俱来的特权(Prerogative),而只是议会允许其拥有的权力罢了。

这一时期议会与国王之间的斗争还产生了一项重要成果——1679 年 5 月通过的《人身保护法》。该法规定,除叛国犯、重罪犯以及战时或遇紧急状态外,非经法院签发的写明缘由的逮捕证,不得对任何人实行逮捕和羁押;已依法逮捕者应根据里程远近,定期移送法院审理;法院接到在押人后,应于两日内做出释放、逮捕或取保开释的决定:经被捕人或其代理人申请,法院可签发人身保护状,着令逮捕机关或人员说明逮捕的理由;不得以同一罪名再度拘押已准予保释的人犯:英格兰居民犯罪,不得押送到其他地区拘禁。这项法案送到上院三次都遭到了政府派贵族的否决,在下院议员的坚持和民众的压力下,上院和查理二世才被迫批准了此案。《人身保护法》的目的在于限制王权和司法机关的专横,它为英国后来逐步建立资本主义的司法审判制度提供了法律基础和根据,被认为是"标志英国宪法产生的法律文件之一"①,不过在当时,该法的实际作用还相当有限。由此可见,复辟时期的议会虽有保守和妥协的一面,但是由于中等阶级和新贵已经在英国取得了相当的政治地位,在以军事实力为后盾的前提下,议会与国王展开了势均力敌的斗争,当国王的专制发展到中等阶级和新贵无法容忍的地步时,议会发动了宫廷政变,英国革命终告结束。

(三)议会至上原则和君主立宪制的确立

光荣革命以后,虽然邀请威廉回英国担任国王,但资产阶级和新兴贵族并无意把全部国家权力交还给国王行使。因此,他们就必须利用议会来牵制王权,确立议会至上的原则,以此来维护自己的权益,操纵国家大权。1689 年议会通过了限制王权、议会至上的《权利法案》(Bill of Rights)。

《权利法案》共有 13 个条款,是奠定君主立宪制政体的重要宪法性法律之一,内容大致如下:②未经议会同意,国王不得实施或中止法律,不得征收和支配税款,不得征集和维持常备军,不得设立宗教法院和特别法院,不得滥施酷刑和罚款,不得在判决前没收特定人的财产;臣民有向国王请愿的权利;议员在国会可以自由发表言论而不受议会以外任何机关的讯问;等等。该法还确认了奥兰治亲王威廉继承王位和玛丽成为王后的事实,制定了一套忠实于国家及其主权的誓言,并规定罗马天主教徒及与天主教徒结婚者不得继承王位。最后废除了国王施行法律的权力。1694 年议会又通过了《三年法案》,规定议会至少 3 年召开一次,每届议会不得超过 3 年。《三年法案》是对《权利法案》的重要补充,它使议会成为一个常设性的立法机构;又防止了国王和权臣在议会中培植自己的势力。

鉴于王位继承出现危机,为了杜绝天主教徒继承王位的可能性,议会于 1701年 1 月通过了《王位继承法》(The Act of Settlement)。该法是《权利法案》的补充,也是奠定君主立宪制的重要宪法性法律之一。它根据长子继承制原则,详细规定了威廉去世后王位的继承顺序,规定今后王位一律由信奉新教者继承;与罗马天主教交往者、信奉罗马天主教、与罗马天主教徒结婚者,一律丧失继承王位的资格。旨在彻底排除罗马天主教徒继承王位的可能性。同时,为了防止外国人染指英国政权,规定外国人不得担任议会上下两院议员及其他重要官职。此外它还规

① 赵宝云:《西方五国宪法通论》,中国人民公安大学出版社,1994 年,第 131 页。
② 关于《权利法案》的部分内容,参见周一良等主编:《世界通史资料选辑》(近代部分),商务印书馆,1964 版,第 28—29 页。

定,非经议会解除职务,法官可终身任职,从而保障了司法的独立性;凡在王室担任官职,领取薪俸者,均不可担任议会下院议员;非经议会通过、国王批准,一切法律均属无效。王位继承法又规定,任何官员大臣对议会下院的弹劾,不得凭借国王赦免而进行抗辩。王位继承法还规定,凡登上英国王位的国王或女王,都应依照英国法律的规定管理政务,所属官吏和大臣也都应该按同样的法律为国王效力。① 该法确立了君主立宪制政体,并进一步明确了国家基本结构和政权组织方式及活动原则。

议会对国王采取的另一项限制行动是 1707 年《任职法案》的通过。它规定:凡议员得到国王任命或从国王那里领取薪俸后,就失去了议员资格。制定此法案的目的也是为了防止国王在议会中安插培植亲信。

这一系列法案的通过和实施,极大地限制了国王的权力,扩大了议会的作用,标志着君主立宪制在英国的奠立。同时,这些法律性文件的颁布和实施,还为英国建立近代资产阶级国家的基础结构和政权的组织方式、活动原则提供了法律依据。它们既是资产阶级及广大英国人民与专制君主进行抗争的结果,也是资产阶级与封建贵族相妥协的产物,还是新教战胜天主教的旗帜,在英国历史上,乃至世界的宪政史上浓浓地书写了一笔。

至此,英国资产阶级的宪政制度已基本确立。以后英国虽历经工业革命、自由资本主义时期、垄断资本主义时期和两次世界大战以及 20 世纪晚期欧盟的成立,但英国宪政制度及各项法律制度只是随着时代的进步而更加完善、更加科学、更加民主,笔者也就不阐述了。

三、关于近代早期英国议会及议会主权原则发展的几点认识

通过以上对近代早期英国议会及议会主权发展过程的论述,我们可以得出以下几点认识和结论。

第一,历史选择英国成为现代议会制的发源地,是因为英国从中世纪到近代早期一系列特殊的历史条件提供了议会诞生和成长的土壤。议会发展不是人为设计的结果,而完全是英国社会历史进程的自然成果。14 世纪末,英国议会已初具雏形。它成分确定、程序完整、权力范围逐步扩大,是相对独立的政治实体。15

---

① 姜士林、陈玮主编:《世界宪法大全》(上卷),中国广播电视出版社,1989 年,第 1131—
1132 页。

世纪英国政治生活的显著特点是王权衰弱而贵族势力膨胀,贵族以议会为舞台争夺、控制国政,给议会的发展进一步创造了历史机遇。16 世纪英国处于都铎王朝时期,集权主义性质王权空前强大,但是历史提供的机缘是,都铎王朝的有力统治并不排斥议会的存在,反而对议会多有借助和利用。国王和政府的一系列重大社会措施包括宗教改革都通过王权与议会的合作而实现,"国王和议会"的关系演变成"国王在议会中",形成国王、上院、下院"三位一体"的新的封建议会格局。17 世纪斯图亚特王朝时期,英国反专制王权的势力与封建王权势力以议会为主战场展开了博弈和斗争,极大地限制了国王的权力,扩大了议会的作用,最终使议会至上原则和君主立宪制在英国确立起来。

第二,从议会主权原则的发展角度,通过前面的分析我们可以看出,英国议会主权原则不是某种人为设计的结果,而是在英国议会政治和宪政实践中逐渐形成的。在中世纪时期,议会是作为国王的封建法庭产生的,并逐渐获得了除司法而外、批准赋税和立法的权力,由于英国的封建性质,封君和封臣之间结成了一种权利义务关系,这种权利义务关系使大贵族与国王争夺中央控制权成为可能,议会的职能和权威就是在这种争夺的过程中逐渐发展起来的,也就是说,英国议会的产生与英国封建社会体制紧密相关。到了近代早期的都铎王朝时期,在国王利用议会法规贯彻其意志的同时,议会和法律的权威也得以提高,而国王的最高权力只有在议会内才能实现,由此形成了君临议会的至上地位,并为议会主权原则的确立奠定了基础。在随后的斯图亚特王朝时期,议会反对派与王党势力发生了激烈对抗并由此引起了革命的爆发,英国革命是斗争双方在议会内斗争而无法解决彼此矛盾后的一次政治危机。革命始终是以议会下院为主导而展开的,议会作为英国宪政制度核心部分的法律地位终于在"光荣革命"后得以确立。随着君主立宪制的确立,议会主权原则也最终确立。

第三,下院地位的提高对英国议会由一个封建性机构转变成全国性代表机构意义重大。15 世纪时下院地位的变化已很明显,16、17 世纪下院的地位得以进一步提高。这首先表现在财政拨款案先由下院动议以及最后由下院决定的程序惯例的形成。1407 年,亨利四世(1399—1412)在议会期间与上院私下达成协议,决定征收 1/10 的财产税和 1/15 的羊毛出口关税,然后将这个决定通知下院,结果引起下院代表强烈不满,他们抗议国王和上院侵犯了他们的权利和自由。下院认为,他们代表全国人民,是征税的主要承担者,因此,征税案应该首先由下院提出,并由下院作最后决定。亨利四世被迫收回成命,并郑重宣告:今后任何税收皆由下院提出和批准,并由下院议长亲禀告国王。此后,国王政府的征税方案都首先提交下院,经下院讨论后再转送上院,由此形成一项基本的制度原则。

下院地位的提高还表现在立法动议权的获得。长期以来,递交给国王和议会的请愿书一般都先递呈上院,15 世纪中期下院开始收到越来越多的请愿书。过去议会立法,下院只有请愿权,上院有同意权,立法动议大多出于国王和上院。但到 15 世纪,下院开始与上院在立法动议方面并驾齐驱。下院议员认为,作为国民的代表,他们也应该享有立法请愿权和立法同意权。一般认为,到 15 世纪下半叶,国王、上院、下院三者的同意已成为议会法案生效的必要前提。

议会机构自主性提高的一个重要标志还在于议员保障权利的取得。15 世纪,议员获得两项特权:辩论自由和在议会开会期间免遭逮捕的权利。这两项特权的法理依据是,议员是应国王之召参与商讨国事的,若妨碍他们履行公务,则是对国王的大不敬,是欺君之罪。这两项特权对上院议员来说,是一项古老的权利,但对下院议员来说,是经过反复斗争才正式得到国王的承认。特别是辩论自由的权利,这是议会全部权利的基础,它给予下院尖锐批评国王政府的法律保障,再蛮横的国王和大臣也不得不容忍下院的批评。

总之,近代早期,由封建机构大会议演变而来的英国议会,由于下院的广泛代表性以及下院从上院的依附机构发展成有一定独立性的机构,其性质逐渐具有了全国性代表机构的含义。

第四,在近代早期欧洲大陆其他国家类似机构普遍衰落之时,唯有英国议会日益发展,其中重要的原因就是英国社会结构的变迁和近代市民社会的形成。乡绅、工场主、约曼、商人、专业人士等为代表的中等阶层逐渐兴起,成为近代市民社会的重要政治力量,在社会政治生活中发挥着更为积极的作用,提出了更多的政治诉求。强大的中产阶级援引古老的权利和法律,不断抗争,由此不断激活议会的生命力,促使议会和议会主权的不断发展。

近代早期是英国历史上社会政治、经济发生巨大变革和英国从封建社会向资本主义社会转变的关键时期。在这一时期,代表着资本主义生产方式的、正在兴起的乡绅等中等阶层日益不满于传统的政治构架,渴望一种与他们的经济活动更加协调的政治环境,要求用新的方式管理他们的财产。"因为从整体上来看,英国历史的这一阶段不仅是经济发生变化和个人的社会流动性很大的时期,而且是一个类别发生变化的时期。"①其主要社会特征就是贵族的衰落与作为一个充满活力和能量的群体——中等阶层——在社会经济结构和社会阶层的变动中悄然兴起。

中等阶层的经济活动和经济性质毕竟不同于封建贵族经济,二者缺乏政治联合的现实基础,在"工场手工业时期,它是等级君主国或专制君主国中同贵族抗衡的势力"②。都铎王朝建立后,国内和平基本得以恢复,但是出于宗教原因和商业霸权的目的,对外战争频仍,在向近代民族国家的转变过程中,国家机构也迅速膨胀,致使王室财政往往入不敷出。按照"国王自理生计"的原则,国王要想维持正常的政府开支,弥补巨大的财政亏空,只能通过议会征税等"非正常收入",而乡绅等中等有产者阶层是其主要的承担者。因此,他们迫切希望通过议会与国王、贵族讨价还价,维护切身的经济利益。而就议会本身而言,其传统的职能是根据下院的请愿立法,国王一般也只是为了征税才召集议会。在都铎时期,英国虽然处在由传统议会向近代议会的嬗变之中,即议会咨询与立法职能逐渐一体化,但社会经济立法仍为议会的重要内容,是政府加强统治的重要手段。因此,在封建贵族政治势力还十分强大的时代,乡绅等中等阶层只有首先进入议会,通过改变或者打破都铎王权竭力维护的传统政治秩序的某种平衡,才有获得可能的或者实际的利益,以达到建立一种正在形成的、社会财富所有权下移的新的政治、经济秩序。这样一来,中等阶层千方百计地大规模进入议会也就不难理解了。伊丽莎白女王统治中后期,乡绅等中等阶层已占据下院议席的绝大多数,极大地改变了议会的阶级结构。他们利用参与议会的机会,不仅希望通过立法摆脱贵族由于对土地的支配权所造成的对他们自身财产的侵害,甚至开始干预诸如王位继承等重大的政治问题。随着他们政治经济力量的逐渐稳固,对英国社会进行革命性的变革也就是自然而然的事情。

17世纪初的英国,社会经济进一步发展。一方面,与收取封建地租的传统贵族处于对立地位的新贵族阶层,逐渐具有强大的经济实力,但其在经济上的进一步发展受到国王土地所有权和各种捐税的限制;另一方面,以中小商业者为代表的新兴资产阶级的发展亦受到了封建行会制度和专卖公司等垄断制度的限制。

---

① 伊曼纽尔·沃勒斯坦:《现代世界体系》,第1卷,尤来寅等译,高等教育出版社,1998年,第303页。

② 《马克思恩格斯选集》,第1卷,人民出版社,1972年,第253页。

由于新贵族和新兴资产阶级在经济上都希望冲出封建制度的束缚,在政治上要求有一定的地位,这就促使他们相互联合,利用议会作为斗争的手段,进行反抗王权和封建专制制度的斗争。

由于英国资产阶级革命是新贵族与资产阶级的相互联合,以议会为根据地,以宗教改革为主要手段自上而下采取的,就必然使英国资产阶级革命具有渐进性、保守性和妥协性的特点。革命的过程,实际上是复辟与反复辟相互较量和妥协的过程。革命胜利后,议会通过了两个重要的宪法性文件:《权利法案》和《王位继承法》。这两个文件,巩固并扩大了议会的权力,进一步限制了王权,提出了议会至上的宪法原则。革命保留了英王,但其权力不再是固有的和绝对的,而是来源于议会的承认和同意,从而奠定了英国的议会制君主立宪制政体的法律基础。通过斯图亚特王朝时期近一个世纪的反复较量,议会主权原则终于在君主立宪政体的建立中确立起来。

第三章

近代早期英国法治秩序的形成和法治观念的变化

　　宪政在一般意义上意味着一种有限政府,即政府只享有人民同意授予的权力,并只为了人民同意的目的而使用这些权力,这一切皆受制于法律。宪政的本质是限制政治权力,防止专断行为;立宪政体就是法律至上、权力受到限制的政体。宪政可以意指一种思想观念,就英国而言则是普通法至上、王在法下的法治观念;同样意指一种制度安排,就英国而言则为君主立宪、议会主权以及司法独立的法律制度。说到底,宪政就是一种法律之治。

　　法制是一个静态的概念,是"法律制度"的简称。有了法律制度的国家就可以称之为法制国家,但还不是法治国家。法治表达的是法律运行的状态、方式、程序和过程。法治的概念包括法律的至高权威,法律的公正性、稳定性、普遍性、公开性和平等性,法律对权力的制约与对个人权利的保障等一系列原则和基本要求。它主张法律面前人人平等,反对法律之外和法律之上的特权。法制则不必然地具有这些内涵①。简言之,法制是硬件,法治是要求法律按上述原则运行的软件,只有在法制存在的前提下,才可能产生法治,而法治反过来也有利于良法的产生。一般而言,一个以保护所有社会成员权利为基本原则的法律制度易于产生一种法治氛围,也易于在法制与法治之间产生一种良性的互动。一个民族构建这类法律体系的过程往往就是一个民族形成自己法治传统的过程;因此,一个民族以什么方式产生什么类型的法律,在某种程度上决定着它能否形成法治的传统。在西方的法律体系中,控制着人们日常生活关系的普通法非常独特地从英国发展起来,最终形成了独一无二的英国法治传统。

---

　　① 谭家康:《"法治"与"法制"》(法治论苑)《人民网》1999 年 11 月 10 日。

第一节　近代早期英国法治秩序建立的历史基础
——普通法的形成

英国法被认为是世界三大法系之一普通法系的渊源,而就英国法自身来说,普通法则又是它全部法制的基础,所以了解普通法的形成不仅对理解英国法律制度,甚至对我们今天了解掌握英美法系各国的法律制度都十分有益。而在普通法形成发展的历史特点上,正如 19 世纪德国历史法学派著明创始人冯·萨维尼(1779 – 1861)曾说过的"法律就像语言一样,是民族生活的表现;它是从民族的经验与需要出发,经过自然的过程而成长起来的。法学家不能被称为法律的制定者,正如语法家不能被称为语言的创造者一样:他们只是发现了群众生活所创造的东西。这些创造物一部分仍然是习惯,而其他部分则变为'法律'"。① 可见,普通法在英国的发展自始至终表现出了极强的民族性和历史延续性,因而对英国普通法的研究就不能仅仅局限在它赖以产生的外部形式、产生后的发展及实然性的制度方面,而应该更重视易被人们忽视的导致它产生的历史背景和历史条件方面。因为"只有通过历史才能与民族的初始状态保持生动的联系,而丧失了这一联系,也就丧失了每一民族的精神生活中最为宝贵的部分"②。

英国普通法正是在古老的不列颠日耳曼习惯法和来自欧洲大陆的诺曼、法兰克等因素的漫长历史作用下,才能在英格兰岛生根发芽,枝繁叶茂。而它的历史背景造就了它与众不同的独有特征,犹如一朵盛开的法制奇葩,绽放在世界法律文明的舞台上,不断吸引着今天众多法学研究者去探索和研究。

一、盎格鲁 – 撒克逊时期的法律习惯

英国历史上的盎格鲁 – 撒克逊时期是指公元 5 世纪 – 1066 年以前主要由日耳曼庞大部族集团中的盎格鲁人、撒克逊人和裘特人统治不列颠岛的时期。这一时期的不列颠最主要的法律渊源是盎格鲁人和撒克逊人适用的习惯法(Anglo – Saxon law),这种法律体系就其性质来说属于中世纪欧洲早期封建制法,因而,其

---

① ［德］冯·萨维尼:《论立法与法学的当代使命》,中国法制出版社,2001 年,第 87 页。
② ［德］冯·萨维尼:《论立法与法学的当代使命》,第 87 页。

内容中一方面包含有许多盎格鲁－撒克逊人氏族部落制度的残余,如血亲复仇、神明裁判及决斗等内容,另一方面又包含有大量的能适应于当时社会发展水平,有效地维护当时社会秩序的早期封建法内容,而主要是这一部分内容为此后英国普通法以至整个英国法的形成发展奠定了历史性的法制基础。

首先,从经济基础方面来看,作为日耳曼部族集团的支系,盎格鲁—撒克逊人在统治 1066 年前的英国时期,其财产制度中有关土地财产的规定,完全体现了日耳曼财产法的典型风格。按日耳曼传统,当时土地的占有和使用形式先后主要有马尔克公社制、大土地所有制、采邑制和农奴份地制几种形式。这些土地形式要么已初具封建土地性质,要么已成为完全的封建化土地。毋庸置疑的是,它们客观上成为了 1066 年后诺曼时代英格兰的封建中央集权制及建立在此之上的统一王室司法权威的封建经济基础。正是以这种封建集权的经济基础作保证,王室法此后在英国才得以被广泛推广使用,这无疑对普通法成为具有广泛适用效力的国家法奠定了重要基础。

其次,从司法组织机构的角度来说,盎格鲁—撒克逊时代,英格兰就已存在着众多相互间并无统辖关系的司法机构,主要有郡法院、百户法院、领主法院、教会法院和各种各样的庄园法庭,它们在自己所属的行政区域和势力范围内并在相互竞争中各自行使着自己独立的司法管辖权。正如美国著名法史学家伯尔曼所言:"西方法律传统最突出的特征是在同一社会内部各种司法管辖权和各种法律体系的共存和竞争。正是这种司法管辖权和法律体系的多元化使法律的最高权威性成为必要和变得可能。"①可见,它们的存在对诺曼征服后的英格兰王室司法机构的权威确立和系统化、合理化作出了重要贡献。因此,也可以认为早在盎格鲁—撒克逊时代,普通法赖以形成的司法机构基础就已初步具备。与此相关,这里特别需要提出的是,在这个时期的英格兰除存在以上各地方的法院外,还存在着一个集立法、行政、司法等多重职能为一身的国家机构——贤人会议,而按通说,正是在这个机构的基础上,才演变出了诺曼征服后英格兰王室御前会议机构,御前会议则又进一步分立出三个王室高等司法机关,即:财政法院(棋盘法院,Court of Exchequer)、王座法院(Court of King's < Queens's > Bench)和高等民事诉讼法院(Court of Common Pleas),它们的审判实践产生了普通法一系列的具体规则。从

---

① [美]H. J. 伯尔曼:《法律与革命》,贺卫方等译,中国大百科全书出版社,1993 年,第 10 – 11 页。

以上可以看出,盎格鲁—撒克逊时代存在的多种具有一定司法职能的机构,实际上奠定了以后普通法赖以产生的司法组织机构基础,它们在竞争中进一步推动了司法的合理化,这也为以后英国王室法院的系统化以及普通法规则的完善化作出了贡献。

最后,从盎格鲁—撒克逊时代的法律观念来说,由于族系上的联系,盎格鲁—撒克逊法同样具有日耳曼法的一些传统观念,这其中一个重要观念就是"国王和平"的观念(King's Peace)。这一观念的存在使得当时在盎格鲁—撒克逊王国领域内发生的所有违法犯罪行为都被认为是对国王努力维持的和平的破坏,所以国王理所当然对违法犯罪者具有专门的惩处权。这一点在日耳曼刑法的和平金制度中得到了充分体现。正是在这一观念影响下,诺曼征服后英格兰王室法院对刑事犯罪案件具有了充分的管辖权,而正是王室法院在对刑事案件行使管辖的司法实践中,普通法中的大量刑事规则、判例被创制出来,所以从这一意义上说,国王和平的法律观念是普通法得以产生的法律观念基础之一。另外,在古老的日耳曼法观念中,还有一种"法即神圣的习惯、法即神圣的传统"的观念,这一观念首先可以在古日耳曼语"法"一词的含义中得到证实,据法史学家们考证认为,日耳曼语中"法"字有两种含义,一种是"公平"之意,另一种就是"长久"之意。而在盎格鲁—撒克逊语中,也有相当于"法"一字的词,据英国著名法史学家梅特兰的考证,其含义是"长久或久已存在"之意,[1]可见,盎格鲁—撒克逊法观念中,法律同样被认为是自古流传的神圣习惯,其越久远权威性也越大。因此在盎格鲁—撒克逊时代,法律制订和实施的前提就是发掘已存在的古老习惯并使之明确化,而为了使这些古老习惯得以明确,一个通常的方法就是"向民众进行法律调查"。正是在此基础上,形成了日后的英格兰王室法院巡回审判制和陪审制的司法实践及遵循先例的传统,而巡回审判制和陪审制及遵循先例本身就是普通法制度内容,所以从此意义上说,法即习惯的观念是普通法形成的又一法律观念基础。

二、诺曼王朝时期的英国封建法

诺曼王朝在英国史上是指 1066 年由法兰克诺曼底公爵威廉一世入侵不列颠后所开创的英格兰王朝,这一时期一系列重要历史事件的发生,再加上以前盎格

---

[1]　陈敬刚:《英国法秩序的早期构建》,载《淮北煤炭师范学院学报(哲社版)》,2002 年第 3 期。

鲁—撒克逊时代习惯法的基础,二者共同促使普通法形成了初步的体系框架。

1066年,时任诺曼底大公的威廉一世以自己的英王合法继承人身份受到侵犯为由,在黑斯廷斯战役中彻底击败了由贤人会议推举的国王哈罗德,并建立了自己新的王朝统治。而由于当时随威廉入侵的诺曼人口较少且英格兰反对势力还较强大,所以为了巩固自己的统治,威廉首先做的就是确立严格的中央集权制并不断引入诺曼底地区的一些行之有效的经济、行政、法律等措施来强化这种集权统治。正如英国法史学家S. F. C密尔松在《普通法的历史基础》一书中所言,"普通法是在英格兰被诺曼人征服后的数个世纪中,在政府逐渐走向中央集权和特殊化的进程中,行政权力全面胜利的一种副产品"。① 英格兰普通法正是在威廉及其继任者自觉实施的一系列集权化措施中得以创立。

这些措施主要包括:第一,在刚征服英格兰后,为了不至于引起原盎格鲁—撒克逊人的反感,威廉一方面尽量以英王合法继承人的身份自诩,另一方面又宣布原有的盎格鲁—撒克逊习惯法继续有效,这使得不少盎格鲁—撒克逊人对新王国有了认同。这强化了国家集权的观念,同时也为日后王室普通法的适用打下了坚实的群众基础。第二,威廉及其继任者还借鉴以前盎格鲁—撒克逊王国的贤人会议组织模式,并按诺曼的统治习惯建立了王国的中央机关——御前会议(王堂, Greet Court or Curia Regis)机构。这是一个集咨询议事和协助国王处理政务的机关,它的出现使得诺曼王朝的许多政策措施得到了良好的落实,同时也正是在这个机构的基础上,分离出了以后对普通法的形成至关重要的三个王室司法机构——王座法院、棋盘法院和民事诉讼高等法院,而这三个机构的产生则直接导致大量普通法具体判例、规则的出现。第三,以武力为后盾,诺曼统治者威廉迫使当时英格兰众多的封建领主于1086年8月1日在索尔兹伯里向自己行"臣服礼"(Homage),自此英格兰的封建制出现了不同于欧洲大陆封建制的一面,它更突出自己的集权性,即它强调的是"我的封臣的封臣亦是我的封臣"。正是这样的一种封建等级制的确立,才为以后王室普通法的普遍适用提供了一种强有力的政治保障。第四,通过"末日审判"的实施,诺曼政权没收了大量原盎格鲁—撒克逊贵族的土地、财产,并通过土地的重新分封和保留原盎格鲁—撒克逊时代的地方行政司法机构等措施,使王国"建立了完善的税收体制",这无疑为王室普通法的广泛适用

---

① [英]S. F. C. 密尔松:《普通法的历史基础》,李显东等译,中国大百科全书出版社,1999年,第1页。

打下了坚实的财政经济基础。第五,通过大量扶植诺曼藉教士担任主教和修道院院长以及颁布重要的王室法令的方式,基本上排除了教会对王室司法的干预,比如,仅威廉在位时就颁布了与此相关的两个重要法令:1. 命令主教和副主教退出地方法院,另设专门处理宗教和与教会有关案件的宗教法院;2. 主教会议的决定只能在国王赞同之后才能生效,不经国王赞同,教皇的一切命令在英国不能生效。这无疑排除了宗教因素对王室法的干扰,为普通法的顺利成长提供了世俗保障。

如果说威廉征服英国后采取的以上措施都只是为普通法的产生创造了直接的前提条件,那么,威廉及其后继者为巩固中央集权制而采用引自欧洲大陆诺曼底地区及法兰克王国的陪审制、巡回审判制及令状制则可视为普通法最基础制度产生的标志。

据考证,陪审制最早并非源于英国本土,而是源于古希腊城邦制时期的梭伦法制改革,古希腊著名的苏格拉底审判,就采用了这种陪审制的审判方式,此后罗马法、日耳曼法、教会法相继借鉴吸收了这种制度的某些因素和思想精髓,完善并发展出了符合自己要求的陪审制。而诺曼时代英国陪审制的渊源学界则一般认为是直接源渊于法兰克诺曼公国和日耳曼法兰克王国。当时这些地区的陪审制实际上只是王室为强化王权,对抗各封建领主而采用的一种特殊诉讼程序制度,后来在诺曼征服后,出于巩固王室权威的需要,它才被威廉带入英国。

巡回审判制在诺曼征服后英国的出现,被认为有两个直接原因:一是王室为加强对各地方领主的控制,并便于广泛了解当地的各种习惯、促进法律调查而为之;二是王室为增加财政收入而采取的一项有效措施。因为按当时要求,地方民众在通过王室巡回法庭审判之前,一律必须购买王室大法官以国王名义签发的令状,无令状则不能启动审判程序。不过,从历史渊源上考察,这种制度早在诺曼征服前的法兰克王国及教皇国中就已经产生。在法兰克王国,王室为加强对地方势力的控制,曾实行过一种巡按使的官制。巡按使是一种兼有行政和司法双重职能的官职,可以四处巡游于全国进行司法监督和审判,由此巡回审判制度在法兰克得以确立。同样,在中世纪教皇国中,这种制度也早已存在,一个明显的例证即是:“在十世纪,坎特伯雷大主教奥达(Oda)在教规中就指示主教们每年必须要巡视教臣,以检查教士们对教会法规的执行、世俗教民对婚姻法规的遵守、基层教区的社会捐助和什一税的征收情况。”[1]而此后在诺曼征服后,它也被作为一种加强

---

① 阎照祥:《英国贵族史》,人民出版社,2000 年,第 29 页。

中央集权的措施而引入英国。实际上,陪审制和巡回审判制在英国的顺利引进也是因为它们迎合了盎格鲁—撒克逊时代英国"法即久远的习惯"的法律观念要求。

令状制度在英国的产生与陪审制一样非常古老,它实际上源于古罗马三种诉讼程序之一的特别诉讼程序。按罗马法要求,当时的执法官在某些紧急情况下可以凭自己的统治权并根据一方当事人的请求向另一方当事人下达作为或不作为的命令,它是一种临时性的司法处置措施,目的在于弥补现成法律的不足。后来,法兰克日耳曼国家、诺曼公国、甚至盎格鲁—撒克逊时代的各王朝及教会都借鉴引用了这种制度,不过当时这种制度主要是王室或主教作为一种行政管理的措施而实施的,它并不一定导致司法审判的发生,而在威廉征服英格兰后,他和自己的继任者出于巩固中央王权的需要,不仅在行政领域广泛适用这一制度,还逐渐将这一制度司法化了。

以上三种制度的引进并非是彼此孤立而毫无联系的,它们实际是被统治者巧妙地结合在了一起。"正是由于陪审制度相对于旧的审判制度(各庄园、领主法庭广泛适用的盎格鲁—撒克逊时代的誓证、决斗、审明裁判制度)具有不可比拟的优越性,使得人们更愿意去寻求王室法院的救济,这种需求和国王对地方官吏的控制、增加收入的愿望结合在一起促使了巡回审判制度的产生和发展。希望获得救济的当事人向国王提出请求,并且购买令状。国王则(以令状的方式)命令其法官在当地法庭对案件进行审理,除陪审制外,一切按照地方法院以前的程序。"[1]通过这三者有机的结合,普通法的大量新的实体、程序原理原则和判例规则从此源源不断的产生。因此,实行陪审制、巡回审判制及令状制的王室法院的出现,极大地推动了英国法以一种独特的方式向前发展,并促进了普通法的诞生;没有这些制度,普通法的产生是不可想象的。

三、亨利二世改革与英国普通法

普通法的形成开始于 12 世纪。那时,在刚经历过诺曼征服之后的英格兰,被征服的盎格鲁撒克逊人的敌对情绪还很高,教会势力也不断上升,王室急需建立强有力的中央集权来巩固统治,这其中自然离不开对法律的关注。而当时的法律状况是:盎格鲁撒克逊习惯法、教会法、诺曼法并行,地方法庭(hundred court and county court)、封建法庭(manorial court)、教会法院(court Christian)分割案件管辖

---

[1]　刘方誉:《诺曼征服对英国法律发展的影响》,《北大法律信息网》。

权。就通过法律来控制社会而言,王室的力量相当薄弱,这对巩固王权极为不利。前代诺曼国王们纷纷采取不同措施,力图在这方面有所突破,但由于各种原因都未能有太大成就。到安茹王朝的亨利二世(Henry Ⅱ,1154－1189年在位)时,他进行了有效的司法改革,从而奠定了王室法律体系的基础,促进了普通法的形成。"事实上,为近代英国王室法律体系奠定基础的正是在亨利二世时期,这种法律体系的存在至少延续到16、17世纪。"①下面,本文将从三个方面论述亨利二世改革对普通法形成所起的促进作用。

(一)建立王室司法机构

在一定意义上说,普通法是法官的法,没有高水平的法官,没有独立完整的司法机构,普通法是难以运作的。普通法的这一特点,我们可以从亨利二世改革的措施中找到一些根源。

早期的英国王室并没有专门独立的司法机关,在王室进行诉讼的许多案件都由国王亲自处理。国王审理案件常向御前会议(curia regis)咨询,后者由大封建主,主教及国王的其他近臣组成。随着王室事务日益繁杂,御前会议的功能也逐渐增多,后来更从中分离出几个职能部门,处理各种王室事务。较重要的有文秘署(chancery)和财政署(exchequer),其中前者负责起草王室文书,签发令状等,后者负责财政税收事务,并行使这一方面的司法权。事实上,当时财政署的官吏也帮助国王处理法律事务。另外,国王还任命了一位代政官(justiciar)在他外出时代行政事。国王经常奔波于诺曼底和英格兰之间,忙于王室大事,对于他所关心的地方案件,则主要以令状的形式向地方权贵发布命令,指令他们如何行为。最后在12世纪初的几十年,国王也曾选派过一些王室法官到地方主持巡回审判。②但总的看来,至少在亨利二世之前,英国的王室司法机构还没有正式形成,王室司法行为还带有很大的随意性和非专门性,在这样的条件下,自然很难发展出它自己的法律体系。

到亨利二世时,他对上述情况进行了改革,使以前临时性的机构固定化、专门化。1178年,他在威斯敏斯特建立了长期的中央法庭——普通诉讼法庭(court of commonpleas),受理一般事"民诉讼";③国王自己仍然带着他的法官四处巡回审

① H. J. 伯尔曼:《法律与革命》,贺卫方等译,中国大百科全书出版社,1993年,第529页。
② H. J. 伯尔曼:《法律与革命》,第532页。
③ Pollock, F. & Maitland, F. W. , Hitory of England Law Before the Time of Edward Ⅰ, Oxford, 1968. p. 153.

判,在亨利统治结束之前,他将身边的一些法官留在了王室驻地,代表国王审判,这就是王座法庭((court of king's bench),后来其管辖范围限于刑事案件和涉及王室人员的案件;财政署则继续行使自己在财政税收领域的司法权。以上三者遇到疑难不能解决的案件,都要拿到由国王及其教士和贵族组成的智者会议(councils of wise men)上去讨论决定。另外,也许最为重要的措施当提亨利二世使以前偶然进行的巡回审判制度化。他每年都要将王室原有的法官和雇来的法官分成几组,派遣到各地巡回审判,从不间断。这样,从国王智者会议到国王巡回审判,王座法庭,普通诉讼法庭,财政署再到各地的巡回法庭,亨利二世就建立了比较完备的王室司法机构。

完备的王室司法机构对于普通法的形成有着非常重要的意义,这之间的关系也许在巡回法官((itinerant justices)身上体现得更为明显。巡回法官在各地审判,每经历一个案件都要从中抽象出一条法律原则,在以后遇到类似案件时,他还会适用上一次的原则,作出与上一次相类似的判决。当各地的巡回法官重聚威斯敏斯特时,他们便在一起商讨各自经历的案件,相互承认彼此的判决以及体现于判决中的法律原则。遇到分歧之处,又一起研究、修改、妥协,直至形成定论。在接下来的又一轮巡回审判中,他们各自便将这些原则(包括自己经历总结的和自己没有经历而由他人总结的,但都经过了相互讨论、确认)适用于具体案件。这样以往,日积月累,在王室法官们中间便形成了关于社会生活各个方面的统一指导原则,这就是普通法的雏形。可以看出,这些原则不是成文汇纂在法典里,而是体现于个案中,不是由议会立法者们制定,而是由法官在司法实践中积累创造而成。另一方面,在中央的王室法庭也重复着同样的过程。整个王室司法机构系统一起协调运作,对普通法的形成起了极大的推动作用。

(二)改革令状制度

令状(writ),是拉丁词 breve 的英译,后者意为简短之物,引申为信件,简短的书信遂称令状。① 令状是早期教俗统治者实施行政管理的一种手段,通过它,教皇或国王可将命令直接下达指定的人。

亨利二世之前,诺曼国王也常用令状来干涉地方和封建法庭的审判,其内容主要是指令贵族或其他长官作出或停止作出某种行为,带有强烈的行政性质。亨利二世对行政令状进行了司法化改革,将指示臣下如何具体救济当事人改为要求

---

① H. J. 伯尔曼:《法律与革命》,贺卫方等译,中国大百科全书出版社,1993 年,第 538 页。

当事人到王室法官面前接受审判,由法官决定其权利义务。这样就起码在表面上证明国王是依法而治而非任意擅断,从而增强了民众对国王的信任感。

此后,令状成为到王室法庭进行诉讼的前提,没有令状自然不能请求王室救济。但反过来说,如果没有令状王室法院便不能受理该案件,王室法庭没有可受理的案件,普通法又从何形式发展呢? 由此可见,令状制对普通法的形成有着相当重要性。具体来说,这种重要性体现为令状不断地为王室司法管辖开拓领域,从而使王室法官在日渐扩大的管辖范围内能不断形成统一的法律原则,不至于使普通法成为只限于某一偏狭领域的部门法。

要想了解令状制是如何为王室法庭扩展领域的,就必须先掌握此前英国社会司法管辖权的分配情况。12 世纪初,普通民事案件主要由地方法庭和封建法庭审判;教会法院则声称它们要管辖"一切涉及灵魂"的案件,包括婚姻,继承,宣誓契约及涉及教职人员、教产的案件等;至于王室,它只顾及那些得不到受理和直接涉及其自身利益的案件。由此可以看出,王室司法管辖权的扩大将主要是针对封建领主和教会。国王自恃其司法的公正性,通过发布令状的方式向地方势力和教会争夺管辖权。

亨利二世在位期间颁发了许多令状,都对扩大王室司法权有很大意义,但更为突出的还要数首批规定可以使用陪审裁决的四个令状了。① 第一,地产赦令(Assize of Utrume)。它规定:当某块地产属僧还是属俗的性质发生疑问时,有关人士可向文秘署申请令状,由王室法官令人召集陪审团决定。这虽然表面上仅涉及土地性质问题,但因教会法院要管辖一切涉及教会财产的案件所以土地性质——确定司法管辖权的前提,属僧则归教会法院管辖——在这里便成为问题的关键僧俗两界都力图控制这一关节点。后来亨利二世声称,由陪审团决定土地归属是王国的一个古老习惯,遂有此令状。这一令状在一定程度上限制了教会的管辖权,相应扩展了王室法庭的势力范围。第二,新近侵夺赦令(Assize of Novel Disseisin)。它规定:拥有自由地产而被他人非法剥夺者,可以申请令状,由王室法官召集陪审团裁决以恢复占有。这主要是针对封建领主剥夺陪臣土地而言的。它意味着陪臣依法占有土地,不论其上级封君为谁,占有者的权利都直接受国王保护。后来亨利进一步规定,正在封建法庭进行的地产法案,陪臣一方可以申请令状将案件

---

① 关于这四个令状,请参看马克垚:《英国封建社会研究》,北京大学出版社,1992 年,第七章。

移至王室法庭陪审裁决。这样,有关土地占有方面的法案便自然从封建法庭转到王室法庭。第三,收回被占继承土地赦令。它规定:从拥有非终生地产者那里合法继承来的土地被他人侵占,继承者可申请令状,陪审裁决恢复占有,而不论侵夺者如何宣称他事实上更有权获得该地产。因为最可能更有获权得该地产的人往往是死者的领主,故此令状在"新近侵夺赦令"之后又一次打击了封建领主的势力。第四,圣职推荐权赦令(Assize of Darrein Presentment)。它规定谁有权推荐圣职的问题当由有关人士申请令状陪审裁决,而不能由教区主教在教职空缺几个月后自动填补。这一令状是针对 1179 年拉特兰宗教会议关于推荐圣职的规定作出的,它与教会的决定针锋相对,并得到了广泛支持,在与教会的斗争中,王室又一次取得了胜利。

通过以上四个令状,许多原来属于封建法庭和教会法院管辖的案件(这其中有很大一部分是封君与陪臣之间的纠纷,以前都在封建法庭审判,自然对陪臣不利)现在已归王室法庭管辖。亨利统治后期,王室又发展出债务令状(writs of debt)、收回被非法占有的动产令状(writs of detinue)、抵押令状(writs of gage)、收回非法扣留动产令状(writs of replevin)、违约之诉令状(writs of convenant)等。①依这些令状,王室司法管辖权从原来狭窄的范围扩展到包括土地、契约、侵权等广泛的领域,王室法官们在每一个新领域里都积累发展出自己统一的原则,使普通法的形成能建立在一个广泛的基础之上。可以说没有令状制,没有广阔的司法领域,普通法是无法形成的,这正是令状制对普通法形成的意义所在。

(三)引进陪审制

恩格斯曾把普通法称为"唯一仍传播于世界的日耳曼法",②这体现了普通法与日耳曼法之间的密切关系。事实上,普通法与大陆法不同,它不是以罗马法为基础,而是在日耳曼习惯法基础上发展而成的。但令人费解的是,既然普通法的形成以日耳曼法为基础,那么它形成之前那为数不多的王室法官是如何通晓分布于全英格兰的纷繁复杂的日耳曼习惯法的呢?究其原委,这之中的奥妙全在亨利二世改革所引人司法领域的陪审制。

陪审制度原是加洛林帝国国王的特权。国王为了了解某地社会治安,官吏工作及土地归属等问题,往往召集当地最值信赖的十二个人组成团体,经宣誓后回

---

① H. J. 伯尔曼:《法律与革命》,贺卫方等译,中国大百科全书出版社,1993 年,第 547 页。
② 恩格斯:《反杜林论》,人民出版社 1971 年,第 107 页。

答他的提问。当时这种制度主要是用于行政管理,并带有浓厚的皇室特权性质。12 世纪前后,安茹公爵杰弗里(Jeffery,亨利二世之父)曾在安茹和诺曼底的重要民事案件中采用陪审调查;征服者威廉也曾运用这种调查团对全国土地人口进行大清查。尽管如此,我们仍然可以肯定,在亨利二世之前将陪审团用于司法领域还是极少见的。亨利二世改革时,将陪审制正式引入民事审判。国王在令状中规定某些特定案件可以采用陪审,郡长依此令状召集邻居中的 12 个人组成陪审团,在王室法官面前回答提问。后来,陪审又被用于刑事控诉。

　　陪审对于普通法形成的意义在于它为王室法官提供了一条了解和熟悉各地习惯的有效途径,从而能够使他们在较短时间内很容易地了解分布于全国的习惯法。当郡长在挑选陪审员时,他总是选择那些最了解案件情况和最熟悉当地习惯法的人。当后者组成陪审团在法官面前接受提问时,法官总要问及当地习惯法是如何规定的。这样,法官每巡回到一地,都能通过陪审团了解当地习惯法,并运用它作出判决,经过各地巡回,他们便了解了全国的习惯法,当重返威斯敏斯特时,彼此便聚在一起讨论研究各自了解到的东西,对它们作出评价,熔各地风俗于一炉,进而提炼出能适用于各地的统一原则。普通法就是在这种长期反复实践中形成的。

　　对于普通法的形成来说,陪审制除了为王室法官提供了解各地习惯法的机会以外,还有一点值得注意,那就是陪审在一定程度上是接受与自己地位同等者的审判,因此更容易为常人所认同。这样,它就能吸引更多的人到王室法庭诉讼,从而增加王室法庭的业务,间接促进普通法的形成。事实上,在当时王室法庭扩大司法管辖权的过程中,它并不能凭借自己的皇室性质而采取多少强硬手段,因为地方和教会势力并不是可以被轻视的。王室法庭所能做的全部只能是设立与地方法庭,封建法庭,教会法院相并立的司法权管辖,利用自己公平的优势与后几者展开竞争,将案件吸引而不是强拿到自己这里来。在王室法庭引进陪审制时,地方和教会的法庭仍然在采用神明裁判,宣誓及决斗的落后方式进行裁决。相比之下,前者要文明,先进和公平得多。因此,许多案件纷纷转向王室法庭。如果说发展令状制是王室扩大司法管辖权所采取的积极主动措施,那么引进陪审制则是王室在这方面更为冷静也更为高超的招数。

　　亨利二世改革所采取的三项措施并不是孤立的,相反,这三者互相联系,共同作用,使英国法朝着一个全新的方面发展。这次改革用令状制和陪审制打开了王室法庭广阔的司法管辖领域,王室法官利用陪审制提供的条件,掌握了复杂的日耳曼习惯法,并在此基础上创造普通法。不过在亨利二世时期,普通法尚未定型。到13世纪,普通法内容得到了充实,诉讼程序也形成了比较固定的格式,出现了专门的法律从业人员,司法实践中积累了大量的判例,著名法学家布拉克顿(Bracton)写出了《论英国的法律和习惯》(Treatise on the Laws and Customs of England)一书,对普通法作了全面的总结,至此普通法基本形成。但所有这些事实丝毫不会影响也不会冲淡亨利二世改革对普通法形成所起的巨大作用。事实上,正是亨利二世改革才真正开始了普通法的形成过程,改革的具体措施为普通法发展建立了大致的框架,并塑造了普通法某些根本性特征。亨利二世改革对普通法的形成意义重大。

四、英国《大宪章》与法治精神的生长

英国《大宪章》蕴含着现代意义上的控权与人权的法治精神。经过近800的生长,这种精神凝结成经验,演化为制度,最终权力得到有效控制,人权得到扩展和实现,形成了英国特有的法治传统。《大宪章》之法治精神的生长有以下特点:强烈的经验性;总体进程中呈自然演进,具体问题上不失理性建构;斗争过程中呈激烈对抗,结果往往妥协退让;起点是相对性契约,逐渐演化为普遍性法律。

英国法治传统起源于1215年的英国《大宪章》。英国法律史学家斯杰波斯认为,"英国全部的制宪历史都不过是对自由大宪章的注释而已",印度学者马茹姆达尔强调,"自由大宪章可以称为全部人类历史最重要的宪法文献"。① 对《大宪章》做如此高的评价绝不是偶然的,我们有必要重新审视这段历史,把视线从长期得到重视的欧陆法治经验和传统转到英国,探究《大宪章》所蕴涵的法治精神及其生长历程,以便对《大宪章》的历史影响有更深入、客观的把握。

(一)英国《大宪章》的产生

英国《大宪章》产生于1215年,距今约有800年的历史。而中世纪的英国之所以能产生《大宪章》,绝不是偶然的,是多种因素综合作用的结果。②

首先,英国封建王权的历史状况和特点是《大宪章》产生的最终决定因素。不少人认为,英国封建王权滥觞于诺曼征服,这是不妥当的。早在公元5世纪初,日

---

① [苏]康·格·费多罗夫:《外国国家和法律制度史》,叶长良,曾宪义译,中国人民大学出版社,1985年,第104页。

② 见张学仁:《外国法治史资料选编》,北京大学出版社,1982年,第10页。

耳曼人的分支盎格鲁人、撒克逊人和裘特人从大陆不断攻入不列颠,建立了自己的小王国。虽然国王取得了高于一般民众和贵族的地位,但由贵族组成的"贤人会议"不仅束缚了国王的意志,对王庭的决策和施政造成重大影响,而且国王的废立也往往由该会议的"选举"所决定,他们甚至加害于国王。不过,从9世纪到诺曼征服的几百年间,情况有了明显的变化——英国日趋向封建王权嬗变。这一方面得益于基督教的广泛传播,国王开始获得教会神权的庇护,王权被神化。国王即位时由教会主持的庄严而神圣的涂油加冕典礼逐渐流行。另一方面,伴随国王尊严和权威的神化,国王开始受到王国法律的保护,并掌握了王国税权、全国土地的支配权以及教会的神权。与此同时,"贤人会议"对国王的扼制也日渐消失,并逐渐演化为御前会议。不过,御前会议的作用不能小觑。王国的大政在形式上需要在会上讨论并需获同意方可实行,赐地文书还需主要会议成员署证,新王即位也需会议认可等。诺曼征服前的英格兰存在着权力多元现象表明,在王权、贵族权、教会权之间的长期博弈中,在各种权力之间的互相利用中,王权得以逐渐壮大,但是各种权力之间的相互牵制和利益对抗则始终存在着。

1066年,诺曼人征服了英格兰,征服者威廉把诺曼底公爵领地上强有力的、集权的政权带到了英国,加速了英国封建王权的形成。但是,作为"外来"统治者,威廉做出了一系列"本土化"的重大举措:他明确宣布爱德华时代的盎格鲁撒克逊法继续有效;继承和改造了旧英王国"王权神授"和王位世袭的政治遗产;鉴于教会的重要作用,加强了对教会的笼络和控制,进行宗教改革,授予高级教士丰厚田产,还任命心腹弗兰克担任大主教;为了争取贵族和各阶层的支持,签署了给予臣民一定权利的"王冠宪章"。可见,威廉正是以英格兰本土的王国制度和诺曼封建制度为基础,建立了当时西欧最为强大的封建王权。与此同时,古代日耳曼法的客观法律秩序继续存活下来,并延续了多元权力的格局。另外,1099年十字军领导人从穆斯林手中夺取了耶路撒冷后,组织了耶路撒冷市政委员会,起草了《耶路撒冷审判书》。这份重要文件规定:在耶路撒冷,各国国王都要服从耶路撒冷市政委员会的决议。当时,许多英国贵族参加了十字军东征,参与组织了耶路撒冷市政委员会。当这些贵族返回英国后,他们也把限制国王权力的精神也带回了英国。[1] 所有这些成为《大宪章》得以产生的历史背景和最终决定因素。

---

[1]　李世安:《试论英国大宪章人权思想的产生、发展及其世界影响》,《河南师范大学学报(哲社版)》,2001年第5期,第56—60页。

其次,《大宪章》的产生更与当时特殊的背景直接相关。1199 年,约翰就任英格兰国王,他统治残暴、征战频仍。到 1204 年,约翰国王丢掉了祖上传下来的在法兰西北部的土地:诺曼底和安如。与此同时,约翰由于干涉选举坎特伯雷大主教的工作,被教皇英诺森三世下令革除教籍。这两件事使约翰威信扫地,众叛亲离。为了化解危机,约翰先于 1213 年投降教会。不过,与教会和好后,他马上准备去法国打仗,而且要求贵族参加。英格兰北部的贵族不仅不参与而且反对加税。结果,约翰的军队被法国打败,1213 年 10 月份回国时,约翰发现贵族已不愿意与他合作。反对王权的封建贵族已乘机联合教士、骑士、市民举行武装反抗。1215 年,他们正式向国王提交了权利要求书,并开始集结武装向伦敦进发,迫于形势,约翰于 6 月 19 日正式接受并签署了《大宪章》,贵族则重新答应服从国王。从当时的情况看,国王与世俗贵族之争、教权与俗权之争以及英法间领土之争酿成了王权严重的统治危机,正是这一危机导致了《大宪章》的诞生,也正是《大宪章》帮助约翰渡过了统治危机。这场斗争所促成的也不再是原先那种教、俗之间的妥协协定,而是涵盖了所有教、俗贵族乃至自由人阶层的利益,以图有效限制王权的政治性文件——《大宪章》。

《大宪章》是一份界定君主与教会、贵族等臣民在自由、收益、纳贡、婚姻、债务、土地、继承、交通、犯罪、诉讼等方面权利和义务的基本文件,[①]是国王和教会、贵族之间的一个协议,一份合同书,其原始形式不是一种制定法,而是一种契约。[②]《大宪章》共有序言和 63 个条款,尽管不能用近现代宪法来衡量它,但它浸透着控制权力和保障人权的法治精神,为英国种下了法治的"基因",历经中世纪、近代直到现代,生长成英国特有的法治经验和传统,表现出强大的生命力。

(二)《大宪章》的法治精神

法学界基本上将法治界定为实质和形式两个方面。[③] 从实质方面来看,《大宪章》主要蕴涵着两个并行、互补的法治精神即控制权力和保障人权;从形式方面来看,它是人类历史上第一个以文本的形式支持法治精神的政治文件。

英国贵族为了捍卫其自由,迫使国王接受《大宪章》,国王也要服从《大宪

---

① 郑永流:《法治四章——英德渊源、国际标准和中国问题》,中国政法大学出版社,2002 年,第 5 页。

② [美]爱德华·S. 考文:《美国宪法的"高级法"背景》,强世功译,上海三联书店,1996 年,第 25 页。

③ 张文显:《法理学》,法律出版社,1997 年,第 241 页。

章》。王权有限在《大宪章》中得到确认,显然包含着权力控制的法治精神。在英国历史上,从 13 世纪到 16 世纪,各种政治、思想上的斗争曾迫使王室 32 次重新确认《大宪章》,重申接受《大宪章》的约束。① 这生动地反映了《大宪章》在控制王权过程中的显著作用。《大宪章》第 1 条的最后宣告"朕与嗣君当以诚意永久遵守本宪章……俾世世保守之"。第 2 条和第 3 条明确了国王征税的范围和数量。《大宪章》第 12 条对国王随意强加税收作了限制。此外,《大宪章》第 15、16、34 条表明,对王权的限制还延伸到由国王任命并隶属于国王的县长、王家城堡馆长以及王家事务官身上。《大宪章》第 61 条还专门设立了由 25 名男爵组成的临时机构,并规定了其权力的内容、行使条件和程序等内容,目的尽管是为了有效控制王权,但后人将它视为议会政治的萌芽。

　　《大宪章》一方面对国王权力做了限制性规定,另一方面明确宣告了自由民的一系列权利,富有人权的精神。《大宪章》第 39 条规定,"凡自由民除经其贵族依法判决或遵照内国法律之规定外,不得加以扣留、监禁、没收其财产、掳夺其法律保护权、或加以放逐、伤害、搜索或逮捕"。《大宪章》第 40 条规定"朕不得对任何人滥用、拒绝或延搁权利或赏罚"。这两条属于人身自由权的内容,被后人看作是罪刑法定及近代人权的雏形。《大宪章》特别重视对自由民财产权的保护。《大宪章》第 30 条、第 31 条禁止国王任意强征自由民的车马、生活工具和森林。《大宪章》第 52 条禁止占有他人的土地:"任何人,未经其贵族依法判决而被强夺或取去土地,城堡,自由权或合法权利者,朕应立将原物归还之。"大宪章共 63 条,其中就有 21 条论述财产权,足见英国教会、贵族和人民对财产权的重视。不难发现,当时的英国贵族已经认识到,财产权的灵魂在于禁止国王对人民的财产任意剥夺。另外,在《大宪章》中,至少有 10 条表达了要保护自由民的家庭成员、妇女和儿童的利益,主要有第 8、11、27 条等。由于国王有权控制诸侯、贵族和骑士的家庭中的妇女的婚姻和家务等事情,从而干涉了诸侯、贵族和骑士的自由,因此,他们在拟定大宪章时把很大一部分注意力集中在这些方面。"贵族们争取的虽然是贵族家庭和他们的家属的权利,但是这却开创了争取臣民家庭、妇女和儿童权利的先例,因而在人权发展史上是一个值得大书特书的事情。"②

① 程燎原,江山:《法治与政治权威》,清华大学出版社,2001 年,第 67 页。
② 李世安:《试论英国大宪章人权思想的产生、发展及其世界影响》,载《河南师范大学学报(哲社版)》,2001 年第 5 期,第 58 页。

《大宪章》所蕴涵的控权与人权精神是由其所担负的控制国王权力与保障自由民权利的双重使命决定的。能否控制国王权力决定了自由民权利能否得到保障,明确宣告并保障自由民的权利则能有效地限制国王的权力,二者缺一不可。相对而言,能否实现控制国王权力更具有根本性。"私法自治必须公权规范,放任公权则私法自治难乎其难。"①

爱德华·S. 考文指出,"《大宪章》之所以出名,更主要的是由于它是一纸文件,所以它可以明确而具体地体现高级法的观念。"②可以说,正是凭着一纸文件,英国贵族、骑士、市民直到近代的资产阶级在同王权斗争中节节胜利;正是凭着一纸文件,控权和人权的法治精神才影响、贯穿到后来的《权利法案》、《王位继承法》等宪法性文件中,并最终变为制度,成为实践。同时,"《大宪章》还有非常优越的语言形式,贵族们起草《大宪章》是为了保证他们自己的利益,但它是以如此笼统的术语写成的,以至于后来的人可以把它解释成公民自由的一个总宪章。"③

(三)《大宪章》法治精神的生长

探究《大宪章》法治精神的生长,让我们先分析《大宪章》得以生成的"土壤"。而且,正是丰富的"土壤成分"滋养了《大宪章》的法治精神在英国的生长。

首先,英国古代的和前封建的日耳曼法的客观法律秩序是《大宪章》法治精神形成的客观基础。国王与臣民在"客观法律秩序中紧密地联系起来,但两者都对封建契约理想没有包含的上帝和'法律'负有责任"。臣民抵抗暴君是因为他打乱了"客观法律秩序"。"古代的和前封建的日耳曼法的客观法律秩序"虽然被渗入"契约"的因素,但实际上是它而不是契约在支配着中古西欧社会。④ 显然,《大宪章》法治精神的确立和实现有其深厚的社会客观基础。其次,"西欧封建政治割据"为《大宪章》法治精神的形成提供了的多元权力基础。英国封建时期实行的是土地分封和相应的封君封臣制度,各级封建领主在其领地内拥有较独立的政治权力或司法权力,由此导致国家权力衰弱,造成中央王权孱弱。封建贵族瓜分了国家公共权力,大贵族在其封建领地内更是一个主权者,大大小小的封臣阻碍和限

---

① 谢晖:《法的思辨与实证》,载《权力缺席与权力失约——当代中国的公法漏洞及其救济》,法律出版社,2001 年,第 340 页。

② [美]爱德华·S. 考文:《美国宪法的"高级法"背景》,强世功译,上海三联书店,1996 年,第 25 页。

③ [美]斯科特·戈登:《控制国家——西方宪政的历史》,应奇等译,江苏人民出版社,2001 年,第 233 - 234 页。

④ 孟广林:《英国封建王权论稿——从诺曼征服到大宪章》,人民出版社,2002 年,第 15 页。

制了中央权力。教会作为宗教权力对王权的利用和制约也是不容忽视的。再次，"封建契约"传统为《大宪章》法治精神的文本化提供了现实条件。契约不但可以将各种权力纳入到协商对话、斗争妥协的框架内，而且为传统的日耳曼"客观法律秩序"提供了显在的"平台"。于是，履行契约与尊重传统的"客观法律秩序"获得了一致性。这样，体现了国王与其封臣之间权利义务相互联系的契约，就成了国王政权的政治基础；双方都必须服从和履行契约，若国王违反，封臣有权抵抗。

在丰富的"土壤成分"的"滋养"下，《大宪章》法治精神的生长从以下几个方面得以展现。首先，《大宪章》所蕴涵的权力控制精神逐步得到落实和加强。依据《大宪章》设立的25人委员会，开创了有组织地控制王权的先河。随着英国各阶层势力的增强，到了1295年，爱德华一世召开了由贵族、教士和自治城市的代表组成的大议会，绰号"模范议会"。自那以后，议会就由两个集团组成，即凭着他们的贵族地位就有资格成为议会成员的人，和那些作为其他阶级的代表而有资格参加的人。两院制从此就牢牢地确立在英国政治制度之中了，它把议会的权威在两个独立的机构之间加以分割，两者既具有制约君主的权力，又具有相互制约的权力。[1] "议会是《大宪章》完整性和一致性的特定保护者。"[2]从此，议会主要通过控制征税权、立法权和弹劾权来监督国王以捍卫《大宪章》的法治精神。自从有了议会的保障，君主的权力便不断耗散，到了1688年，发生了光荣革命，王权被完全虚化，并在1689年通过了《权利法案》，最终确立了议会制的君主立宪制。其次，伴随着王权控制的逐步加强，《大宪章》权利保障内容也得到了扩展和实现。虽然《大宪章》只能算是一种贵族特权的保障书，但却显现了所谓至高无上、不受限制的王权开始面临挑战，证明权利是可以被争取，而非被国王所恩赐的。这个特点，深深影响后来关于人权发展的一些运动与历史事件，且随着时代的变迁，《大宪章》中关于权利的保障主体，不断扩张，从少数人转变成资产阶级，再扩张至成年男性，而后是所有人。[3] 再次，《大宪章》的法治精神逐步客观化到一系列法律文本之中。《大宪章》只不过是国王和贵族之间的一个约定，但它的所包含的法治精

---

① [美]斯科特·戈登：《控制国家——西方宪政的历史》，应奇等译，江苏人民出版社，2001年，第235页。

② [美]爱德华·S. 考文：《美国宪法的"高级法"背景》，强世功译，上海三联书店，1996年，第29页。

③ 吴景钦：《张君劢与英国大宪章》，网址：http://www.gongfa.com/wujqzhangjmyingguodaxianzheng/ htm.

神经过后代英国人的不断解释,越来越具有普遍性,逐渐贯彻到众多的法律文本当中。《权利请愿书》《人身保护令》《权利法案》《王位继承法》等宪法性文件都体现和维护了《大宪章》的精神,并形成了不成文宪法的经验和传统。最后,《大宪章》的法治精神不但贯穿于整个英国的法治史,而且在国外也有重要影响。美国1791年的宪法修正案,将基本权利条款列入宪法,这些基本权条款的规定相当具体,显然受到《大宪章》的影响,正当程序的规定更是如此。有学者指出,1948年联合国大会通过的《世界人权宣言》也采用了英国大宪章的许多观点和内容。①

　　《大宪章》的法治精神在英国法治进程中的生长,主要有以下特点:第一,非常强烈的经验性。《大宪章》本身的经验色彩是浓重的,因为它是为避免国王侵害贵族之土地、财产、人身等而在国王和贵族以及教会之间达成的一份契约,因此内容非常具体、现实,针对性很强,没有太多的哲学和理论思考。后来的众多宪法性文件多是在不同的时代和情况下,针对不同的问题所做出的具体的解决方案。从"二十五人委员会"到"十五人会议"再到"模范议会",最终完全确立,英国议会制也体现了强烈的经验色彩。第二,总体进程中呈自然演进,具体问题上不失理性建构。我们发现,英国法治之路从总体上呈自然演进的状态,不论是不成文宪法传统的形成还是英国议会制君主立宪制的最终建立无不是自然演进的结果。这种自然演进还体现在英国非常重视传统,几乎每一种重要的制度都可以找到它的传统渊源。当然,在具体问题上又不乏理性建构。例如,通过议会逐步控制住王权之后,又该怎样控制议会的权力? 通过在议会内部设立两院,来实现自身内部的相互制约这不能说不是一个创举,其理性构建的特点已十分鲜明。到了后来,洛克提出天赋人权思想,为《大宪章》中的一些权利提供了哲学基础,这也反映了理性建构的特点。第三,斗争过程中呈激烈对抗,结果上往往妥协退让。《大宪章》就是在贵族发动武装起义、国王约翰被逼无奈的情况下签署的。显然,如果没有斗争过程中的武装对抗,就不可能有约翰王的妥协。在此后的几乎整个英国历史中都贯穿着武装斗争、革命等事件,但也几乎每一次结果都是妥协的。为什么妥协构成了英国阶级斗争历史的主流? 这主要是多元利益之间和与之相关的多元权力之间的复杂关系决定的。在国王和贵族之间,国王除了靠贵族提供封建军役外,在封建的经济支助、王国政务的推行与地方统治秩序的维护等许多重要问

---

① 　李世安:《试论英国大宪章人权思想的产生、发展及其世界影响》,载《河南师范大学学报(哲社版)》,2001年第5期,第59页。

题上,都离不开贵族,世俗贵族也支持他们的政治总代表。在国王与教会之间,基督教神权政治文化传统的"王权神授"理论被国王利用并为其提供统治的合法性基础,拥护神命王权则一直是教会的政治传统。特别是 1688 年的"光荣革命",新兴的资产阶级尽管全面战胜了王权,但仍保留了国王,通过《英国民权法》(1688年)、《权利法案》(1689 年)和《王位继承法》(1071 年)最终完全限制住王权。第四,《大宪章》从相对性契约开始,逐渐演化为普遍性法律。正如前文已经指出的,《大宪章》是一份国王与贵族、教会之间的契约,就其所约定的内容来看,确实非常具体,都有特定的背景和意图。此后,《大宪章》开始了不可思议的演化,即它越来越丧失契约性,逐步成为一份至今仍有效的宪法性文件。这得益于,封建贵族以及其他阶级、阶层无不将《大宪章》作为同王权斗争的"法宝"。在反复的修订和确认中,《大宪章》的形式开始发生变化,一些专门涉及约翰王的过时的条款被删除,一些重要的条款被反复的强调、运用,一些用语的内涵开始发生变化、外延开始扩大。正是基于英国尊重传统、追求稳定的特质,《大宪章》经过不断解释,其意义发生了扩展,并进一步体现到以后的宪法文件中。

第二节　近代早期英国法治秩序的构建和法治观念的变化

一、都铎时期专制王权与法治的关系

在都铎王朝的统治方式上同时呈现出两种不同的特征:一方面是国王权力强大到前所未有的程度,致使国王为了个人需要而曲解法律的专横行为时有发生,由此说来,都铎王朝的统治具有明显的专制特性;另一方面国王又不可能无所限制的恣意妄为,从总体上说都铎国王基本上是按照习惯和法律所规定的"正当程序"行使其权力的,据此而言,都铎王朝的统治又表现出一定的法治倾向。下面我们将通过具体考察国王在立法、司法、行政管理过程中的地位和作用,即国家权力的运行方式,以揭示都铎王权与法律、专制与法治之间特殊而复杂的关系。

(一)都铎王权与立法

都铎时期是英国历史上最活跃的立法时期之一,人们通常用"像咆哮的尼亚加拉大瀑布"这样的字眼来形容都铎立法数量的迅猛增长。据不完全统计,该时期共制定议会法规 1900 多件,超过前二个世纪议会立法(1245 件)的总和。这些

法规都是按照既定程序由国王和议会共同制定的,其中多数是由国王政府创制的,即首先由首席大臣或枢密院拟定议案(流传下来的亨利八世的宠臣克伦威尔的日记中记载了大量草拟中的议案备忘录),然后提交议会两院分别按三读程序讨论通过,最后由国王批准颁布。

在立法过程中,国王明显地占据主导地位。因为这时期的英国已形成"国王在议会中"的国家主权结构,这意味着国家主权既不属于作为个人的国王,也不属于由上、下两院组成的狭义的议会,而属于国王、上院、下院新三位一体的广义的议会,三者不可分割地组成一个统一的最高权力机关。正如亨利八世所说:"朕在任何时候都不像在议会中那样高耸于王位之上。在这里,朕如同首脑,你们(指两院议员)如同四肢,我们联为一体,组成国家。"[1]不过,三者的地位和作用并不平等,国王作为首脑"是议会的原动力"。[2] 他可以利用手中的议会召集权、解散权和法律批准权来影响议会立法。议会不是一个独立的常设机构,而只是国王召集的一个会议。没有国王的召集就没有议会的存在。当国王和两院议员发生冲突时,国王可以利用议会解散权使所有审议或拟议中的议案中途夭折。议会通过的法规只有经国王批堆后方能生效,凭借此权国王可以将不利于王权的法规扼杀于立法过程的最后关头。在都铎诸王中,伊丽莎白一世行使否决权的次数最多,几乎每届议会都有法规被她否决掉。其中,1597 年共否决了 12 项;1601 年否决了 8 项。除上述合法权力外,国王还可以通过各种非正当手段影响甚至操纵议会两院的立法进程和结果。

一是控制下院议长的人选。下院议长拥有相当大的权力,一个议案能否通过下院很大程度上取决于议长支持与否。因为他可以准许、打断或禁止某位议员的发言,可以选择最适当的表决时间使某一议案得以通过或否决。1555 年,下院在辩论'教会什一税和教士首年薪俸重归罗马教廷'的政府议案时,发生激烈争吵,很多人表示反对,于是下院议长故意拖延,迟迟不进行表决,直到下午三点,当反对派议员饥渴难耐纷纷离席去吃午饭时,议长突然宣布进行表决,结果该议案获得通过。[3] 正因如此,都铎历代国王总是严格控制下院议长人选。该时期,下院议长名义上虽由议会选举产生,实际上总是由枢密院按照国王的旨意指定,选举

---

① Elton,G. R. ,Studies in Tudor and Stuart Politics and Government,Cambridge University press,1983,p. 270.

② Keir,D. L. ,The Constitutional History of Modern Britain Since 1485,London,1961. p. 151.

③ 刘新成:《英国都铎王朝议会研究》,首都师范大学出版社,1995 年,第 228 页。

只不过是一种形式。"1553 年,首席枢密院大臣诺森伯兰伯爵在召开议会之前致函掌玺大臣,提醒他事先物色好下院议长的人选,以便让其有充足的时间准备就职演说。1588 年,柏立勋爵甚至在会前已为'当选'的下院议长拟好了就职演说稿。"①可想而知,这样产生出来的议长肯定会努力引导下院按照国工利益的要求运转。

二是通过各种方式影响议员选举。虽然都铎时代世俗贵族是当然的上院议员已经成为一种制度,并且在 1536 年之后再未发生过世俗贵族无故未收到召集令状的情况,但国王仍可以阻止他们出席议会。1601 年时,与埃塞克斯伯爵交好的 5 名贵族就因涉嫌谋反而被禁止出席议会。国王通知贵族指派代理人出席上院的情况更是不乏其例。这样,"上院就成为一个'安全'处所;由下层贵族和早已被吓破了胆的宗教贵族组成的上院议员,鲜能站出来反对(国王)。"②下院议员的选举更无法摆脱国王的影响。宗教改革时期,克伦威尔经常奉承王命,授意各地的伯爵、公爵控制议员选举,要求当选的议员必须对国王忠心耿耿。"1536 年,坎特伯兰选举时,他命令这个城市撤换掉他们所选出的议员,而换成两个由国王提名的人。"③

三是通过召见议员、莅临两院训话、必要时逮捕议员等方式施展君威,以影响议会的立法结果。1532 年,下院对涉及国王封建权利的政府议案提出批评,亨利八世得知后立即召见下院代表,警告他们说:"希望各位适可而止,否则朕会在不得已的情况下采取极端行动。"④结果该议案在下院顺利通过。虽然一般情况下国王并不出席议会会议,但一旦亲临,他的意见便具有决定性的影响。当《禁止上诉法》在上院遭到高级僧侣的反对时,亨利八世来到上院,使该议案强行通过。玛丽女王在这方面比之其父有过之而无不及。"1555 年,某项涉及宗教问题的政府议案在两院均遇到麻烦,玛丽一世得知后招来两院代表,当面训斥,迫使他们接受该法案。"⑤伊丽莎白一世对议会采取的是恩威并用的策略。她时常为议会讨论划定范围,不准越雷池一步。1593 年,掌玺大臣警告下院议长说:"陛下让我告诉

① Loach,J. Parliament Under the Tudors,Oxford University press,1991. p. 45.

② Elton,G. R. ,England Under the Tudor,London & New York,1974. p170.

③ Elton,G. R. ,England Under the Tudor,p173.

④ Elton,G. R. The Tudor Constitution,Documents and Commentary,Cambridge,1960. p. 314.

⑤ 刘新成:《英国都铎王朝议会研究》,首都师范大学出版社,1995 年,第 230 页。

你,所谓言论自由就是对议案说'yes or no'。"①在她统治期间,两院议员基本上都是女王的"驯服臣民",但偶尔也有不顺从的举动,如在 1586 – 1587 年的议会上,清教徒议员们提出了"一个具有革命性的议案",②企图以长老会代替国教的主教管理机构,这是对教会最高首领国王决定宗教事务之专有权力的公然挑战。女王闻讯后大怒,下令将议案的提出人彼得·温特沃思等 5 名议员全部投入伦敦塔收狱,并派几位枢密院大臣去下院"就清教徒的议案会发生的后果作了说明。这就用一种强制与说理相结合的手段,粉碎了清教徒在议会中的此次行动。"③由此可见,对国王利益有威胁的议案是很难通过议会的。

都铎国王在立法过程中的主导地位是显而易见的。但这只是问题的一个方面,从另一方面讲,所有重大立法只有借助议会的合作和同意才能完成。都铎议会曾多次否决国王政府的提案,甚至连爱德华六世亲自参与起草的 12 个议案都被议会拒绝。因此,要想制定新法律,国王只能利用、引导议会,而不能绕过、甩开议会。当然,国王还有在议会外会同枢秘院发布敕令、公告的权力,而且这一权力在 1539 年得到了议会《公告法》的肯定。《公告法》声称,国王为了基督的宗教、王国的发展和人民的安宁,已发布过许多公告,但有些人认为公告是国王个人发布的,所以没有很好地遵守。鉴于此,特作如下规定:在紧急情况下,根据枢密院的建议,国王可以发布具有议会法规同等效力的公告,并向全国公布于众;枢密院有权责令治安法官保证公告的落实,有权成立专门法庭惩罚公告违抗者。④ 正是根据这一法规,某些英国文学家认为都铎国王获得了通过公告随意立法的特权,出现了国王个人立法取代议会立法的趋势。其实,这种看法是片面的。因为《公告法》的第二部分明确限定了公告的效力范围:"国王的公告不得与议会制定法和普通法相抵触",⑤不得侵害财产权,违反公告者不得处以死刑。实践证明,《公告法》颁布后,国王公告的数量、内容和效能并没有发生任何变化;当 1547 年废除《公告法》后,也未妨碍国王继续颁发公告。看来英国学者卡尔的观点是颇有道理的。他认为,《公告法》披着扩大国王特权的外衣,实际上削弱了国王特权,因为它以肯定国王某项既有权力的特殊方式,含蓄地宣告了这一权力是议会法规授予

---

① W·S·Holdsworth, A History of English Law, vol. 4, London, 1924, p. 90.

② J·E·Neale, Queen Elizabeth I, Trid/panther, 1979. p. 50.

③ J·E·Neale, Queen Elizabeth I, Trid/panther, 1979. p. 51.

④ W·S·Holdsworth, A History of English Law, vol. 4, London, 1924, p. 103.

⑤ Elton, G. R. , Studies in Tudor and Stuart Politics and Government, Cambridge, 1983, p. 272.

的,其逻辑结论必然是:国王的个人立法权是低于议会立法权的。①

在都铎时期,以扩大王权之名、行提高议会法规权威之实的立法远不止《公告法》一项。例如,1504 年的一项法规,授予亨利七世以利用特许状废除 1483 年以后议会通过的剥夺公权案的"充分权威和权力";1532 年的《首年俸法》,授予亨利八世以特许状形式决定该法规全部或部分内容生效的"充分权力和自由";1534年的《豁免法》,授予亨利八世以通过特许状废除包括《豁免法》在内的所有法规的"充分权力和权威",并声明就像通过议会制定法废除法规一样的有效。这些法规和《公告法》一样,名义上是扩大王权,实际上却成为王权的"阿基里斯的脚跟",其客观后果是树立起了梅特兰所说的"法规的绝对优势"或埃尔顿所说的"法规的无限主权"。② 虽然不敢断言上述法规制定者的初衷就是如此,但可以肯定,他们是坚信议会法规具有至上权威的,因为在《豁免法》的序言中明确写道:"根据自然平等和充分的理性,国王、上院和下院可以中止这些法规和所有其他的人为法律;可以授权某人不受这些法律的约束;可以废除、补充、削减这些法律和所有其他的人为法律。"③一句话,由国王、上院和下院组成的广义议会是国家的最高立法机关。

(二)都铎王权与司法

由于枢密院和特权法庭的建立,都铎时期的司法呈现出明显的专制趋向。特权法庭不时借口"案情特殊"或"无先例可循",把案件从普通法法庭中夺走,置于自己的自由裁量权之下。如果在特权法庭和普通法法庭之间发生司法权限之争,枢密院往往以仲裁人的身份出现,而且总是站在特权法庭一边。枢密院时常借口国家安全或政治需要,直接命令中央普通法法庭或者地方季会法庭搁置、推迟某一案件的审理,或具体指示案件应如何判决。一个典型的案例是,1591 年枢密院命令某监狱长拒绝执行法庭的人身保令状,并要求该监狱长在给法庭的回执中声明逮捕是根据女王的特别命令进行的。④ 枢密院有时还借口程序不规范或有舞弊行为惩罚陪审团。如果案件涉及政府官员,枢密院则以他们是"园子的仆人"为

① Plucknett,T. E. T. A. Concise History of Common Law,London,1940. pp. 45 –46
② Dunham,W. H. ,'Regal Power and the Rule of Law:a Tudor Paradox ',The Journal of British Studies,3(1964),pp. 31 –36.
③ Dunham,W. H. ,'Regal Power and the Rule of Law:a Tudor Paradox ',The Journal of British Studies,3(1964),pp. 34 –35.
④ W · S · Holdsworth,A History of English Law,vol. 4,London,1924,p. 88.

由出面保护。有一次,一个国王优先采买员强行低价购买居民的木材,被普通法法庭判定有罪,此人声称"如此处理将使国王蒙受耻辱",转而求助于抠密院,结果免除了惩罚。在特殊情况下,国王甚至亲自出马,干预司法,如1517年的某一天,亨利八世亲临王座法庭,命令把伦敦塔监狱的所有犯人带到他面前,并"宽恕了他们"。①

都铎司法的专制趋向更突出地体现在司法审判的残酷性上。都铎时期素以严刑峻法而著称,特别是在与王位继承和国王个人利益密切相关的政治性案件审判中。例如,亨利八世的第二位妻子说出了一句"国王从未赢得她的心",就以叛国罪被处死刑;其第五位妻子凯瑟琳因出嫁时不是处女而被斩首;埃塞克斯伯爵因没有预先告诉亨利八世其第四位新娘"相貌丑陋",而被判处叛国罪;萨里斯伯利伯爵夫人因儿子接受了罗马红衣主教而被判极刑。② 伊丽莎白一世时期,女王身边的情人和宠臣们始终生活在生命危险的阴影中,稍不留神便招致铁窗之苦,甚至杀身之祸。女王的情人哈特福伯爵因擅自结婚,被女王宣布为"非法",罚款15000镑,伯爵逃亡国外。他的妻子被监禁,当这位伯爵回国后也被关进伦敦塔。阿伦德尔伯爵在成为女王情人后,因继续与原配保持夫妻关系,结果被判极刑,多亏几位老臣拼命相救才幸免一死。英俊潇洒的霍顿以其诱人的魅力博得女王喜爱,从而升任大法官,他为了个人安全有意识地终生未娶。里斯特伯爵曾长期深受女王钟爱,其原因是他忘记了自己对妻子的丈夫责任。流亡到英格兰的苏格兰女王玛丽因威胁到伊丽莎白的王位. 在经过一次荒唐的审判后被处死,监斩官国务秘书不久后又遭到无端指控,被处以终生监禁。③

在都铎时期的刑事案件审判中,严刑拷打可谓司空见惯,尤其在特权法庭中,鞭打、割耳、断肢、颈首枷都是常用方法。伊丽莎白一世曾下令对一个犹太犯人施用拉肢刑架;首席法官雷有一次直言不讳地承认,经他审判的一个犯人完全是凭刑讯取得的口供而定的罪;甚至连空想社会主义者托马斯·莫尔在任大法官期间也拷打过犯人。有时法庭不惜采用卑鄙的诱供手段,或根据莫须有的传闻即可定罪,罗彻斯特主教约翰·费舍一案就是典型的一例。这位主教因对《至尊法》态度暧昧,末置可否,被关进伦敦塔。一天,靠阿谀奉承而升任总检察长的理查德·里

---

① W·S·Holdsworth, A History of English Law, vol. 4, p. 348.

② Cerutton, T. E. ed. Select Essays in Anglo – American Legal History, Vol. 1 Boston, 1907. p. 689.

③ Cerutton, T. E. ed. Select Essays in Anglo – American Legal History, Vol. 1, p. 690.

奇假装探监,对狱中的费舍说,希望当面听听他的真实想法,并谎称国王已许诺决不将他们的谈话内容泄露出去。信以为真的费舍毫无顾虑地表不反对《至尊法》,说该法案等于宣布上帝不再是上帝了。数日后,法庭升庭,判处费舍死刑,唯一的证据就是他和里奇的狱中谈话。据说,当这位主教走上断头台的时候,许多人都流下了同情的眼泪。① 对苏格兰玛丽的审判则完全是一场荒唐闹剧,其罪名是她曾写信请求西班牙国王帮助她夺取英国王位和在英国恢复天主教,而这封信实际上是一名谎称西班牙国王信使的政府密探诱骗她写的。

都铎时期尖锐的宗教冲突加剧了司法的残酷性。亨利八世时,天主教徒惨遭迫害。那时的大法官托马斯·奥德利是个宗教偏执狂,他制定了一批严厉的法律,凡是承认教皇至上者皆被砍头,异教徒通通被烧死。除上面提到的费舍外,莫尔和伦敦的一位修道院长都是因为拒不同意国王是教会最高首领而被处死的。到玛丽女王时,天主教徒重新得势,新教徒又陷入地狱之中。据统计,该时期被处以火刑的非天主教徒达300多人。② 原有的新教徒法官为保全性命,纷纷违心地皈依天主教。著名法官詹姆士·黑尔斯最初犹豫不决,后在同僚的劝说下勉强接受了天主教,但一直遭受着良心的谴责,后来沉迷于酒,忧郁而终。

上述司法专制行为和血腥案例历来受到文学家们的严厉批判,但它们仅仅存在于当时的上层社会,主要发生在宗教和政治性案件的审判中,而且还在一定程度上得到下层民众的赞许。因为经过15世纪的动乱之后,人们认为某些专制手段对于镇压贵族势力、重建秩序和维护国家安全是必要的。在普通刑事和民事案件的审判中,基本上是按照法律程序进行的,判决也算公正。枢密院对司法的干涉是较为慎重的,当遇到法律疑难问题时,它通常要与法官协商,而且一般说来对法官的意见是尊重的。法官因政治原因而被蛮横罢免的事屈指可数,有据可查的可能只有玛丽女王时期因参与改变王位继承人选阴谋而被免职的首席法官乔姆利和蒙塔古,以及因宗教信仰而遭监禁的黑尔斯。除此之外,都铎时期的政治和宗教变化很少影响法官队伍。伊丽莎白一世即位后,保留了玛丽女王的所有法官,其中几个虽被怀疑为天主教徒,仍然官居原职,直到退休。此外,都铎王朝正值英国法律教育大发展时期,法官多数训练有素,有较高的业务素质和职业道德。他们的薪俸虽寥寥无几,但丰厚的讼金保证了他们有足够的经济收入,因此,法官

① Cerutton,T. E. ed. Select Essays in Anglo – American Legal History, Vol I, Boston,1907. p. 690.
② Keir,D. L.,The Constitutional History of Modern Britain Since 1485,London,1961. p. 77.

贪赃枉法、趋炎附势的丑闻极少发生。相反,那时的法官经常不畏权势,坚持自己有独立解释、适用法律的权利。在当时的首席法官戴尔、安德逊和御用状帅普洛登的案例报告中,此类事例不胜枚举。例如,1550年,当枢秘院蛮横无理地下令中止某一诉讼的审判时,法官里斯特、布朗利、波特曼联合抗议说,他们已经宣过誓,根据正当程序实施法律,如果半途中止案件的审理,将违背自己的誓言;1591年,所有法官一致反对枢密院随意拘押犯人的行为,并要求限制枢密院的斟酌处理权。对于法庭的尊严,法官们更是珍爱有加,不允许任何侵犯。据说,伊丽莎白一世的宠臣塞西尔有一次携带佩剑准备进入普通诉讼法庭,首席法官戴尔把他挡在门外命令说,如果你要进入法庭,必须把佩剑放在一边。①

(三)都铎王权与行政管理

如同在立法和司法方面一样,都铎王权在行政管理方面尽管不乏个人专横行为,但基本上是遵循历史上形成的"正当程序",即通过与议会协商行使其统治权的,这突出表现在与议会协商征税和决策上。

在征税方面,都铎王朝虽然有时指示地方当局向居民强制贷款,拒绝者和贷款数额不足国王要求者甚至被枢密院所传讯,有时借口国防需要向沿海地区征收船税,但这些非议会税收只有在特殊需要情况下才偶尔一用。就总体而言,都铎王朝从未抛开议会强行征收过一次全国性赋税。据记载,1496年,咨议会曾擅自决定征税12万镑,但它同时宣布该决定只有经下届议会批准后才能生效;1529年,首席大臣沃尔西曾试图不经议会向僧俗两界摊派动产税,结果除了招致"破坏法律和自由"的责骂外一无所获。1593年,当有人建议在更新评估地产的基础上按年征税时,伊丽莎白一世通过宫廷副总管宣布,她无意改革赋税制度,而宁肯"维持旧制"。② 因此,在征税问题上,都铎王朝很少与议会发生冲突。

在决策方面,都铎王朝从一开始就认识到,与议会协商既可以集思广益,又能披上一件"公意许可"的合法外衣,从而有利于政策的顺利执行;在处理某些棘手的外交问题时,还可以打出"议会不同意"的旗号,拒绝外国政府的无理要求。因此,都铎诸王都乐意与议会协商,共同治理国家。亨利八世在费勒一案中公开承认,当他与议会在一起时,其权力远大于他在议会外单独享有的权力。玛丽女王于1554年在吉尔特大厅郑重宣告:"除了有利于臣民的事情,她决不打算做任何

① W·S·Holdsworth,A History of English Law,vol. 4,London,1924,p. 348.
② 刘新成:《英国都铎王朝议会研究》,首都师范大学出版社,1995年,第175页。

事情,将来也是这样",并特别许诺,"没有议会的普遍同意,她决不结婚"。① 伊丽莎白一世在 1558 年 11 月说:"朕是上帝的创造物,注定要遵从上帝的任命,在日前我在的位置上成为上帝神圣意志的执行者。虽说根据上帝的旨意朕要统治整个国家,但朕只是一个普通的人,所以朕希望得到你们全体的帮助。……朕的意思是,你们通过良好的建议和协商指导朕的所有行为。"②在实践上,都铎王朝在制定政策时,通常以议案的形式首先提交议会协商讨论,经议会同意后再付诸实施。协商事项十分广泛,大到宗教改革、解散修道院、变更王位继承人选、修改叛国罪法、改造政府机构、规范度量衡和币制,小到铺设城市输水管道、禁止夜间在塞文河上摆渡、保护鱼卵、禁止射杀益鸟等区区琐事,均列入与议会协商讨论的范围。例如,1536 年,议会宣召令写道:"(最近)发生了一些非常重大的事情。为维护朕的荣誉和王位的纯正,(这些事)应在朕为此而召开的议会上加以讨论和决断。"③1586 年,伊丽莎白一世为了解人们对处置苏格兰玛丽的态度而召开议会。1593 年,下院议员被告知,"邀请他们来的目的是为维护女王个人和国家的安全提出各种可行的建议。"④

（四）在专制与法治之间

通过以上分析可以看出,都铎于朝在立法、司法、征税、决策和行政管理等各个领域,基本上都是遵循当时的法学家兰巴德所说的"正当程序"进行统治的。在英国,所谓"正当程序"指的是经过长期历史积淀形成的规范国王政府统治方式的基本政治法律原则。依"正当程序"行事,意味着都铎王朝是一个尊重法律的王朝。的确,都铎历代国王从不敢妄称自己高于法律之上。亨利八世虽把上帝法踩在了脚下,但并不否认普通法和议会制定法的至上权威。他所采取的某些专制行为,包括处死两个王后和罢黜克伦威尔,都是严格按照法律程序完成的。难怪当时的温彻斯特主教伽德纳写道:"任何行为(自然包括国王的行为在内——引者按)都不得违背议会制定法和普通法。"⑤当爱德华六世加冕时,大主教按法定程

---

① Dunham, W. H. , ' Regal Power and the Rule of Law: a Tudor Paradox ' , The Journal of British Studies, 3(1964) , p. 40.

② Dunham, W. H. , ' Regal Power and the Rule of Law: a Tudor Paradox ' , The Journal of British Studies, 3(1964) , pp. 47 – 48.

③ 刘新成:《英国都铎王朝议会研究》,首都师范大学出版社,1995 年,第 182 页。

④ 刘新成:《英国都铎王朝议会研究》,第 183 页。

⑤ Dunham, W. H. , ' Regal Power and the Rule of Law: a Tudor Paradox ' , The Journal of British Studies, 3(1964) , p. 25.

序问道:"除了按习惯经人民的同意制定有利于上帝的尊严与光荣、有利于共和国利益的法律外,您同意不制定任何新的法律吗?"国王回答道:"我同意和答应。"①玛丽女王时期,表面看来女王的政策占了上风,但它们都是按法定程序由"在议会中的女王"制定的,即使烧死异教徒和发动对法战争也不违反这一程序原则。当时,有一个叫弗利特伍德的绝对专制主义者,曾上书规劝女王应该像威廉一世那样摆脱法律,独断专行,采用"征服者"这个称号,"那时.她就可以随心所欲地改革修道院,提升自己的朋友,镇压自己的敌人,确定宗教和做她所能做的一切。"②女王为此人的耿耿忠心所感动,但她想起了自己的加冕誓言,随即毫不犹豫地当众将上书付之一炬。伊丽莎白一世时期,专制王权达到顶峰,但当时的伦敦主教约翰·艾尔默却对一位大臣说,"首先不是她在统治,而是法律在统治,因此,执行者是她的法官。……除了通过议会法庭,她不能制定任何法规和法律。如果你的统治从属于女王的意志而不是服从于成文法律,如果她可以不用议会单独颁布法令、制定法律,如果她根据自己的判断而不是在法规和法律的限制下定罪量刑,如果她可以单独决定战争与和平,……那么,我就会对这个女人的统治感到担忧。"③很清楚,在艾尔默看来,伊丽莎白女王是一个依法治国的君主。

综上所述,都铎时期的英国可以说是王权和法律的权威同步提高,专制和法治趋向并行不悖,结果,本是相互排斥的两种对立因素奇妙地结合在了一起,形成了英国史学家邓纳姆所说的"都铎悖论"现象。④ 对于这一不合逻辑的奇特现象,当时的许多政治家、法学家和后来的许多史学家都感到困惑不解,因而有必要在此加以特别分析。

从根本上说,"都铎悖论"现象是特定时代的历史需要和英国独特的法制传统共同作用下的产物。前已述及,建立民族主权国家是16世纪整个欧洲的时代主题。在当时的条件下,能够满足这一时代要求的唯一途径就是扩大王权,建立强有力的君主专制制度。因此,专制主义在欧洲各国普遍兴起。在这个大方向上英国自然不会例外,于是,出现了都铎专制王权。但英国有其特殊历史条件,这就是从中世纪遗留下来的并且从一开始就结下不解之缘的普通法和议会,二者相互合

① Dunham, W. H. , 'Regal Power and the Rule of Law: a Tudor Paradox ', p. 40.
② Dunham, W. H. , 'Regal Power and the Rule of Law: a Tudor Paradox ', p. 46.
③ Dunham, W. H. , 'Regal Power and the Rule of Law: a Tudor Paradox ', p. 27.
④ Dunham, W. H. , 'Regal Power and the Rule of Law: a Tudor Paradox ', The Journal of British Studies, 3(1964), p. 24.

作,并驾齐驱。议会借助普通法学家的技术帮助,迅速建立起一套有效的运行程序,巩固了自己作为一个权力实体的地位;普通法学家依靠议会的权力支持,成功地维护了自己的法律至上主张和司法相对独立的法制传统。到16世纪,二者的同盟关系进一步加强。议会面对国王和枢密院权势迅速膨胀的威胁,更加把普通法视为自身权力的法律基础,而普通法在特权法庭和罗马法复兴运动的内外压力下,也更加把议会视为保持自身相对独立性的权力依托。因此,该时期的法学家们不再坚持普通法是不可改变的,给予了议会的最高立法权以充分的承认;反过来,议会对于它认为没有必要改变的既有法律(主要是普通法),对于普通法法庭的主导地位,总是竭力予以保护。二者的强大联盟是横在都铎专制王权面前的一个不可逾越的障碍,所以,专制主义趋势在英国没有(也不可能)走向极端。

　　在这里,与大陆国家做一比较似乎很有必要。在大陆各国,中世纪时也曾出现类似英国的代表机构和专职司法机构,如法国有三级会议和巴黎法院,西班牙的阿拉贡和卡斯提尔有议会和中央法庭。但是,这些大陆上的类似机构在该时期非但未能遏制君主专制势力的无限膨胀,反而最终成了专制王权的牺牲品。究其原因,主要有二:第一,大陆类似机构本身具有明显弱点。如前所述,大陆各国的代表机构都是纯粹的封建性等级机构,其组成方式和表决机制均存在重大缺陷,缺乏效能,无法适应近代民族主权国家的需要,因而注定要随着中世纪向近代的过渡而走向衰亡。大陆各国的法庭都是控制在一小撮特权贵族手中的寡头式机构,法官职位是用钱买来的,而且可以世袭,这种封闭性使它们始终悬浮于社会上层,未得到社会大众的认同,因而最终必然被历史所淘汰。第二,大陆各国的代表机构和司法机构从未建立联盟关系,犹如两股道上跑的车,始终相分相离,甚至彼此嫉妒和对立;因此,在专制主义兴起之初,尽管代表机构有时也发出要求限制王权的呼声,法律家们有时也摆出一副维护法律至上权威的样子,但不可能形成有效抗衡王权的联合力量。所以,当法国国王着手压制三级会议时,巴黎法院冷眼旁观,不闻不问,因为在它的心目中,三级会议百无一用,而且时常打着“国民代表”的旗号,搞封建分裂活动;反过来,当法王创建新的行政法庭以取代巴黎法院时,三级会议同样采取“事不关己、高高挂起”的态度,因为在它看来,巴黎法院是一个不得人心的特权机构。西班牙的情况与法国十分类似。结果,在大陆各国,以国王为首的行政机构能够通过“各个击破”的方式,顺利地把一切大权集中于自己手中,建立起绝对的君主专制统治。难怪西方学者阿姆斯特朗在总结法国宪政发展步履维艰的原因时说:“司法机关和立法机关之间的嫉妒一直是法国宪法自由道路上的绊脚石。"①

通过以上比较，我们会更清楚地认识到，英国的"都铎悖论"现象是有其历史合理性的。然而，这种合理性仅仅具有暂时意义。因为专制和法治毕竟是根本对立的，这决定了"都铎悖论"是一个隐含着巨大对抗张力的矛盾体。在它的躯体内，以君主特权为依托的国王、枢密院、特权法庭代表着专制趋势，以普通法为基础的议会、普通法法庭代表着法治倾向。当建立民族主权国家的时代任务居于压倒一切的首要地位时，双方尚能暂时和谐相处。一旦这个务完成，处于蛰伏状态的固有矛盾和冲突必将随之爆发。实际上，在都铎王朝末期，双方冲突的端倪已开始在专卖特许权问题的斗争中显露出来。

授予专卖特许权是传统的国王特权之一。国王通过特许状，可以把生产或经销某种物品的专有权利出售给某个商人。伊丽莎白一世时期，女王为增加财政收入，大量出售专卖特许状，将数以百计的生活日用品的垄断经营权置于少数专卖商人手中，造成物价上涨、人民负担加重，同时也使议会制定的许多经济法规流于空文，破坏了公平竞争的法治原则，因而激起全国的普遍不满。1597－1598 年，议会掀起了反对女王滥发特许状的斗争。斗争的实质是专制和法治之间的对抗，用当时下院议长的话说就是："这是通过法规法和议会中的女王体现出来的王国权威与通过特许状行使的国王权威之间的冲突。"②面对愤怒的下院，女王伊丽莎白一世做出了无奈但明智的选择，"她发表了一篇用她那非常动人的风格所写的演说，答应立即发布赦令，(对专卖权问题)加以纠正。"③由于女王的适时让步，斗争很快偃旗息鼓，但根本问题并未解决。所以，在其统治的最后数年内，女王充分利用了个人威望、顺应民意的政策及灵活娴熟的统治策略，才勉强地维持了"都铎悖论"内部不稳定的平衡。1603 年后，当热衷于王权无限论的斯图亚特王朝试图建立大陆式的绝对君主专制统治时，平衡被彻底打破，专制和法治之间的潜在冲突全面爆发出来，而且愈演愈烈。历经一个世纪的生死搏斗，议会和普通法的强大联盟最终战胜了专制王权，法治获得了胜利。

---

① 　W·S·Holdsworth, A History of English Law, vol. 4, London, 1924, p. 169.

② 　Dunham, W. H. , ' Regal Power and the Rule of Law: a Tudor Paradox ', The Journal of British Studies, 3(1964), p. 50.

③ 　J·E·Neale, Queen Elizabeth I, Trid/panther, 1979. p. 388.

二、斯图亚特王朝时期争取司法独立的斗争

英国民众争取司法独立的斗争开始于 17 世纪初。因为到这时，随着英国政治经济的发展变化，适应着特定时代需要形成的"都铎悖论"体制丧失了继续存在的历史基础，构成它的专制王权和法治两种本质对立的因素已无法共存下去，于是，一场你死我活的激烈斗争便在二者之间暴发了。

（一）斯图亚特王朝早期的专制统治和思想

1603 年，詹姆士一世即位，开始了斯图亚特王朝对英国的统治。詹姆士一世来自实行罗马法的苏格兰，从小受到君主专制主义理论的熏陶，形成了牢固的君权神授、王权无限等专制思想。他曾写过《皇帝的天才》、《自由君主制之真正法律》等文章，公开宣扬君主专制主义。詹姆士一世在肯定君主的绝对权力时，主要依据圣经的权威以及国王之于人民就如同父亲之于他的儿子，或一个人的头之于他的身体的类比，从这些命题中直接得出了君主是凭着上帝的意志和万物的自然秩序而有此职位的，就是说，他们是所有法律的无可争议的来源，而他们的臣民必须以耐心的顺从忍受他们的统治，不管这种统治是多么严厉。显然，在詹姆士一世所理解的"自由君主制"中，国家的政策的唯一来源就是君主的意志。[①]

詹姆士一世的代表作是《自由君主制之真正法律》(*Trew law of free Monarchies*)。在这本书中，詹姆士一世声称，虽然一个好的君主愿意尊重既定的传统，但他是所有法律的来源，而且他本身是"高于法律的"。他并没有服从以前的法律或既定的习俗的职责。詹姆斯宣称，即使国王在他的即位典礼上发了誓，这也不能像一个正式的契约那样约束他，因为除了上帝还有谁有权威判定国王是否遵守了契约的条款呢？如果在君主和人民之间确有真正的契约，而人民有确定国王是否破坏了契约的权威，他们就是在自己的案件中充当法官，而这是"荒谬的"。

当他在 1603 年登上英格兰的王位后，马上发现他关于主权的观点是与议会相冲突的，但他仍然固执己见。在 1610 年对上院和下院发表的演讲中，詹姆士一世重述了《自由君主制之真正法律》的观点，并作出了不再有任何误解的可能性的澄清，断言"君主制国家是人间的最高事物：因为国王不但是上帝在人间的代表，坐在上帝的王位上，甚至上帝本身也称他们为上帝"。[②] 他对英国的政治法律文

---

① Chew,Helena M. ,King James Ⅰ ,Hearnshaw,1949,pp. 105 – 129.

② Williams,E. N. ,A Documentary History of England,Vol. 2(1559 – 1931),Penguin,1965.

化传统一无所知,而对当时法国等大陆国家的绝对王权垂挺三尺。在国王与法律的关系问题上,他坚持"是国王创造了法律而不是法律创造了国王"在到达英国后的第一次议会演讲中,詹姆士一世将自己与上帝相提并论,宣称"君主是上帝的化身",是尘世间的最高权威,除上帝之外,国王无需对任何人负责;人民必须对国王敬若神明、绝对服从。他说:"议论上帝能做什么不能做什么是亵渎神灵,议论君主能做什么不能做什么是大逆不道,朕不允许议论我的政权。(因为)君主制是世界上最高尚最完美的制度。君主是上帝(在人间)的全权代表,他坐在上帝的宝座上。"①因此,臣民应当"像爱戴神灵一样爱戴他,像对待保护者一样为他祈祷。他(国王)端正的行为应得到发扬,行为不当时主动为之弥补",法官应"遵守国王的命令,对他的即使不合规范的命令也不应引他发怒"。如果国王滥用权力,臣民只能求助于上帝对他加以开导,把他引向正确的道路,而不得进行反抗。② 继詹姆士一世为王的查理一世全盘继承了父亲的专制衣钵,进一步将斯图亚特王朝的专制统治推进到一个新阶段。

支持詹姆士一世君主专制学说的最重要的英国著作家是罗伯特·菲尔默。作为对早期斯图亚特时代的宪政辩论作出回应的一个政治理论家,菲尔默对无限制的君主权威的辩护是直率地建立在詹姆士一世已经使用过的类比——国王之如臣民正如父亲之如家庭——的基础上的。他最全面的政治著作的标题就叫《家长》(patriarcha),其思路在于家庭和作为社会组织的国家之间的某些基本的类似之处。从政治理论的角度看,其中最重要的就是国家的首脑和他的臣民之间的关系与一个家长和他的家人之间的关系的类似性。以这种类比为基础的论证认为家长责任就是保护家庭成员并促进他们的福利,而为了完成这些职责,家长的权威就必须是无限的——就是说家庭成员必须无保留地服从他。于是菲尔默就据此作出类似的断言:君主的义务是促进大众利益,他必须有做任何有助于这种目的的事情的绝对权威。③

菲尔默对国家的契约理论给予了特别的注意,并认为它在经验上是错误的,逻辑上是站不住脚的。他嘲笑了没有在先的组织,民众就会自发地会聚在一起形

---

① 叶·阿·科斯敏斯基(主编):《十七世纪英国资产阶级革命》,上册,商务印书馆,1991年,第102 – 103 页。

② W·S·Holdsworth, A History of English Law, vol. 4, London, 1924, p. 12.

③ Laslett, Peter, Patriarcha and Other Political Works of Sir Robert Filmer, Oxford, 1949, pp. 223 – 225.

成一个社会和产生一个国家的观念。他指出,即使这样一个过程出现了,它必定把整个世界都包括在内,这是因为如果这个世界已经分化成民族了,那么国家也就已经存在了。他特别批判了把自然状态刻画成个人自由的状态的做法,因为正如霍布斯后来所论证的,自然状态中的每个人都会暴露在他的同伴的无限制的暴力面前。菲尔默解释道:秩序是通过政府机构产生的,而且关键是要认识到政府与自由本质上是不相容的。他敏锐地观察到,"被统治就是服从或隶属于另一个人的意志或命令"。政府起源于人民的观念是没有价值的,因为全体人民不能行使这种权力,那些认为人民可以选择"代表"代替他们行使权力的政治哲学家们没有理解政府的性质。国王受契约约束的观念也是无用的,因为没有哪一种世俗的权威能够凌驾于国王之上来判定和实施一种契约。菲尔默坚持认为议会的权力和特权只不过是国王选择让渡的那些权力。他说,仔细观察成文法的措辞就可表明议会只有请愿权,实际制定法律的是君主。他断言,注意一下迟至查理一世统治时代召开议会的令状的措辞,就会发现议会是从国王对于劝告和建议的需要起源的,而且这仍然是它的唯一作用。[1]

在两位专制国王的统治下,普通法法庭的正常司法工作受到严重干扰,中世纪形成的司法相对独立的法制传统面临生死存亡的严峻考验。那时,凡是有损于国王权威的司法活动都被取缔,"即使阅读爱德华三世时普通法法庭审理教会案件的档案也被禁止,因为(那些档案)与当时的政治相悖。"[2]对于与政府利益有关的案件,国王在开庭前经常召见法官,对其施加压力,以影响和操纵法庭判决,甚至强迫法庭将重要案件束之高阁,不了了之。如果法官敢于违抗王命,则立即予以解职。1616 年,王座法庭的首席法官科克因政治原因被免职。随后,首席法官克鲁和黑斯、财政法庭的首席男爵沃尔特先后于 1626 年、1634 年和 1630 年,以同样的原因被免职。对于不支持王权的律师,国王的惩罚更为严厉。例如,律师怀特洛克因反对国王强行征税于 1610 年被枢密院监禁,福勒因申请禁止令状反对高等委任法庭的司法权而被国王罚款。由于缺乏起码的任职保障,有的法官为保全自己的职位,不顾职业道德,曲意逢迎国王旨意枉法裁判。1638 年,在汉普顿抗缴船税一案中,普通诉讼法庭的 12 名法官中有 7 名法官站在国王一边,判处汉普顿监禁,这无异于宣布国王强行征税行为合法化。类似的案例比比皆是,致使法

---

① Laslett,Peter,Patriarcha and Other Political Works of Sir Robert Filmer,pp. 284 – 288.

② W・S・Holdsworth,A History of English Law,vol. 4,p. 350.

官的声誉和法律的权威一落千丈。

此外,斯图亚特王朝为增加财政收入,还公开出卖司法官职。1626年,理查逊为谋求普通诉讼法庭首席法官的职位花费了17000镑;1616年出任王座法庭首席法官的蒙特古和1627年就任财政法庭首席男爵的沃尔农都曾花费大批金钱。①亨利·伊尔沃顿为取得总检察长职位行贿金额达4000镑,就连掌管法庭档案记录的刀笔小吏书记员一职也卖到了500镑的高价。② 尼切尔斯因未花分文谋得了一个法官职位,结果成了国王心目中的"吝啬鬼",詹姆士一世每每提到他的名字时,总是斥之为"一毛不拔"的法官。③ 高级律师职位也可以出卖。1632年任命的15名高级律师,据说每人付给了国王500镑。

(二)争取司法独立和法治的斗争

在斯图亚特王朝高压和腐败并用的统治手段下,法庭和法官变成了国王的御用工具,公正独立的司法根本无从谈起。在这种形势下,英国人民奋然掀起反抗专制王权、争取司法独立和法治的斗争。这场斗争持续了一个世纪,大致分为以下几个阶段:

1. 17 世纪初期

17世纪初期英国民众争取司法独立的斗争,主要集中在普通法的主导地位、特权法庭的合法性和国王对司法的干预等问题上。此间,普通法法官爱德华·科克发挥了突出的作用。

科克生于1552年,曾在剑桥大学的三一学院受过良好的教育。1571年进入克利福德律师学院学习法律,次年转入内殿律师学院。1578年获得辩护律师资格,不久便在司法界声誉鹊起。此后,科克先后担任伦敦市法庭的首席法官、副总检察长、下院议长、总检察长等职。1606年,升任普通诉讼法庭的首席法官,一直到1613年。科克坚持主张普通法是英国的最高法律,法官是普通法的唯一阐述者;除了服从法律外,法官不应受其他任何机关和个人的约束和控制。这些观点及其在司法界的声望决定了科克必然成为维护普通法至上权威、争取司法独立斗争的旗手。科克的巨大贡献和顽强斗争精神,使他赢得了"最受尊敬和爱戴的法

---

① W·S·Holdsworth,A History of English Law,vol. 4,London,1924,p. 353.

② W·S·Holdsworth,A History of English Law,vol. 4,p. 353.

③ Cerutton,T. E.(ed.),Select Essays in Anglo – American Legal History,Vol. 1,Boston,1907. p. 696

官"、"反对专制权力的伟大卫士"①等光荣称号。

以科克为首的普通法法官们争取司法独立的斗争,按其内容可分为以下几个方面:

第一,关于宗教法庭的司法管辖权问题。

1605年,大主教班克罗夫特向国王抱怨说,宗教法庭的司法管辖权经常受到普通法法庭禁止令状的干扰,因此,他要求废除普通法法庭的这一权力。针对大主教的要求,科克引用了大量司法先例,证明普通法法庭颁发禁止令状是合法的。1610年,以科克为首的一批普通法法官对英国教会的最高法庭——高等委任法庭监禁通奸行为者的做法提出尖锐批评,宣称只有普通法法庭才拥有这种权力。他们不顾宗教界的反对和国王的压力,颁发人身保护令状,将当时被高等委任法庭监禁的切西释放。科克在这场斗争中取得了成功,宗教法庭的司法权限受到了限制。自亨利八世以来教会法从属于普通法的传统得到了进一步巩固。

第二,关于特权法庭的合法性问题。

建立于都铎时期的星室法庭、北方法庭、威尔士边区法庭等特权法庭,最初在镇压叛乱贵族势力、恢复国内法律秩序方面曾起过积极的作用。但是,到斯图亚特王朝时期,这些特权法庭变成了专制王权的统治工具,从而激起了普通法法官、律师和广大民众的反对。

反对特权法庭的斗争始于费尔利案件。1640年,费尔利因违抗威尔士边区法庭的命令而被捕,他向普通诉讼法庭申请到人身保护令状,但威尔士边区法庭拒绝接受令状,这立即引发了关于该法庭合法性问题的争论。法官们指出,这个法庭是依靠国王特权建立起来的,因而是不合法的。经过斗争,该法庭在英格兰西南边境4郡的司法权被削弱。此间,也有人对北方法庭是否合法提出异议。1605年,普通法法官和律师们试图通过议会制定法规来解决特权法庭的合法性问题,但未能成功。1609年,法官们围绕这一问题集中讨论了6天,因讨论结果不利于国王,未公开发表,故详细情况不得而知。但是,科克在其著作中曾提及此事,称1609年法官们曾达成一决议,只承认威尔士边区法庭和北方法庭对特殊刑事案件的司法权,不承认它们有民事司法权。②

星室法庭同样遭到攻击。由于该法庭是通过议会法规建立起来的,因此,多

---

① W·S·Holdsworth, A History of English Law, vol. 5, p. 436.

② W·S·Holdsworth, A History of English Law, vol. 1, London, 1922, p. 512.

数普通法法官和律师最初并不怀疑其合法性,只是要求将它的司法管辖权严格限制在 1487 年法规规定的范围内。但科克并不满足于此,他认为,星室法庭不是一个法庭,国为它是由枢密院成员组成的,实为变相的行政机关,即使算作一个法庭,也不是合法的,因为"通过法规创建一个法庭,既违背法律,也违背历史经验。"①由于多数法庭的注意力集中在限制星室法庭的司法权限上,因此,科克的斗争收效甚微,这个特权法庭又继续保留了一段时间。

第三,关于国王干涉司法的问题。

科克始终认为,国王干涉法庭司法活动的行为是非法的,并抓住每一个机会进行坚决斗争。1607 年,保王派法官福勒为取悦国王,声称法官是国王的臣仆和代理人,国王有权就法官内部的分歧进行仲裁,有权从法庭提审并裁决有异议的案件,这种观点深得詹姆士一世赞许。对此,科克在 1607—1608 年的司法审判中引证了大量司法案例,说明国王无权提审、裁决法官已受理的案件。1608 年,科克面谏詹姆士一世说:"国王陛下自己不能判决任何案件。……案件应在某一法庭上依据英国的法律习惯审理之。"他还申明了自己的理由:"上帝赐予了国王陛下优秀的美德和杰出的天赋,这是事实。但陛下没有学习过英国的法律,涉及臣民生命财产的事……是根据法律来判决的。法律是一门通过长期研究和实践才能掌握的技术,只有经过长期学习和具有实践经验的人才可以得到司法审判权。"②詹姆士闻听大怒,训斥道:"如此说来,国王将被置于法律之下。此话当以叛逆罪论处。"科克毫不退比,反驳道:"布莱克顿有句至理名言:国王虽高居众人之上,但低于法律和上帝。"③此次君臣对话在英国广为传诵。

科克的不懈斗争令国王难以忍受,但由于当时他的社会威望如日中天,詹姆士一世也不敢轻易动用罢免权。1613 年国王采纳了大法官弗郎西斯·培根的建议,将科克调离普通诉讼法庭,改任王座法庭的首席法官。詹姆士一世的本意是想借此笼络科克,希望他在王座法庭的工作中能更多地关心国王的利益。但科克并不买账,在新的岗位上,他继续为争取普通法的至上地位和司法独立而斗争。

针对国王私下召见法官或通过搁置令状干预法庭正常司法审判的行为,科克借审判 1515 年皮查姆一案的机会宣称:在案件审理之前,国王私下召见法官询问

---

① W·S·Holdsworth, A History of English Law, vol. 1, p. 512.

② Phillips, O. H. The Principles of English Law and The Constitution, London, 1939. p. 431.

③ W·S·Holdsworth, A History of English Law, vol. 5,. London, 1924, p. 430.

案犯行为是否构成犯罪的做法是非法的,如果确有必要,国王应当正大光明地召见全体法官公开咨询。1616年,詹姆士一世为保护某一被告免受惩罚,颁发搁置令状,要求法庭中止案件的审理,激起法官的抗议。不久,在另一关于教职的案件中,詹姆士一世故伎重演,法官们忍无可忍,联合上书国王,请求詹姆士一世以后不要干涉司法审判,尤其是在涉及王室利益的案件中。此年6月,詹姆士一世召见以科克为首的一批法官,要他们就是否忠心维护王室利益明确表态,大部分法官慑于国王的淫威,作了肯定的回答,但科克仍坚持法官应秉公执法。詹姆士一世大怒,以权杖将科克击倒在地。数月后,国王再次将科克召进宫,要求他承认犯上的错误,科克拒不从命,被国王赶出王宫,停职检讨。科克的大无畏精神在当时极大地鼓舞了法官和律师们的斗争勇气和信心。

第四,关于普通法、普通法庭与衡平法、衡平法庭的关系问题。

从总体上说,在中世纪的英国,普通法一直位居主导地位,衡平法只是对普通法的补充。但是,由于衡平法适应了资本主义发展初期社会对司法效率的需要,具有程序简单灵活、诉讼费用低廉等优点,所以产生后发展迅速,而普通法则因保守僵化、程序复杂、诉讼费用高昂等缺点,发展较缓慢。在衡平法的强有力的竞争下,普通法一度面临丧失其主导地位的危险。16世纪上半期,投诉到大法官法庭的案件直线上升,普通法法庭受理的案件急剧减少。1535年,延续数百年之久的编撰法律《年鉴》的普通法传统宣告终止。所以有人认为,"16世纪,由于大法官法庭的兴盛和普通法的衰微,英国法律几乎加入了欧洲大陆法的体系。"①然而,16世纪50年代后,在席卷欧洲的古典文化思潮的影响下,普通法法官和律师加强了对普通法历史的研究,并结合时代需要,对其基本法律准则给予新的阐释,普通法又开始走向繁荣。中世纪普通法法官的旧著作被大量重印,新的普通法著作也不断出现,30年代被中止的法律报道习惯得到了恢复,"诸多迹象表明,普通法获得了新的生命"。② 于是,普通法、普通法法庭和衡平法、大法官法庭之间冲突迭起。由于衡平法具有较多的灵活性,加上大法官和大法官庭与国王关系密切,更适合专制王权的需要,因此,从某种意义上说,二者的冲突带有法治与专制斗争的性质。

冲突始于16世纪末。在爱德华四世时,普通法法官费利法克斯提出,如果某

---

① ［注］勒内·达维德:《当代主要法律体系》,上海译文出版社,1984年,第307页。

② Cerutton,T. E. ed. Select Essays in Anglo-American Legal History,Vol. 1,Boston,1907. p. 201.

一案件属于普通法法庭的司法管辖范围,王座法庭有权禁止当事人向大法官庭起诉。法官休斯则声称,如果有人因违抗大法官庭的命令而被捕,普通法法官有权通过颁发人身保护令状将其释放。当时的一位律师甚至对大法官以国王名义颁发禁令的权力提出怀疑。议会弹劾沃尔西的罪行之一就是他曾大量签发这种禁令。伊丽莎白一世时期,有一宗案件在普通法法庭审结后,当事人又接受了大法官法庭的命令,结果被人告上了法庭。当时的著名律师基尔曼和空想社会主义思想家莫尔都曾公开宣称,建立在"良心、正义"基础上的衡平法应位于普通法之后,因为"大法官的良心必须服从法律(即普通法)"。①

17 世纪初,双方的冲突进一步激化。大法官埃尔斯米尔勋爵积极鼓动结案后的当事人向大法官庭投诉,经常以大法官令的形式逮捕涉案当事人,并公开扬言,对大法官庭的任何限制和批评都将被视为是对神圣君主制的攻击。科克与他针锋相对,坚决维护普通法的至上权威。他声称,有关自由土地持有权的案件和一切民事案件均应由普通法法庭审理,如果大法官庭插手干涉,普通法法庭应坚决禁止;凡是经普通法法庭做出判决的案件,不得再投诉于大法官庭,因为不然的话,所有案件的终审判决将由大法官庭做出,这样将无人再向普通法法庭投诉,普通法将被颠覆。以两人为代表的两种法律和法庭间的冲突愈演愈烈,到 1616 年达到高潮,国王站在大法官庭一边介入此事,下令免去了科克的王座法庭首席法官职位。

纵观 17 世纪初的斗争,可以说成效不大。之所以如此,一个重要的原因就是,这时期的斗争仅仅局限于司法领域,普通法法官和律师孤军奋战,还没有与议会中的国王反对派建立紧密的联系,因而力量单薄。但不能因此而否认其意义,这一时期毕竟为以后斗争的发展及其最后胜利奠定了基础,做好了思想准备。

2. 1620 - 1640 年

1620 年,科克重返议会,立即成为下院中国王反对派的重要领袖之一。他利用各种机会,向议员们讲述普通法的悠久历史、基本原则和相对独立的司法传统。从此,普通法法官和律师与议会中的政治反对派结成同盟,争取普通法至上和司法独立的斗争与争取议会主权的斗争融为一体,促使斗争进入了一个不断胜利的新阶段。

首先,在科克的提议下,议会成功地将亲王派的法官蒙培森、米切尔、巴内特

---

① Baker, J. H. An Introduction to English History, London, 1990. p. 93.

和大法官培根弹劾下台,给普通法法官和律师们以巨大的鼓舞。同样是在科克的提议下,议会通过了一项限制大法官庭司法权的法令,即《在司法事务中改革衡平法庭审判的法令》。该法令规定,衡平法法庭在审理案件时,应有 2 名普通法法官和显贵男爵参加,以协助大法官办案。这一法令扩大了普通法在衡平法庭中的影响,巩固了普通法在英国法律体系中的至上地位。有人甚至认为,通过该法令,科克实现了"他在任王座法庭首席法官时无法实现的控制衡平法庭的目的"①。

其次,在国王与法律的关系问题上,议会通过了《权利请愿书》,成功地对国王专制特权进行了限制。针对斯图亚特王朝强行征税、随意逮捕抗税者、中止法律实施等专横行径,1628 年科克向议会提山议案,主张"一个人未经法庭审判不得被监禁,……仅凭国王权威或王室命令的拘押行为是非法的。"议案经下院通过后被上院否决,贵族们认为,国王的监禁特权对于国家安全来说是必要的。对此,科克反驳道,除法律允许的权力外,国王不应有任何特权,"假如我们保留了国王特权,就会削弱法律的基础,使任何的建设都付诸东流。"②。在科克的倡议下和推动下,下院制定了《权利请愿书》,并迫使上院和查理一世接受。《权利请愿书》规定,国王必须依照议会法进行统治;除非根据法律和法庭判决,任何人不得被拘捕、监禁、剥夺财产或逐出法律。《权利请愿书》是英国历史上最重要的宪法性文件之一,它的颁布是 17 世纪英国人民在争取法治和司法独立斗争中所取得的一项重要成果。

最后,这一时期还取得了废除特权法庭的胜利。查理一世通过批准《权利请愿书》换取了一笔议会拨款后于次年初宣布解散议会,开始了长达 11 年之久的无议会统治。此间,查理一世为所欲为,肆无忌惮地破坏法制,激起英国人民的强烈不满。1640 年,当查理一世为苏格兰战事筹措军饷而召开议会时,积压多年的不满情绪像火山一样迸发出来。议会通过弹劾,将国王的宠臣斯特拉福、劳德送上断头台,强迫国王取消了非法征税和专卖政策,沉重地打击了国王特权。最重要的是,议会于 1641 年通过决议,宣布星室法庭没有将其司法权限于 1487 年法规规定的范围内,所以是一个非法法庭,应当予以废除。同时被废除的特权法庭还有威尔士边区法庭、北方法庭、高等委任法庭等。决议还明确规定:"从此之后,不得建立任何类似星室法庭的特权法庭","国土陛下和他的枢密院对于臣民的土地、

---

① W·S·Holdsworth, A History of English Law, vol. 5,. London, 1924, p. 445.

② W·S·Holdsworth, A History of English Law, vol. 5, p. 451.

财产等纠纷案件,没有也不应有任何司法权。这些案件应当在正常法庭中遵照正当法律程序进行审判。违反这些条款者将受到严厉的惩罚。"[1]至此,对普通法和普通法法庭至上权威的最大威胁被肃清,这为法治和司法独立的最终确立扫清了道路。

3. 1642 - 1660 年

查理一世不甘心失败,于 1642 年悍然挑起内战,但两次内战均以议会的胜利而告终,国王被处死,君主制和议会上院被废除,一院制共和国宣告成立。议会通过了一系列法律,以肃清社会法律生活中的王权因素。原来的王座法庭被改称为高等法庭,法庭语言改用英语。不过,共和国时期在法律和司法制度方面的改革尝试大多以失败告终。例如,有人建议用"摩西法律"(即领袖的法律)取代普通法,实践证明是行不通的;有人曾提议废除大法官庭,因遭到圣·约翰等人的抵制而失败。虽然议会通过了一个改革大法官庭的法案,但因脱离实际而流于一纸空文。

摧毁专制王权,本应有利于法治建设和司法独立,但历史证明并非一定如此。共和国的一切权力实际控制在克伦威尔一人手中,他根本不关心法律和司法,而且总是把自己凌驾于法律之上。革命前曾经挺身而出反对非法船税的那些人,现在只能眼睁睁的面对克伦威尔更专横的税收而束手无策。首席法官罗利及其同僚因受理了一宗涉及税收的案件,被克伦威尔用下流语言当面痛骂了一顿,并因此而被解职。律师梅纳德和普林因抗议强行征税,结果前者被关进伦敦塔,后者被处以罚款和监禁。

当然,也有不畏强权、坚持公正执法的法官,如马休·黑尔就是其中的一位。他在担任律师期间,曾为汉密尔顿和卡佩尔勋爵出庭辩护,因此而受到克伦威尔政府的恐吓。黑尔义正词严地回答说,为当事人辩护是律师的职责,这完全符合法律,并表示决不会因为受到恐吓而退缩半步。后来,黑尔升任法官,在审理案件时,每当发现陪审团是按克伦威尔的命令组成的,便毫不犹豫地宣布陪审团的裁决无效。在一次巡回审判中,黑尔将克伦威尔的一名有谋杀行为的士兵依法判处绞刑,并赶在克伦威尔的缓刑令送达之前迅速付诸执行。然而,在克伦威尔的高压统治下,像黑尔这样的法官毕竟只是凤毛麟角。

1653 年,克伦威尔就任护国主,其权力远远超过革命前的国王。1655 年,克

---

① W·S·Holdsworth, A History of English Law, vol. 1, London, 1922, p. 516.

伦威尔又实行赤裸裸的军事管制,把个人独裁推向顶峰。他把全国划分为12个军区,每个军区派1名少将军官为总督,总揽一切大权,甚至连普通百姓的日常生活和娱乐活动也纳入了总督的控制范围。在这样的专制体制下,是绝对没有法治和司法独立的存身之地的。可见,单就法律制度而言,40—50年代是英国历史上的一个停滞与倒退的时期。

三、科克和他的宪法思想

科克是英国历史上最杰出的大法官之一,是古典宪法理论创始阶段的代表人物。他创造性地表达了"法官独立和违宪审查的思想",成为世界宪政史上的一个里程碑。此外,科克还主张正当法律程序原则和权利保护原则,这成为后来美国宪法和《人权宣言》的思想精髓。作为古典宪法基础理论的开拓者,科克的宪法思想虽然有其不成熟的一面,但它的伟大影响却是不可否认的,直至如今,仍会给我们的宪政建设带来一定启发和思考。

(一)科克宪法思想的历史背景

爱德华·科克之所以能创立他伟大的宪法思想,成为世界宪政史上不可替代的杰出人物之一,与他所处的历史时代及他个人的经历密切相关。

科克所处的年代正是英国由封建时代逐步改革走向近代资本主义的时代。王权与议会分别代表封建势力与资产阶级势力正处于一种相互胶着的斗争时期。科克年轻时是个很有才华的律师,能在法庭上高超地运用大量英国封建时期的判例。这为他日后能在职业法官生涯中,形成和发展自己的宪法及法治思想奠定了深厚的普通法法理基础。

科克宪法思想的发展更与他后来的政治生涯密不可分。1594年他被提升为伊丽莎白一世的检察总长。这一时期,科克是王权的有力支持者。1613年前后,詹姆士一世时期,他进入了枢密院并被提升为王座法院大法官。这一时期,科克成了普通法至上的坚定捍卫者,坚决反对国王的特权,宣称英国法是英国人生活的最高权威。由于与王权的不断摩擦和对抗,詹姆士一世于1616年解除了科克所有的法官职务。然而,科克渊博的法律知识和政治立场使他在公众中的影响力很大,很快于1617年再次被国王选入枢密院和星座法院成为王室法律顾问。国王希望以此来感化他,改变他的立场,但是倔强的他并未放弃与王室特权作斗争。

1620年,他重返议会,在下议院中以反对派领袖出现,担当起了不断增强的反斯图亚特王朝势力的领导权。其间,他起草了民众抗议书,于是再次得罪詹姆士一世,于 1621 年被关入伦敦塔 9 个月。1628 年查理一世继位后,他出任议会下院院长。为了抵制查理一世在未经议会同意的情况下,擅自征税,他领导并起草了 1628 年权利请愿书,并逼迫查理一世到议会接受权利请愿书。

科克通过他的实际行动,以及他对英国法,尤其是对《大宪章》富有生命力的重新解释,而创立了他的宪法思想并使之家喻户晓。他的宪法思想曾在 17 世纪的美国风靡一时,成为美国年轻的国父们亚当斯、杰斐逊和麦迪逊的思想引导者。国父们从科克的思想和《大宪章》中寻找到了北美殖民地脱离英帝国的正当性,并以此作为 18 世纪 70 年代独立革命的精神动力和支柱,开展了声势浩大的独立运动,最终创立了闻名于世的美国宪政制度。①

(二)科克宪法思想的成就

科克一生的宪法思想,尤其是在法官独立和违宪审查方面,是西方宪政文明发展史当中的一块里程碑。然而,作为一位中世纪的政治人物和法学家,科克宪法思想的形成与发展的脉络又常常被现代人误解。主要的一点是科克宪法思想的形成带有明显的政治性,前后具有不一致之处。爱德华·S. 考文教授在《美国宪法的“高级法”背景》一书中将其归因于科克政治职位的转变(从王室总检察长到大法官),但这仅仅只是表面原因。② 实际上,科克一直深受英国传统“法律主治”思想的影响,在他的思想里,无论是议会的权力还是国王的权力都一样,都要受到普通法的约束。他曾反复强调:有悖于《大宪章》的制定法是“无效的”。但是,由于政治环境的烘托,科克一直以与王室特权作斗争而闻名遐迩,而让人们忽略了他与王权关系的另一面。科克的基本信条是:“除了法律与国家认可的特权外,国王没有特权。”而且,这种特权的权威解释者是法官而不是国王。③

在许多时候,科克阐释宪法理论,可能很大程度上是为了满足当时政治形势的需要,但客观上却成就了其伟大的宪法思想。

另外一个值得我们讨论的问题是:关于科克所整理和解释的普通法判例的历史真实性问题。精通英国法制史的科克为了约束王权,为了满足政治形势的需要,从先例和权威中找出了符合其目标的素材,并可能对这些素材进行了加工和适当渲染,以达到其目的。于是,有不少学者怀疑他所整理和解释的普通法判例

---

① Wikipedia ,the free encyclopedia,http://www. Wikipedia. org/wiki/Edward_Coke.
② [美]爱德华·S. 考文:《美国宪法的“高级法”背景》,,强世功译,三联书店,1996 年,第 41 页。
③ [美]爱德华·S. 考文:《美国宪法的“高级法”背景》,强世功译,第 41 页。

的历史真实性。的确,科克对历史上的司法判例的解释有待历史考证。① 不过也有美国学者发现,传统的普通法对个人权利的保护是保守的,但是科克任大法官期间却是个明显例外。他开创性地将传统私法中的理性理论引用到了公法中,在判案时,为了达到社会正义,将个人利益的保护与社会公共利益的平衡共同考虑进去,所以科克根据需要时常对先前的普通法判例适当进行加工。② 可见,科克通过对历史上的普通法判例的整理和解释,总结归纳出的许多法律理论往往是他创造性的工作结果。也许他不是一个好的法制史学者,但他却是一个富有创造性的能动的法官。因此,对于科克宪法思想的追溯与考察,仅用历史的目光去感知它是不够的,我们更需要用现代的思维去理解它重现它。于是,本文将科克的宪法思想主要归纳为如下几个方面:

第一,普通法至上原则。

科克与王权作斗争的一个重要武器就是法律。他一直都把《大宪章》看作是英国的宪法,最高制定法。在科克的心目中,《大宪章》包含了一种人类的共同理性和权利,是没有主权界限的,③所以,他在《科克论利特通》一书中写道:要说《大宪章》的有效期限有多长,要看它是否违背了理性,如果违背了理性,它将失去法律效力。这里共同理性就指某种永恒不变的、最基本的东西。科克在 Calvin's Case 的法律报告中写道:"……2. 自然法是英国法的一部分;3. 这种自然法先于世界上任何审判所采用的法律或国内法;4. 自然法是永恒的,不能被改变。"他认为,这种法是由上帝的手写在人的心灵上,是上帝在造人的时候,为了保全和指导人类而在人的心中注入的,它是 Lex aeternia,即道德法,也称自然法。④

不过,一般而言从《大宪章》面世以来它就不断地被吸收到普通法的主流之中。其结果就是英国人认识到《大宪章》所象征的大部分内容实际上已在法院的日常实践中得以实现,于是,他们便将很久以来一直保持的,特别是对《大宪章》的崇拜,转移到对整个普通法的崇拜上。科克也不例外。科克的普通法至上思想是建立在英国 15 世纪大法官福蒂斯丘(Fortescue)对于英国普通法的颂扬之上的,

---

① 李龙:《宪法基础理论》,武汉大学出版社,2001 年,第 8 页。

② William P. Kreml. ,The Constitution Divide:The Private And Public Sectors In American Law, Columbia, 1997, pp. 141 – 156; http://www. bsos. und. edu/gvpt/lpbr/subpages/reviews/kerschken. htm

③ On the Lord Coke s' Amendment to the Petition of Right,17 May 1628。http://ww3. niu. edu/claw/student/DeltaT/page4. html

④ [美]爱德华·S. 考文:《美国宪法的"高级法"背景》,第 54 页。

同时又为后来洛克的自然法理论奠定了基础,具有承前启后性。

第二,权力制约理论。

科克与国王作斗争的两个著名事例是:(1)反对国王拥有最高立法权。(2)反对国王以王权利益干涉司法。

科克限制王权的事例在历史上可以说家喻户晓,为他赢得了很大的威望。他之所以这么做是因为他认为,凡是权力都必须受到法律的制约,否则就是非理性的滥用。他一直提倡:在法律约束下的议会权力至上。①

然而,科克的这种权力制约思想并未能在英国发展壮大。在后来的三四百年间,英国一直以绝对的议会主权理论闻名世界,特别是在戴雪时代,议会制定的每项法律都必须不折不扣的执行。不过,这一理论却在大洋彼岸的美国生根开花,长成了大树。在美国联邦最高法院院长的指导下,法官经常检查立法。如果有法律违背了正义和公理,或与宪法相抵触,他们就加以废除。②

第三,法官独立和违宪审查思想。

在科克与王权作斗争,并主张议会权力同样要受到限制的过程中,科克的一系列言论与行为,已经清楚地表达了他关于法官独立和违宪审查的思想。多年的法官生涯使得科克对法官的职业有着非常深刻的理解。他坚持认为,法官需要有很高的职业素养,法律是一门艺术,只有经过专门的职业训练才能胜任。科克的这一思想最终在 1701 年的《王位继承法》中得以体现。从此,司法独立精神有了法律与制度上的保障,成了英国普通法的核心内容之一。到了 18 世纪中期,科克法学理论的主要继承者之一,布莱克斯通写道:"司法从立法权和执行权中独立,这是这个国家最主要的自由之一。"③可见,司法独立对国家法治建设的重要意义,而科克对此作出了不可磨灭的历史功勋。

科克违宪审查思想的提出,可以说是世界宪政史上的又一个重要里程碑。在 Dr. Bonham's case 的附论中,科克陈述:"在许多情况下,普通法将审查议会的法令,有时会裁定这些法令完全无效,因为当一项议会的法令有悖于共同理性、或自相矛盾、或不能实施时,普通法将对其予以审查并裁定该法令无效,这种理论在我们的书本里随处可见。"从这些字眼,我们不仅可以预见到今天美国法官们所运用

---

① [美]爱德华·S. 考文:《美国宪法的"高级法"背景》,第 45 页。

② 参见[英]丹宁勋爵:《法律的未来》,第 357－358 页。

③ John Henderson, Considerations on The Constitutionality of The Presidents Proclamations, http://www.constitution.org/cmt/hendj/ccpp.txt.

的,以制定法与宪法相矛盾为理由而否决它们的权力,而且也预见到了使这种权力最终成熟起来"合理性"检验标准。① 然而,科克的这一思想在英国历史上实现的程度是令人失望的。在英国,尽管有科克在 17 世纪做出的一两个判决,但法官并不能宣称议会正当通过的制定法"违宪"而予以推翻。当然,即使有可能,在1688 年光荣革命后的那些年里,法官也不敢这样做。从那时起,如同戴雪后来指出的那样,"议会主权"成了英国宪制的两项基本原则之一。(另外一项则是他所说的"法的统治"。)②直到如今,这项原则在英国也并非得以完全建立。③ 历史往往就是这样,科克的违宪审查思想在英国没有生根,却落到了北美这块土地上,成了美国违宪审查制度建立的重要思想来源。

第四,正当法律程序和权利保护原则。

科克主张正当法律程序原则和权利保护原则与他对《大宪章》的推崇不可分。科克在他的《法理学》中对《大宪章》进行了重新解释和说明,使《大宪章》不但获得了重生,而且随《法理学》留洋海外,为广大殖民地法律学者所熟知,成为后来的美国宪法和《人权宣言》的思想精髓。在科克的思想信条中,《大宪章》不仅是议会的一部制定法,更是不提自明的宪法事实,"《大宪章》)中那些宣布的原则都根源于英国的基本法",它们来自于司法传统的沉淀、来自于日积月累的智慧经验和自然法,是上帝和普通法的传统创造了它们,任何与它们相悖的判决和法规"皆为无效"。实际上,《大宪章》是一部福泽全民的权利宣言书,甚至包括农奴,除了他们的领主外,农奴对其他人而言,都是自由民。这些福泽中最著名的就是那些正当法律程序条款。

正是因为对《大宪章》的推崇和热爱,所以当1628 年,查理一世未经议会同意强行征税时,科克(当时已经70 岁了)在下院领导起草并提出了《权利请愿书》,迫使处于财政危机中的查理一世到议会接受。《权利请愿书》的核心内容就是从《大宪章》中继承来的。另一个能够体现科克正当法律程序思想的著名例子,就是他在 Dr. Bonham's case 中一段评论。科克在这段评论中明白的显而易见地提出了正当程序的核心准则之一:"自己不能充当自己案件的法官"。这恐怕也是英国法

---

① [美]爱德华·S. 考文:《美国宪法的"高级法"背景》,第46 页。
② 参见[美]肯尼思·W. 汤普森编:《宪法的政治理论》,张志铭译,三联书店,1997 年,第94 页。
③ 参见[美]E·博登海默:《法理学法律哲学与法律方法》,邓正来译,中国政法大学出版社,1999 年,第62 页。

"自然公正"原则的最早思想来源之一。

(三)科克宪法思想评述

作为一名16世纪的人物,科克的宪法思想正处于一种早期古典自然法学思想的萌芽状态。古典自然法不同于中世纪的经院主义的自然法,具有某些明显的特征,其中两点就是:首先,它完成了法学与神学的分离;其次,这一新时代的法律思想家认为,理性的力量普遍适用于所有的人、所有的国家和所有的时代,在对人类社会进行理性分析的基础上能够建构起一个完整且令人满意的法律体系,并且在其间起支配作用的乃是人的"自然权利"、个人志向和幸福;[1]根据古典自然法学思想的这些特征,我们不难发现,科克已具有了浓厚的早期古典自然法学派思想的色彩。

首先,在科克的法学观念里,法律是一门专门化的独立于其他学科的职业与学问,从事这一职业的人需要经过专门训练,他本人正是这样,所以他反对国王钦定班克罗夫特大主教当国王助手,根据宗教教义对司法诉讼进行干预。同时,他也强调法官的职业独立性。科克坚持,法官判案不应受任何其他权力包括宗教和道德势力的干涉。这种思想与中世纪早期的神学与法学不分的经院哲学思想相比,显然已经是宗教改革后发展到了一个新阶段的产物。当然它与13世纪英国封建时期形成的分权思想:国王与贵族分权,君主与教会分权,司法权层层分割,是一脉相承的。

其次,科克以其在政治领域反对封建贵族及其特权而著称于世。在与封建势力作斗争的过程中,科克坚信理性的力量。他认为,普通法与《大宪章》之所以是永恒的,是没有主权界限的,永远有效的,是因为它们融入了"共同权利和理性"。这种"共同权利和理性"是不证自明的,它可以由一些准则构成,是上帝在造人时,为了保全人类而注入了人的心中。

最后,在各种政治权力斗争中,科克始终提倡普通法至上原则。他非常希望通过法律来解决政治权力纠纷,以显示司法的独特地位与功能。在他的思想里,实际上已经具有了司法权从立法权中分离出来,独立的显著倾向性,只是他并未将这一倾向性继续深化,最终形成相关语言,得以明确表达。这不得不说是一种遗憾。后来的英国古典自然法学者洛克,也未能最终形成司法权与立法权、行政权并列独立的理论。可见,洛克等后来的英国古典自然法学者,没有一个在关注

---

① 参见[美]E·博登海默:《法理学法律哲学与法律方法》,第38-39页。

司法的功能和法官职业的重要性方面超过他们的前辈科克的。不过,与科克思想较为接近,或者说,有继承性的,还应是布莱克斯通。至少,布莱克斯通曾说过:"司法从立法权和执行权中独立,这是这个国家最主要的自由之一。"

以上几点,让我们看到了科克的宪法思想具有浓厚的古典自然法学的一面,然而,如果以古典自然法的其他一些特征来衡量,科克的宪法思想依然显得不成熟。其中最主要的一点是,科克的宪法思想缺乏理论性和系统性。换言之,他的思想仍然是一种处于理论萌芽状态的零散的智慧火花。例如,尽管他十分注重权利保护,是"1628年权利请愿书"的主要起草者,也时常运用"法的统治"来限制权力滥用,但他并不注重对"人"本身的研究,缺乏对人的自由、解放和幸福等问题的法理学思考,最终没有能够突破自《大宪章》以来,传统权利保护背后所依赖的理论基础,提出诸如后来学者提出的,"自然权利"、"天赋人权"等抽象的自然法理论。他的宪法思想,在更多时候,是为后来人提供了某种语词形式。这种语词形式经过一大批法官、评论者和律师,进行专门的阐释、加工,才最终得以以明确的理论形式体现。

尽管科克的宪法思想有不成熟的一面,但它巨大的影响却是不可否认。威廉·P. 克莱姆(William P. Kreml)曾在他的书《宪法的分野:美国法中的私法和公法》(The Constitutional Divide:The Private And Public Sectors In American Law)中说过:"科克对于美国国父们的影响要比洛克和发生在独立革命中的一系列运动大得多。"①从这样的话中,我们不难看出科克对于美国宪法创立所给予的巨大影响。科克的《法律报告》和《法理学》曾是17世纪美国学生学习法律的主要教材之一。可以说,他影响了美国好几代人。美国的法律学者,包括年青的国父们:亚当斯,杰斐逊和麦迪逊都是科克的学生,是科克思想的崇拜者,所以不难理解为什么科克的违宪审查思想,在18世纪的美国能够被最早真正实现。

岁月流逝,时光、语言和历史都加大了我们理解科克的困难,但是,作为古典宪法基础理论的开拓者,科克的贡献在法学史上,特别是在宪法学发展史上是不容否定的。威廉·霍尔兹沃思爵士(Sir William Holdsworth)曾这样评价科克:"科克对于英国公法和私法的贡献就像莎士比亚对文学,培根对哲学,圣经权威译本

---

① William P. Kreml. ,The Constitution Divide:The Private And Public Sectors In American Law , Columbia 1997,128. http://www. bsos. und. edu/gvpt/lpbr/subpages/reviews/kerschken. htm

者对宗教的贡献。"①即便是在今天法治如此发达的现代社会,作为法治建设的发展中国家,科克的宪法思想仍会给我们的宪政建设带来一定启发和思考。

四、17 世纪英国革命与英国的法治建设

17 世纪英国革命是英国法治建设的转折点。作为率先走上现代化国家之路的英国,在法治方面同样走在了世界各国的前列。在 17 世纪革命以前,国王享有至高无上的权力,经过英国革命一系列人权法案的颁布尤其是"光荣革命"中《权力法案》的建立,彻底改变了英国社会的人治状态而走上法治化道路。

17 世纪英国革命以前所未有的震撼力,沉重地打击了斯图亚特王朝的封建专制统治,对英国产生了极为深刻的社会影响。这场革命最显著的后果之一,就是使英国摆脱了在斯图亚特王朝被强化的人治,逐步走上了现代社会的法治,因而成为人类历史上的伟大转折点之一。

(一)英国法治在革命前的基本状况

英国人在建设本国政治制度时常常会表现出一种原创精神。当欧洲宗教机构和封建割据势力肆虐之际,英国人的法治就在生根发芽了。长期以来,包括在封建主义中世纪,英国王权在不同程度上都受到了习惯法、成文法以及贤人会议和议会的限制;司法审判制度和诉讼程序也初具规模,还有专职法庭和职业律师。法律至上的原则在 17 世纪革命之前逐渐由朦胧状态变得清晰起来。

但是在 17 世纪革命之前,英国法治并不具有"民主性",法治的背后还存在着专制、等级特权制度。"天赋人权"、公民在法律面前人人平等、"主权在民"等原则并没有体现在人们的现实生活中。在很大程度上,人治是占主导地位的。1603年,詹姆士一世即位,开始了斯图亚特王朝的统治。他从小就没有受到过良好的法治教育,对英国的政治法律文化传统所知甚少,而"君权神授,王权至上"等专制思想在其脑海中根深蒂固,其子查理一世也全盘继承了詹姆士一世的专制统治。可想而知,在这两位高度崇尚"君主是上帝的化身"的专制统治下英国的人治状况,使中世纪流传下来的英国法治传统受到了严峻的考验:普通法的司法工作经常受到君主的无端干扰,法庭变成了专制王权的统治工具,政府为了增加财政开支,公开出卖司法官职,特权法庭大量存在,议会没有主权②,普通法也存在着许

---

① [英]丹宁勋爵:《法律的未来》,第 7 页。

② K. Smith, D. J · Keenan, English law, Bath: the pitman press, 1969, . P5.

多有障公平的因素,如狡猾的律师们奉命在旧档案中搜索,试图从中发现什么已被人遗忘的旧时的违法案件,努力揭露过去的种种弊端,将它们上升为国王应该行使的权利①。于是就有一些勇于作恶的办事人,把许多委托的权利变为实在的、新的扰民苛政。若是有人上诉,那些奴性十足的法官就会宣布,事实上国王从旧时起就享有这样的权利。若是怕法官们不一定肯符合君主的意向,若是认为有必要不过分依靠法官们的影响办事,就干脆成立一批额外的非正规法庭,独立于习惯法之外,来行使法院职事。如果法庭的法官们还不够严厉,还不适合于供暴君的使唤,那么还可以找非法定的法官们来补充。因此,17 世纪以前的英国实际上是人治的英国。然而,英国社会在发展,乡绅、商人等新兴中等阶层在成熟和壮大。如果说新兴中等阶层原来曾经依仗都铎王朝的绝对专制来取得地产利益和一定程度的经济权势,那么随着斯图亚特王朝对其利益造成威胁时,他们必然会剥夺君主特权,限制政府职权,以获得其自身的经济自由和政治自由。而加强法治是新的阶层首当其冲必须解决的问题,因为资本主义的活动所依赖的契约必须要有法律效力,这就注定了中等阶层必须会视法律为最高权力,积极地推进国家的法治进程。正如马克斯·韦伯所说:“法的保障最广泛地直接服务于经济的利益。”②如果当时存在一纸可以克服中等阶层政治障碍的法令,那么英国中等阶层是绝非愿意诉诸公开革命手段的。可见,当时的英国法治状况并不能满足中等阶层的需要,专制王权和法治是无法并存的,在此之间必然会存在一场不可避免的革命。

（二）17 世纪革命与英国法治的确立

众所周知,有限政府、权力分立、司法独立等等,都是现代自由宪政和法治社会的基本原则和价值要素,也是法治现代化的重要标志。从历史的角度来看,17世纪革命对于英国确立这些原则和形成这些要素起着举足轻重的作用。

首先,17 世纪革命废除了人治的君主专制制度,确立了萌芽于中世纪的宪政体制——君主立宪制。在所谓的宪政状态下,具有合乎宪法规定的国家体制、政权组织以及人民相互之间权利、义务关系而使政府和人民都在这些规定之下享受应享受的权利,承担应承担的义务,无论谁都不得违反和超越这些规定而行动。在法律意义上,“宪政”就是指受宪法制约的、实际运作的根本性权力安排和政治

---

① ［注］F·基佐:《1640 英国革命史》,任光建译,商务印书馆,1997 年,第 65 页。
② 泰格·利维:《法律与资本主义的兴起》,纪琨译,学林出版社,1996 年,第 24 页。

法治原则。英国的宪政体制是革命的产物①。17世纪上半叶,英国资本主义发展的阻力主要来自于封建制度的束缚,而斯图亚特王朝的独裁统治和对清教徒的宗教迫害更是雪上加霜②。当国王违反法统、不经议会同意任意立法、滥征新税和利用特权法院滥施刑罚而为所欲为时,新的阶级则利用合法手段进行抗争,如通过议会出台了《人身保护法》(1679年)和《权利法案》(1689年),重申了《自由大宪章》(1215年)以来对王权限制的宪政传统。这两个宪法性文件都是革命期间通过的,它们是针对国家的最高权力的持有者国王滥用职权行为而制定的,不仅对拘捕和审判规则以及有关人身保护作了明确规定,而且更重要的是对国王权力做出了限制性规定,如规定国王不经议会同意不得强制征税和借债;国王非经合法判决不得任意逮捕、拘禁和驱逐任何人、剥夺其财产和生命。

在法律与权力的反复较量中,资产阶级和新贵最终以1688年"光荣革命"后的《权利法案》和《王位继承法》(1701年)确立了君主立宪制——现代民主代议政体及组织活动原则。如《权利法案》规定,凡未经议会同意,国王不得颁布法律或停止法律效力,不得征收和支配赋税,不得在和平时期招募或维持常备军,不得实行酷刑;不得征收超额保释金和滥施罚款,臣民有权向国王请愿;议会必须按时召开,议员应自由选举,他们不得因在议会中的言论而在会外受法院或其他机关的弹劾和质问,等等。从中可以看出,《权利法案》包含了"议会至上"和"法律至上"的政治原则,以及资产阶级的法制和自由权利等不可侵犯的民主原则。而《王位继承法》规定了王位继承的条件和顺序,确立了国王批准法律、法令时需经议会的同意,以及法官为终身制等原则③。实际上,《权利法案》和《王位继承法》最终确认并庄严宣布权力服从法律,确立了君主立宪体制。从此,英王不再是国家的绝对统治者。通过这场"不流血的"光荣革命,英国完成了从绝对君主专制向多元寡头政制、从封建政治体制向近代资产阶级体制的转化。

其次,17世纪革命是英国国家权力取代英王个人权力、实现国家权力合理化的里程碑。经过17世纪中叶和1688年的革命,英国实现了著名思想家洛克所总结的政治构架——三权分立,完成了由绝对君主专制向君主立宪制的转变。从此以后,国家最高的立法权基本转移到议会手中,司法权则由法院行使,但行政权仍

---

① 张凤彩:《英国法治研究》,中国人民公安大学出版社,2001年,第247页。
② Edward P. Cheyney, A short history of England, copyright 1932.
③ 王菲:《外国法制史纲要》,中国工商出版社,2001年,第310页。

然握在君主手里。1641 年,作为英国革命开始阶段议会的纲领性文件,《大抗议书》重申了"国王不受制于人,但却受制于上帝和法律"的思想;同时,废除星座法院,取消枢密院对司法管辖权的控制,从而确保了普通法在英国社会中的无可置疑的主导地位。这样,普通法院既可以管辖对公行为,又可以管辖对私行为。只有议会才有权修改和废除普通法,而贵族院成为最高的民事上诉法院。这些变化充分体现了议会权力至上、司法独立的立宪原则和民主与法治原则。因此,"光荣革命"不仅消灭了专制的王权,而且还消灭了独立的王权,最终确立了议会的主权。此外,权力分立思想作为法治原则要素,早在 17 世纪就支配着英国的政治观念。1671 年,下院通过了否定上院修改批准税收权力的决议。1678 年,议会决议再次强调了下院对国王的财政拨款的唯一权力。这说明上、下两院都有提出、讨论、修改和通过议案的权力。

再次,17 世纪革命不仅确立了君主立宪制,实现了国家权力合理化,而且真正使司法获得了独立①。

对于自由法治社会而言,司法独立是不可缺少的一个要素。在 17 世纪革命之前,英国法律最大的限度只是用以约束王权的武器而已。英王依然是国家的最高统治者,拥有强大的权力;法律对国王来说,仅仅意味着在实施统治时受到了某些限制。可是,革命后国王不再是英国的集权统治者,他的所作所为一定程度上都必须按照法律行事;而且,国家的司法权属于法院,法官是法律的仲裁者,政府官员是法律的执行者。早在 1641 年废除星座法院和取消枢密院对司法管辖的控制时,贵族院成为最高民事上诉法院,已经充分体现了司法独立的原则②。1648年,议会中的贵族院被撤销,1649 年宣布废除国王称号,英国进入共和时代。1679年的《人身保护法》是英国从人治走向法治的奠基石,它在事实上使资产阶级司法得到了巩固。该法规定,除叛国罪和重罪外,凡被逮捕者及其家属均有权向最高法官提出申诉,要求法官颁发人身保护令将他们从警察机关引渡到法院,并要求审查逮捕他们是否合法。它还具体阐述了如何限制司法机关非法逮捕、拘禁的法律程序,对司法部门作出了更明确的规定。同时,《权利法案》也体现了司法独立的原则。总之,17 世纪的立法实践实现了权力服从法律的原则,资产阶级的司法制度、诉讼制度走向成熟,英国从此进入了较为完善的法治阶段。

---

① 程大汉:《英国法制史》,齐鲁书社,2001 年,第 346 页。
② 王菲:《外国法制史纲要》,第 144 页。

(三)英国革命中法治建设的主要特点

英国有着悠久的法律发展史,其演进过程相对较为平稳,很少受到突发性事件或革命的影响而急剧变更或被迫中断,因而具有较强的历史延续性。公元 1 世纪,不列颠被罗马人征服,并成为他们的一个海外行省,因而深受罗马法的影响。5 世纪中叶,在欧洲民族大迁徙的过程中,日耳曼人中的盎格鲁—撒克逊人来到英伦三岛。在盎格鲁—撒克逊人的基督教国家形成时期,原有的日耳曼人氏族习惯逐渐演变为法律,于是先后形成了《埃塞伯特法典》《伊尼法典》《阿尔弗列德法典》等法典。1066 年诺曼人征服不列颠后,英国的法律主要有普通法、衡平法和制定法三大渊源,英国封建法律体系在此基础上得以确立起来。到 1341 年,英国议会出现了上、下两院,国王也构成议会的一部分。这些无不体现着英国的法律文化传统,表明法律既可以限制王权,又可以监督国王。

但是,到斯图亚特王朝时期,国王试图打破这种法律传统,如詹姆士一世就宣称自己是上帝派到世间的代表,君权神授、至高无上。正因为如此,他实行绝对君主专制,无视议会的权利,对人民横征暴敛;他实行宗教迫害政策,不愿意接受法律和议会的制约。他的所作所为无疑是对英国法律传统的蔑视和挑战。当王权经历着由微小到强大的发展过程时,英国历史也在形成一种抗拒王权、限制王权的政治倾向①。为了维护法律约束王权的这种传统,资产阶级和新贵族在革命中实现了联合,他们共同对付国王挑起的内战,以革命的手段反击斯图亚特王朝推动的强化王权的变革,以维护英国有限王权的历史传统。

然而,17 世纪中叶的暴力革命并没有从根本上解决王权的越轨问题,因为革命中杀了专制的查理一世,照样出现了专权的克伦威尔。通过这场内战式的流血革命,英国人清醒地意识到王权存在的合理性,承认国王权力是"必要的";他们还意识到专制王权的高度危险性,如果不对之加以约束,它就会滥施权力,危害公民的权力与国家的安全。于是,1688 年英国又爆发了一场以"不流血的"温和的革命取代暴力的内战,即所谓的"光荣革命",既维护了英国的王权传统,又保障了公民权利。实际上,英国人运用他们的智慧,在传统与变革之间寻找到维持政治稳定的平衡点。

由于英国人既具有王权的传统,又具有约束王权的传统,所以当王权试图寻

---

① 钱乘旦,陈晓律:《在传统与变革之间——英国文化模式溯源》,浙江人民出版社,1991 年,第 28 页。

求对这些传统进行挑战时,国王便不再代表其臣民的意志,或者国王成为阻碍其臣民实现他们自身利益的专制暴君。于是,他们竭力反对国王的越轨行为,并按古老的习惯把他拉回到传统的范围内,以维护他们的自由。这种追求自由的传统必然会产生强大的推动力,促使英国人起来反抗专制王权。中世纪时期,英国人所谓的自由,其实是自由民在封建体制内享有的一种特权,而现在他们追求的自由的含义已转化成了对国家权力的追求了。他们认为,英王既有治理国家的权利,也有保护其臣民利益的义务;臣民既有服从王权的义务,又有反抗违反传统习惯的王权的权利;要维持这种平衡,就必须建立以宪法为基础的制约机制。

在这里我们看到的有趣的事实是,看起来17世纪革命维护了历史传统,因为以资产阶级和新贵族为主体的革命者力图将国王从越轨的变革状态中拉回来。其实不然,这场革命在形式上维护了王权传统,而实际上却使之变成了受到议会和法律约束的立宪君主。虽然国王、贵族俱在,上、下议院并存,这仿佛和三百年前毫无二致,但是已经发生了很大的变化。从现象上看,国王仍然是国家的元首,整个国家都以他的名义进行统治;贵族依然占据着上院,他们的威风不减;下院作为"平民"聚会的场所,在荣誉的台阶上处于最低层。然而,这一切都不过是表面现象罢了。因为,"当下院议长单腿跪下,向国王呈上议会所草拟的圣谕,让他再到议会去宣读时,他呈上的实际是内阁制定的国情咨文,政府只是借国王之口向全国发表施政纲领而已。"①所以,当国王宣布他的"选择",组成新一届"国王陛下的政府"时,他宣布的实际是全体选民投票的结果,国王在一切意义上都只是名义上的虚君而已。

(四)17世纪英国革命中法治建设的现代意义

17世纪革命将英国从人治社会推进到法治社会,而一系列的革命成果对英国乃至全世界都产生了广泛而深远的影响。

第一,霍布斯、洛克等人的政治思想不仅促进了现代法治社会的形成,而且对西方国家的民主政治具有重要的理论指导意义。现代机械唯物主义的奠基人霍布斯是英国革命时期代表大资产阶级、上层新贵族利益的政治与法律思想家。他阐述的自然法、主权说、法律理论、刑法思想、自由主义对现代法治社会的发展作出了重要贡献。尤其是在法律理论方面,他不再像以往的思想家那样,把神法、自

---

① 钱乘旦,陈晓律:《在传统与变革之间——英国文化模式溯源》,浙江人民出版社,1991年,第70页。

然法、习惯法和人定法并列起来;而且,他归纳出了法律的定义、特征及分类。他认为,法律具有确定性,应当将法律进行形式上的归类和分析它们的效率。著名政治思想家洛克是自由主义的始祖,他以自然法理论为武器,认为私有财产是天赋权利,主权在民,因而主张实行君主立宪和自由平等。洛克的自然法、法治原则、自由和分权的理论,实际上是一种自由的理论①,为资产阶级的法治学说奠定了理论基础。根据他的分权学说,国家存在立法权、行政权和联盟权三种权力。其中,国家的最高权力立法权属于议会,最高行政权属于国王,联盟权涉及到和平和战争、外交与结盟,也为国王所操纵。洛克认为,在这种分权的机制下是能够建立起最合理政府的,这种政府通过相互制约而取得平衡,而不让任何一种权力取得绝对优势。于是,洛克的学说使英国人的自由与王权这两种传统同时得以继承下来。

第二,君主立宪制的确立进一步削弱了传统意义上的王权。中世纪晚期,相对于欧洲大陆的法国、西班牙、俄国,英国的封建王权比较薄弱。由于英王的主要收入来源于王室领地和关税两项,他可以支配的资金很少。如果遇上天灾和战乱,他只能求助于召开议会商讨收税事宜,因而对市民存在着很强的依赖性,王权本身自然就比较软弱。而17世纪革命后,英王从斯图亚特王朝时期的专制统治者,转变为一个名义上的统治者,资产阶级的君主立宪制在英国确立起来。随着法治社会的进一步巩固,英王权力已经受到了极大的削弱,他只成为英国国家的象征而已。由于英王不再对掌握实权的资产阶级构成威胁,英国的君主立宪制才得以保存至今。

第三,革命后确立的君主立宪制为民主与自由思想提供了发展空间。由于英国在17世纪已经转变为一个法治国家,而作为法治社会标志的民主、自由思想必然得到传播和发展,所以英国人将追求自由转变为追求权利,并在追求自由、追求权利的过程中体现着他们的法治进程。英国人始终把这种"与生俱有"的权利作为反抗暴政的合理性的基础,17世纪革命更使"人人生而自由"的英国传统得以传承,他们理直气壮地把它写在了英吉利民族的旗帜上。他们还将追求自由的传统提升为新时代的神圣事业,并将他们的自由原则与思想传播到了法国、美国和其他国家。

第四,君主立宪制保证了英国社会的长期稳定和资本主义经济的长期发展。

---

① 王哲:《西方政治法律学说史》,北京大学出版社,2001年,第194页。

经济为基础,经济决定政治,但政治并不是完全无所作为的,它对经济具有反作用。从这个观点出发,我们认为,英国社会的法治化进程保障了资产阶级的政治和经济权力,使得资本主义国家制度在英国确立起来,并为资本主义的进一步发展开辟了道路。这样,资产阶级在有利于经济发展的合理的政治体系中管理着国家事务,既实现了政治稳定又促进了经济发展。正因为如此,英国最终形成一个空前庞大的"日不落帝国"。

综上所述,17世纪革命对英国走向法治社会产生了积极作用,即英国从封建君主专制走向资产阶级的君主立宪制,从个人专权走向了制衡分权。在这场革命中资产阶级似乎是在维护王权传统,但是实际上却是在传统中实现了法治社会的变革。无论是法治理论的形成还是自由民主的传承,英国革命对人类法治社会的发展都产生了深远影响;无论是对英国还是对世界,英国革命都具有极其重要的意义。因此,它是英国历史发展的伟大转折点,也是世界历史发展的重要里程碑。

第三节　近代早期英国法治秩序形成的原因、特点和意义

一、近代早期英国法治秩序形成的原因透视

近代早期,英国伴随自然经济向货币经济的过渡和社会结构由群体本位向个体本位的转型,新旧社会价值构成、制度规范难免处于冲突和碰撞之中,社会曾一度出现失范。即,近代早期英国伴随着货币经济的发展出现了私有财产和社会价值构成上的个体本位,而社会秩序却依然是维护自然经济社会群体本位的伦理宗法秩序,这显然已不能适应货币经济社会中个体自由的需要。结果在社会失范之中,法治秩序便逐渐成为英国社会主导秩序。因为在货币经济社会中,个体自由的实现离不开对私有财产、契约的维护,而法治秩序正是维护二者的制度之基。本部分拟通过对近代早期英国社会失范的发生机制及法治秩序的形成,作一简要历史透视,以探讨近代早期英国法治秩序形成的原因。

（一）个体本位:新的社会价值构成

近代早期英国,发生了自然经济向货币经济的过渡。在中世纪英国文明史上,以农为本的自然经济长期占据主导地位,只是到了近代早期才开始出现了真正的新的转机。近代早期英国货币经济的发展程度较高,其表现也较明显。此

时,英国货币经济的发展已由城市开始拓展到整个英国社会。

　　个体本位的出现是货币经济发展的结果。近代早期英国货币经济的发展,从根基上瓦解了传统社会结构。它斩断了传统群体本位的"共同体"纽带,将"共同体"分解成原子式的个人。对于近代早期英国货币经济对原子式个人生成的事实,霍布斯已有深刻认识。尽管在 17 世纪货币逻辑还处在襁褓之中,但是他已经很有预见地指出,货币的逻辑将导致人类社会的原子裂变。假如说前现代化社会将个人以及他们为了生存而从事的劳动纳入一个即使经常有点粗糙和不完善的"宇宙"之中,即纳入一个集社会监控和一定程度上的安全保护于一身的文化整体之中,那么资本主义现代化的发展趋势则是彻底解散所有的集体,以纯粹的金钱关系取代由文化决定的共性和相互的责任。由此,麦克弗森指出,霍布斯的《利维坦》描述的正是霍布斯自己生活的时代里,归属感不断衰落的英国状况①。用麦克弗森的话来说,近代早期英国个人自由的根源在于承认占有财产的分离的人,承认人归根到底是他的人格或能力的拥有者,而不能将它们归属于社会,人是占有财产和渴望获得财产的经济动物②。也正像马克思形象地说:"每个个人行使支配别人的活动或支配社会财富的能力,就在于他是交换价值或货币的所有者。他在衣袋里装着自己的社会权力和自己同社会的联系。每个个人以物的形式占有社会权力。"③所以,英国宪政史家米勒指出:"自由的途径是物质的进步,在英国,自由权起源于近代,而不是在古代。"即"通过财富的增长和分散,商业社会的发展可以在民众中培育一种独立感和自由感"④。

　　在货币经济社会,货币是私人财产和个人利益形成的形式手段。马克思指出:"货币是把财产分割成无数小块,并通过交换把它一块一块吃掉的一种手段。"⑤货币是最典型的可分割且具有多种用途的物品,货币对任何财产具有分割和同化作用。韦伯也认为:"从进化的观点看,货币是私有财产之父;它自始就具有这种性质,反之,没有一种具有货币性质的东西而不带有私人所有权的性

---

① Macpherson,C. B. , The Political theory of Possessive Individualism:Hobbs to Locke, Oxford, 1962. P15.

② Macpherson,C. B. , The Political theory of Possessive Individualism:Hobbs to Locke, P263 - 264.

③ 《马克思恩格斯全集》,第 46 卷(上),人民出版社,1979 年,第 103 - 104 页。

④ Millar, An Historical View of the English Government, Vol. 4,London,1977,P100.

⑤ 《马克思恩格斯全集》,第 46 卷(下),人民出版社,1980 年,第 447 页。

质。"①个人通过货币占有,实现了对社会财富的分割和个体化占有。"mutuum"
(货币)这个词是从 meum(我的)和 tuum(你的)演变而来的。货币也是加深"我"
与"你"之间差别的重要因素。通过对货币的占有,人们逐渐意识到自己是与别人
不同的、分离的个体。货币性占有,为个人主义提供了物质基础、现实基础。而近
代早期英国个人自由的唯物主义因素,就是个人对货币财富的占有。用麦克弗森
(Macpherson)的话来说,就是财产积累个人主义,或者再确切地些,是货币占有性
个人主义②。这也说明了私人财产,不是国家乃至社会创造的,它首先是一种事
实,是一种经验的存在。而国家和社会所要做的只是对其给予道德和法律社会认
可。也正如马克思指出的:"利益不仅仅作为一种个人的东西或众人的普遍的东
西存在于观念之中,而且,首先是作为彼此分工的个人之间的相互依存关系存在
于现实之中。"③所以,恩格斯指出:"人们往往忘记他们的法权起源于他们的经济
生活条件,正如他们忘记了他们自己起源于动物界一样。"④

（二）法治秩序:新的社会制度规范

近代早期的英国,伴随着货币经济的发展,社会正经历着一个愈发显著的利
益分化。从传统共同体下分化出来的个体开始有其自身个人利益,从而使英国进
入了一个利益分化的时代。货币经济对近代早期英国社会的影响,麦克弗森的观
点要旨非常简单:以财产为基础的、实际上是依附于货币的"占有性个人主义",并
产生了一个"占有性市场社会"。占有性市场社会"使人与人之间充斥着竞争性和
侵略性关系"⑤。在此情况下,诉讼的增多,对普通法的普遍崇尚,特别是对法治
的崇尚,成为近代早期英国给世人留下的最为醒目的历史景象之一。15 世纪末,
威斯敏斯特的中央法庭每年处理的新案件达到 3000 件,这在当时人口可能不超
过 200 万的英格兰是一个颇为令人注目的数字。在 1560 年至 1640 年之间,位于
威斯敏斯特的两个主要普通法法庭——王座法庭与高等民事法庭,所受理的案件
有了巨大的而且很可能是前所未有的增长。在 1580 年,这两个尚处于发展阶段
的主要法庭共处理了 13300 件案件;到 1606 年,处理的案件的总数已增至 23453

① 马克斯·维贝尔:《世界经济通史》,上海译文出版社,1981 年,第 200 页。
② Macpherson,C. B. ,The Political theory of Possessive Individualism:Hobbs to Locke,Oxford, 1962. P341.
③ 《马克思恩格斯全集》,第 3 卷,人民出版社,1960 年,第 27 页。
④ 《马克思恩格斯选集》,第 2 卷,人民出版社,1972 年,第 539 页。
⑤ Macpherson,C. B. ,The Political theory of Possessive Individualism:Hobbs to Locke,P271.

件;到 1640 年达到 29162 件。随着诉讼的增多,涉及契约和法律的事务增加,律师行业日渐兴旺起来。在 16 世纪末的英国,没有一个郡、城、镇,甚至没有一个村没有律师,其中最富的年收入高达二三万镑,差的也能达到 1.2 万至 1.4 万镑①。

诉讼增多,是传统社会秩序向现代社会秩序变革的表现。随着货币经济的发展和私有制的形成,日益确立的个体本位社会价值构成,已经与传统的宗法的伦理秩序不能相容了。斯通把近代早期英格兰诉讼的激增解释为乡村道德伦理与经济利益裂缝扩大,邻里间的冲突日益加剧的结果②。由于个人利益的出现和社会利益的分化与冲突的增多,传统的社会伦理秩序必然日渐失效。于是,法治秩序开始成为一种维护社会秩序的主导模式。人们开始将打官司作为解决冲突的一个手段。由于起诉能使案件公开,并以双方都可以接受的方式解决,最重要的是,诉讼比暴力更是一个可以接受的解决问题的办法,所以日益成为人们普遍接受的化解社会矛盾的方式。如恩格伦指出:"各种不同意见与冲突是普遍存在的社会现象,但重要的是,法治的存在⋯⋯法律诉讼的增加平衡了社会对暴力的承受能力,减少了发案率,它标志着英国向一个以更和平的方式解决问题的文明社会迈出了重要的一步。"③此后,法律在近代早期英国,日渐成为一种新的、强有力的社会粘合剂,在社会中起着极为重要的作用,并从根本上改变了英国人的生活方式和社会关系方式。

近代早期英国的法治秩序主要是用来维护和保障个人的私有财产、契约自由的。从 17 世纪早期开始,英国普通法已持有这样的观点:财产是自由的本质④。1641 年,当一个议员在解释他对"自由"的理解时曾说:自由是"根据一定的法律,我们得以知道,我们的妻子、儿女,我们的奴仆和我们的财产是属于我们自己的;我们建造,我们耕作,我们播种,我们收获,是为了我们自己"⑤。戴维斯警官 1620 年开始主管约克巡回法庭时就曾提出了这一点。他指出,若没有司法,"陆地上窃贼横行,大海中海盗猖獗,平民起来反抗贵族,而贵族则会起来反抗国王,我们将茫然失措,我们将不知道什么是属于自己的,什么是属于别人的⋯⋯总之,万事难料,没有契约,没有贸易,没有交往,所有的王国与财富都将毁灭,整个人类社会都

---

① J·Hurstfield and A·R·Smith,Elizabethan People,State and Society,London,1972. P23.

② L·Stone,Interpersnal Violence in English Society 1300 - 1980,New York,1983. P32.

③ J·S·Cickburn,ed. Crime in England,1550 - 1800,Cambridge,1977. P116.

④ J·P·Sommerville,Politics and Ideology in England,1603 - 1640,London,1986. P147.

⑤ Hill,C.,The Century of Revolution:1603 - 1714,London,1961. P44.

将解体。"历史学家廉姆·坎登（William Camden）在詹姆士一世统治时期也写道：
"明确我的（meum）和你的（tu－um）……正是英国法律的目的。"①法学史家阿业
如实地记录了当时英国的情况："法官的职能，在很大程度上，是保护……财产权
利、执行与财产有关的契约、惩罚犯罪行为。其中绝大多数犯罪行为被视为对财
产权利的危害。"②一言以蔽之，在近代早期的英国，"法律规则的首要目标是使社
会中各个成员的人身财产得到保障，使他们的精力不必因操心自我保护而消耗殆
尽。为了实现这个目标，法律规则中必须包括和平解决纠纷的手段，不论纠纷是
产生于个人与社会之间，还是个人与个人之间。"③

　　总而言之，英国伴随着货币经济的发展、社会利益的分化，旧的社会秩序出现
了危机。同时，由于经济利益私人化、主体多元化而出现的利益个体化和利益主
体的多元化、利益矛盾的复杂化，引发和强化了人们的诉讼意识，并扩大了司法机
构在经济生活中的影响，为树立司法权威提供了现实基础和根本可能。事实上，
人的多样性及其社会关系中所表现出的利益多元化最能符合人的自由发展和社
会进步的要求，但不同的社会秩序和社会结构对这种多样性和多元化所能容纳程
度是不一样的。所以，不能简单地因为利益冲突的产生而否定利益多元化存在的
合理性和合法性。创造力和破坏力始终是联系在一起的，利益的多元化、多元利
益主体间的公平自由竞争最能促进社会进步，最能带来高效率和增加社会福利。
同时，利益多元化和利益冲突并不必然导致社会混乱，关键的是采取何种秩序来
协调和解决这些利益冲突。法治秩序正是这种新的社会利益整合机制。法治秩
序正是协调和解决多元利益冲突的最佳秩序，它通过和平的而非暴力的方式将社
会矛盾进行化解和吸纳。法治秩序在保证人们自由和创新精神的同时，也限制了
人们行为的盲目性和破坏性。以保证市场经济体制下每个人的公平追逐私利从
而不至于发生人与人之间相互伤害的"狼与狼"的战争，并且最终每个人追逐私利
整合到增加、提高社会福利的道路上。

　　近代早期英国法治秩序确立的标识，是在 16 世纪末从意大利直接引入了 iso-
nomia 术语，意指"法律平等适用于各种人等"，稍后翻译李维（Livy）著作的学者以
英语形式 isonomy 替之，意指法律对所有人平等地适用以及行政官员也负有责任

---

①　A·R·Hogue, Origins of the Common Law, Bloomington, 1966. P107.

②　P·S·Atiyah, The Rise and Fall of Freedom of Contract, London, 1977. P95.

③　彼得·斯坦:《西方社会法律的价值》,中国人民公安大学出版社,1990 年,第 41 页。

的状况。此一意义上的法治在 17 世纪得到了普遍使用。直到最后为"法律面前人人平等"(equality before the law)、"法律之治"(government of law)或"法治"(rule of law)等术语取而代之①。此后,法治秩序,在英国开始成为消弭社会矛盾、化解社会冲突的重要理性化技术,成为社会的减压阀与利益平衡器。当地位平等的多元利益主体间发生纠纷时,便开始诉诸司法裁判,司法站在中立的立场上,通过正当程序对纠纷给予公正处理。它通过程序所保障的中立性,对社会矛盾、冲突、利益摩擦与利益对抗进行协调和裁决,无论在过程上和结果上很容易得到社会普遍性和正统性的认同。它能将社会冲突在真正意义上纳入程序裁判之中,通过程序公正使得正义看得见。从而也使得人们对法治秩序产生了信仰,因为现代信仰很大程度上源于人们的利益感知和理性认同。

(三)小结

综上所述,在近代早期英国以个体自由为基础的货币经济社会中,法治秩序的作用是极其重要的。因为近代早期英国的个人自由,是以竞争形式表现出来的自由。货币经济下,既然私有财产是事实存在的,那么合理谋利便成为人的正当权利。这里的"合理"是倾向于对机会面前人人平等的形式意义理解,即将每个人权利的平等归结为机会的平等。于是,保护和鼓励自由竞争的放任主义便成为自由实现惟一可取的形式选择。这也正是我们认知近代早期英国法治秩序形成的落脚点。

首先,引发英国社会失范的深层机制是货币经济的发展。究其深层原因如下:在传统社会下,由于自然经济的自足性,农业社会缺乏横向交流和纵向社会流动,是一个封闭的社会、等级的社会。人的社会活动空间狭小,人与人之间的简单交往体现在自然血缘关系和宗法关系中。自然经济产生的是亲族共同体社会,人们之间大都相识。人们持有相同的价值观念和标准,对社会行为的规范主要采用非正常的手段,如风俗习惯、特权等级、宗教神谕等一些源于经验思维的"自然"方式。而货币经济社会中的人开始由从等级身份和血缘纽带的集团本位走出来而成为独立、平等的经济人。人们之间大多不相识,社会交往常面对陌生人而非熟人。人与人的关系不是基于亲缘的联结,而是基于对对方商品的需要。人与人之间的联系是自愿性的而非义务性的,体现的是一种契约关系。在此情势下,传统的秩序规范必然失效。

---

① 弗里德利希·冯·哈耶克:《自由秩序原理》,上册,上海三联书店,1997 年,第 206 页。

其次,货币经济社会运行,只能由法治秩序来维持。在货币经济社会中,人们在通过货币剪断传统纽带而获得独立自主后,也丧失了传统的群体归属纽带,相互之间产生了陌生感和不信任感。激烈的竞争更强化了这种疏离感,并几乎发展为对立和冲突。同时由于货币的中介和抽象还原作用,人们之间的交换和互认模式变得越来越抽象,越来越"商业"。在这种情况下,要使合作变得可能并有效,惟一的选择是通过约束性协约,即通过契约的方式来实现新的社会性合作。几乎所有的契约论者都强调,正是为抵御暴力冲突的风险,或克服无序的利益追逐所导致的负面影响,人们才在求共处、求互惠的愿望驱使下,收敛自己的任性妄为,而缔结契约。而契约的维护需要法治秩序来保障。因为,以货币制度为基础的社会,是一个为个人私欲推动的社会,它一方面要最大限度地保护现代个体的主动性,另一方面又要保证那些追求自我利益最大化的自由个体能够在交往中形成一个和谐有序的社会。而在市场机制的作用下,追求利益最大化的经济人只要他能从不诚信的行为中得到的好处大于他要为此付出的成本和代价,他就会毫不犹豫地违背诚信。这就需要一个维护社会诚信的契约法治秩序,来为社会提供一个平等竞争的发展氛围和制度环境,从而实现社会竞争与和谐的统一;从而使得社会关系的调控不再是以人情、血缘的方式,而是通过理性和法律形式来实现。亦即马克思所指出的:"在这个自私自利的世界,人的最高关系也是法律规定的关系,是人和法律的关系。"①也就是说,货币经济社会只能通过理性的、正式的制裁手段——法治秩序来规范社会关系。

最后,通过货币的分割作用,社会财富分化为无数个体所有,使得人与人之间的横向关系、权利与义务观念和社会网状结构加强,从而为法治秩序的建构提供契约基础和社会关系结构。在此过程中,货币经济也为人们提供了一种权利与义务关系模式——这正是法治秩序所必需的社会关系模式。即"我给,为了你给;我给,为了你做;我做,为了你给;我做,为了你做"②。"每个人只有作为另一个人的手段才能达到自己的目的";"每个人只有作为自我目的(自为的存在)才能成为另一个人的手段(为他的存在)";"每个人是手段同时又是目的"③。私有财产的主体本质,作为自为的活动、作为主体、作为个人的私有财产,就是劳动。由于商

---

① 《马克思恩格斯选集》,第1卷,人民出版社,1956年,第449页。
② 《马克思恩格斯选集》,第23卷,人民出版社,1972年,第591页。
③ 《马克思恩格斯选集》,第46卷(上),人民出版社,1979年,第196页。

品实际上只能是自己劳动的物化,并且正像自己的劳动实际上是对自然产品的实际占有过程一样,自己的劳动同样表现为法律上的所有权依据。"法律的精神就是所有权"①,而对他人劳动的所有权是通过自己劳动的所有权取得的。在此情况下,"尽管个人 A 需要个人 B 的商品,但他并不是用暴力去占有这个商品,反过来也一样,相反地他们互相承认对方是所有者,是把自己的意志渗透到商品中去的人。因此,在这里第一次出现了人的法律因素以及其中包含的自由的因素。谁都不用暴力占有他人的财产。每个人都是自愿地出让财产"②。这实质上是以契约为媒介,通过互相转让而互相占有。在这里,契约代表着是一种利益关系,体现的是一种利益交换,契约是一种讲究互惠合作与合理谋利的理性制度。共同获利是契约发生的原初动因和基本前提。于是,维护契约的"法律不是压制自由的手段,正如重力定律不是阻止运动的手段一样。……恰恰相反,法律是肯定的、明确的、普遍的规范,在这些规范中自由的存在具有普遍的、理性、不取决于个别人的任性的性质。法典就是人民自由的圣经"③

总之,近代早期英国,正是通过对法治秩序的不懈追求,才最终跨越了由传统向现代转变时的社会失范瓶颈,而进入现代契约文明的,现代文明在本质上是一种契约文明。并且,近代早期英国法治秩序形成的历史经验也证明,缩短和降低由自然经济社会向货币经济社会过度所引起的社会失范的时间和危害的惟一手段,就是加速构建法治秩序。根本说来,现代市场秩序和契约文明的形成,是法治而非德治的结果。

二、近代早期英国法治秩序建立的特点和其意义

近代早期英国普通法院通过独立于国王(由国王的代表转换为社会的代表),及对自然法的坚守与"旧瓶装新酒"式的改造(将自然法由其非人格的神性之法变为非人格的市场之法)完成了司法独立,建构了法治。英国通过普通法院的司法独立与法治,完成了财富获取方式由传统的国王分配到现代的市场分配,以及普通法院由传统的分配为正义代表向现代的交换为正义代表的转变。

近代早期是英国传统社会向现代社会的过渡时期。这一时期的重要社会内

---

① 《马克思恩格斯选集》,第 26 卷,人民出版社,1973 年,第 368 页。
② 《马克思恩格斯选集》,第 46 卷(上),人民出版社,1979 年,第 195 – 196 页。
③ 《马克思恩格斯选集》,第 1 卷,人民出版社,1956 年,第 71 页。

容之一是社会基础层面的经济生活发生了财富存在形式由实物向货币的重大变迁，进而引发了近代早期英国社会关系的重新调整与制度变革。其中与之相适应的一个重大制度变革就是发生了普通法院脱离于国王的司法独立与法治建构。由于英国向现代过渡具有"原发性"、"首发性"特征，从而使其在变革特点上留下了深深的传统烙印。

（一）特点

作为历史事实，英国普通法院的形成渊源于国王，曾是国王的代表。"普通法"一词的最初涵义是指超越地方习俗与习惯的英格兰国王的"共同法律"（ius commune）[1]。并且，普通法的治理主要是通过"国王的和平"（King's Peace）实现的，已不再是"自由人的和平"（mund）或"郡守的和平"（Sherff's Peace），更不是欧陆上"上帝之下的和平"（the Peace of God）[2]。起初普通法的治理特点是"国王在哪里，法律就在哪里"。由于治理的统一性和一贯性依赖于国王的"具体在场"，而一旦国王的身体不能在场或死亡，普通法的法律治理就将终止，这极不利于王国的秩序稳定。因此，必须有一种国王的"象征化身体"和"不朽身体"来维持法律治理的有效性与连续性，法律职业、法律阶层就此诞生。法律职业与阶层最初就是为延伸国王人身化权威而发展起来的，其目的就是能够延伸国王的"具体身体"，实现整个王国"国王的和平"[3]。在这里，财富归属于国王，国王实施的是分配正义，作为分配正义的代表—国王的合法性渊源于"君权神授"，普通法院的合法性渊源于国王。为顺应近代早期财富货币化形式存在和满足交换正义诉求的需要，16世纪英国普通法院发生了脱离于国王的司法独立，开始由国王的代表转为社会的代表来实践交换正义，并将其合法性立基于自然法。而它所基于的自然法已不再是非人格的神之法，而是非人格的市场之法。

近代早期英国普通法院脱离国王的方式，也即普通法院司法独立的特点，可归纳为以下四点：（1）在长期的历史发展过程中，法官和律师慢慢发展、形成、积累了自身的技艺理性，而这种技艺理性，正是法律职业自主性的内在基础，也是在以后普通法院与国王发生矛盾时要求独立于国王的"神秘理性"。最为经典的事件是，1608年詹姆士一世与大法官科克的论争。即詹姆士一世试图自己断案时，科

---

[1]　John Hudson, The Formation of the English Common Law, . London, 1996, p. 233.

[2]　V · Caenegem, The Birth of the English Common Law, Cambridge, 1988, p. 34、272.

[3]　J · H · Baker, An Introduction to English History, London, 1990, p. 21.

克援引先例拒绝了国王的这一要求。詹姆士一世的回答是,既然法律是基于理性的,那么他和法官一样具有这一理性。科克断然拒绝了这一似是而非的说法,并指出"确实上帝赋予陛下天纵神明,自然的伟大禀赋;但是陛下并没有研习过他所统治下的英国的法律,而与陛下的臣民的生活、继承,动产或财产有关的案件的判决,不是依据自然理性,而是依据技艺理性和法律的判决。法律是一门艺术,要求长期的研习与经验,而后一个人才能了解它……"这就是普通法的法官和律师们津津乐道的普通法的"神秘理性",而其实质就是为了拒绝承认"以国王为代表的权威理性"①。(2)普通法院独立于国王的另一个重要方式,是用伪历史的"普通法心智"。普通法律师和英国人都强调普通法是"超出记忆的",好像它从古到今都一直统治着英国人民。他们运用这种观念来抗拒强调制定法和国王敕令的绝对主义倾向,这突出体现了伪历史的"普通法心智"的特点:英国普通法的法庭是"用虚构的事件堆在虚构的事件之上,用以规避历史上的负担"②。"历史负担"也即普通法院源出于国王的负担。(3)极力强调普通法的"非作者"法的特点,以便有利于脱离国王。在普通法法官和律师眼中,"法律是超出记忆的,而且没有立法者"。普通法法官强调"英格兰的普通法……是王国的共同习惯",强调共同习惯的好处就在于它是来自所谓的"民众",而非是国王制定的③。通过上述方式,法官和律师把最初作为延伸和拓展国王人身化权威工具的普通法院,从国王的权威中独立出来,并将其改造成约束国王恣意权力的宪政工具。至此,普通法的"法庭历史"变成了"自由的法理学"④。(4)普通法院重铸其合法性渊源。普通法院为脱离国王,开始用正在复兴的自然法作为其合法性基础与司法准则。16世纪,在宗教改革的影响下,"自然法"学说已经开始去掉神学的标签,开始用"理性"话语来取而代之,世俗化的自然法已成为法学理论赖以进展的基础。在英国,作为对自然法的释义,"理性就是自然法"。自然法就是"理性发现的,而丝毫不仰赖于超自然的力量或神的启示"⑤。并且,自然法最终是由普通法院通过判例法来实现"理性"发现的。自然法自此开始成为英国普通法院赖以存在的合法性基础。惟一能成功继承了中世纪的传统并将现代法律下的自由观念建诸其上的国家乃是

① Nobert Bobbio,Thomas Hobbs and the Natural Law Tradition,Chicago,1993,p. 45.
② T·Plucknett,A Concise History of Common Law,London,1959,p. 159.
③ J·P·Sommerville,Politics and Ideology in England 1603—1640,London,1986,pp. 89 – 90.
④ Ellis Sandoz(ed.),The Roots of Liberty,Missouri,1993,p. 227.
⑤ C·K·Allen,Law in the making,Oxford,1964,p. 450.

英国。英国之所以能够达致这项成就,在一定程度上是因为这样一个事实,即英国在当时没有全盘接受晚期罗马的法律,以及与之相伴随的那种视法律为某个统治者之创造物的观念;但在更大程度上则可能是因为另一个事实,即英国的普通法论者提出了一些极为重要的观念,它们多少有些类似自然法的观念①。普通法的自然法观念主要蕴涵于"普通法心智",即视法律为"一种古老、内蕴的、并非人为创造的东西",它有着至上性。正是由于英国较多地保留了中世纪普遍盛行的有关法律至上(thesupremacy of law)的理想才得以开创自由的现代发展进程②。自然法观念对树立普通法至上起了巨大作用,因为"法治"大都建立在对法的非人格性及超验性的信守上。沃克曾指出,"要求法治的人是在要求上帝和神明而不是别人来进行统治"③。在这里,尤其需要注意的是,英国普通法院已对自然法进行了"旧瓶装新酒"式改造,自然法发生了由神性非人格向市场非人格的转换,开始由上帝之法变为市场之法。

(二)意义

普通法院通过独立于国王以及改宗自然法为其合法性渊源完成了司法独立。而普通法院司法独立最大的意义表现在普通法院以市场性的自然法为其司法准则所建构的"法治"。英国普通法院对交换正义的行为实践,主要体现在以司法独立为基础所建构的"法治"上。

詹姆士一世时,一家法院在一著名的"垄断案"(case of Monopolies)中曾经规定,特许生产任何产品的排他性权利乃是对"普通法及臣民自由的侵犯"。自此以后,关于将法律平等地适用于所有公民的要求,便成了法院反对国王的主要武器。科克说:"如果特许某人垄断生产梳绵机或经营某类交易,那么这种特许就侵犯了臣民的自由,因为在颁布此种特许之前,臣民可以从事这类活动或者可以合法地从事这类交易活动,因此,这种特许也就违反了伟大的'宪章'。"④普通法院脱离于国王、实现司法独立的标志,是1641年对一系列特权法院尤其是星座法院(star chamber)的废除,它成了普通法院与查理一世之争所取得的永久性成就的象征。所谓星座法院,套用梅特的话来讲,就是"一个由强制实施一项政策的政客组成的

———————

① 〔英〕弗里德利希·冯·哈耶克:《法律、立法与自由》(第1卷),中国大百科全书出版社,2000年,第131页。

② 〔英〕弗里德利希·冯·哈耶克:《自由秩序原理》(上),三联书店,1997年,第204页。

③ G·Walker,The Rule of Law:Foundation of Constitutional Democracy,Melbourne,1988,p. 93.

④ 〔英〕弗里德利希·冯·哈耶克:《自由秩序原理》(上),第211页。

法庭,而不是适用法律的法官组成的法庭"。这里需要强调的是,几乎也是在那个时代,人们第一次努力去确保法官的独立性①。星座法院被取消后,新法案规定,凡与财产有关的所有案件都要通过普通法院来审判,从而树立了普通法院在经济事务中的首要地位。而普通法院的法治之法,即在经济活动中的至上法,正是前文所述的体现市场公平观念的自然法。普通法院通过此种"法治",使市场成为获取财富的主要渠道,使国王分配特权、提供财富的权力失去了往日的光华。未来清晰可见,市场将成为组织社会财富生产的主导制度。英国普通法院的司法正义已由过去的合乎国王良心(conscionable),代之为市场公平(equitable),先前的分配正义(distributive justice)也已由交换正义(commutative justice)所取代。

为顺应近代早期英国财富货币化形式存在以及财富动产化的发展,财富的动产化存在,此时在司法上也得到统一与确认。财富动产化存在的制度构成,是随着 17 世纪末损害赔偿诉讼与驱逐诉讼之间区别的消失而确立的。损害赔偿诉讼有关动产,驱逐诉讼有关土地利益。动产的所有权长期以来一直就是绝对的,此时不动产与动产在权利形式方面的区别已消失,并以动产权利形式为统一标准,从而意味着绝对所有权是对整个财产而言②。此后,作为交换正义的主体——个人权利开始成为普通法院的价值标的。正如庞德所指出:司法活动必定被有意无意地引向某种终极目的,"于法肇始之际,这个终极目的仅仅是和平秩序,在罗马时代和中世纪是指维护社会现状(the social status quo),从 17 世纪迄今它是指促进一种最大限度的个人自我权利主张。"③

君主的司法践踏习惯法、出售专卖权、出售官职等,斯图亚特王权的这些举措在英格兰颇遭非议,而在苏格兰、爱尔兰却未遇到任何反抗。这说明当斯图亚特王权努力追求在欧陆大部分地区已经实现的制度目标时,近代早期英国基本的社会结构已经与王朝相分离。以王权为代表的分配正义、权力分配财富,此时在英格兰已丧失其合法性。休谟认为英国这段历史的事实在于"从意志的统治到法律的统治(a government of will to a government of law)"。其所著的《英国史》(History of England)一书中,在论及废除星座法院时指出,"当时在世界上所存在的各种政府,或在历史记载中可以发现的政府,都是与某种专断权力相伴随存在的,而这些

---

① [美]爱德华·S. 考文:《美国宪法的"高级法"背景》,三联书店,1996 年,第 16 页。

② W·S·Holdsworth, A History of English Law, London, 1937, p. 458.

③ [美]罗斯科·庞德:《普通法的精神》,法律出版社,2001 年,第 137 页。

权力则掌握在某些行政官员的手中;因此在此之前,人们似乎有理由怀疑,人类社会如果不采用其他控制手段而只凭一般性的及刚性的(rigid)法律和衡平原则,能否达到那种完美状况"①事实上,非意志的、法治的统治顺应了近代早期英国财富动产化存在,以及由此引起的财富获取方式由权力到市场的转换。法治在堵塞旧有的权力获取财富方式的同时,又为新的市场获取财富方式提供了公平制度保障。

(三)小结

总之,通过对近代早期英国司法独立及法治秩序建立过程的考察,可以看出,近代早期英国的司法独立及法治秩序建立有以下几个特点:

第一,近代早期英国的司法独立及法治秩序建立是在王权社会中起步和实现的,司法独立及法治秩序建立的核心内容是司法对于王权的独立。因此,英国司法独立及法治秩序建立的过程表现为司法权逐步与王权相分离的过程,由此决定了这个过程必然以限制和剥夺国王的司法权、排除国王对司法的干涉为基本目标,它必然与英国的宪政斗争和宪政体制的发展过程不可分割地融为一体,也就是说,它必然成为英国宪政的起源、建立和发展过程的有机组成部分。

第二,近代早期英国的司法独立及法治秩序建立是在尚未产生系统的司法独立及法治秩序建立理论的时代条件下实现的,因此,它不像法国、美国那样,是在明确的三权分立、司法独立及法治秩序建立理论指导下,通过制定宪法确立起来的,而是通过历史传统的演化和实践经验的积累逐步建立起来的,这注定了整个过程呈现出浓厚的经验主义色彩,使英国在确立司法独立及法治秩序建立后仍旧保留着较多的传统法制的残余。

第三,近代早期英国的司法独立及法治秩序建立是通过法庭、法官与议会的相互配合和联合斗争,并且最终借助于议会对王权斗争的胜利确立起来的,由此导致英国在司法独立实现后,司法机关与立法机关甚至行政机关之间仍旧保持着某种程度的联系。法官可以通过判例创制法律,行使立法功能;而立法机关议会中的上院作为国家最高上诉法庭继续行使部分司法权,另外,主管司法工作的大法官,同时又是行政机关内阁的当然成员。这与严格实行三权分立,立法、行政、司法三种机构相互独立的法国、美国显然是不同的。

司法独立及法治秩序的确立对英国法制的发展乃至整个社会的发展都具有

---

① ［英］弗里德利希·冯·哈耶克:《自由秩序原理》(上),三联书店,1997年,第206页。

十分重要的意义。简言之,其意义主要表现在以下几个方面:

首先,司法独立及法治秩序的确立为法庭和法官依法独立行使审判权提供了制度上的保障。从此,法官们无须顾及外界权势的压力,可以真正做到惟法律是从。其结果必然有利于提高司法审判的公正性,而司法越公正,人们对法律就越信任,法律的权威和社会的法治程度就越高。所以,司法独立及法治秩序的确立极大地促进了英国法制的进步和现代法治社会的建立。

其次,司法独立及法治秩序的确立为法官平等地保护国民人身自由和权利奠定了坚实的基础。这一点对于英国来说特别重要,因为英国是一个不成文法的国家,国民自由与权利对独立、公正的司法的依赖性远大于其他成文法的国家。正是在司法独立机制的保障下,英国成为近代初期欧洲自由主义的大本营。

最后,英国司法独立及法治秩序建立之时,正是资本主义市场经济开始建立之际。司法独立及法治秩序建立的确立可以使经济生活中出现的各种纠纷得到公正及时的解决,使各方面的社会利益受到平等的保护,一句话,可以为市场经济的有序运作提供必要的法律保障,这对于资本主义经济的发展是十分有利的。英国之所以在 18 世纪率先出现经济腾飞,一跃而成为雄居全球的头号经济大国. 原因固然很多,但肯定是与司法独立及法治秩序建立后形成的良好的法治环境分不开的。

第四章

近代早期英国地方自治的发展与变化

地方自治是宪政的有机组成部分,"无论对任何一种宪法体制来说,都需要把地方自治和地方分权问题作为民主国家不可或缺的内容,予以明确定位"。① 英国是一个具有地方自治传统的单一制国家,"地方自治等现代政治中常见的形式,显然是在英国最先发展。英国政治制度是几乎所有现代西方国家的母体",②其地方自治传统历史悠久,素有"地方自治之母"的称号。早在撒克逊时期,乡村民众就具有责任和义务的意识。进入近代早期以后,随着社会、政治和经济的不断发展,这种观念便日趋成熟,形成地方自治传统。

第一节　英国地方自治的演进过程

从中世纪到近代早期英国地方社会的组织与管理形式经历了从盎格鲁—撒克逊时期的以郡守为中心到都铎王朝时期的以治安法官为中心的形式转变,贯穿于这种形式转变主线的是地方社会的自治特色。国外学者一般认为,中世纪英国地方社会的自治形式是国王命令下的自治政府,最早的论述可能是怀特③,近来持这种观点的学者以莱昂为代表,他认为:"尽管国王命令下的自治政府在词语上

① [日]杉原泰雄:《宪法的历史:比较宪法学新论》,吕昶等译,社会科学文献出版社,2000年,第187页。

② 钱乘旦,陈晓律著:《在传统与变革之间——英国文化模式溯源》,浙江人民出版社,1996年,第1页。

③ 参见 White,A. B. ,Self Government at the King's Command,Minueapolis,1933.

169

有些矛盾,然而很明显,在郡、百户区、镇层次上,地方政府很大程度由居民自身管理。"①当我们再联系英国法律传统时,我们发现地方自治体现的是一种权利:一方面是地方社会自己管理的权利,社区的居民可以依照当地的习俗与习惯来处理社区共同体内发生的事务;另一方面则体现了限制国王与国家的权力,国王不能随意依据自己的意志处理问题。

一、以郡守为中心的地方自治

益格鲁—撒克逊时期的英国地方政府组织主要分为两级,即郡与百户区。他们各有自己的法庭,其性质属于公共法庭。郡法庭一般是每四周举行一次会议。郡庭主持人是郡守,参加者原则上应包括郡内所有的自由人。因为根据传统,参加郡庭是自由人的权利同时也是义务。后来随着封建制度的建立,这种权利与义务又与封建土地所有制相联系,只有自由土地持有人才有权利出席郡法庭。郡法庭职能主要是处理郡中的司法、行政、公共生活及其他社区事务,如审理郡中发生的各种民事刑事案件,对涉及到公共利益的事务进行协调与处理,征收地方事务所需要的资金;负责选举议会议员与地方官员,如督察官、高级警役等。百户区也有自己的法庭,百户区法庭带有部落群众集会裁决纠纷的性质,它是处理邻里关系的会议。公共事务的管理离不开公众的参与,在公共治安方面,所有地方上的人都有义务协助警役工作,在实施法律的过程中,村民参与陪审团是一项义务。如果说郡、百户区能形成自己的地方团体观念,几个世纪以来人们的公共参与活动就是其基础,正如布朗所认为的:"几个世纪以来,人们在郡法庭和郡公共事务上的实践活动,使得郡形成了自己的一种结合体,百户区与教区也是如此。"②而这种公共参与的形式正是以权利义务的关系为基础,参与从本质上就意味着一种权利。在一种强调主体权利的法律传统下,自由人以权利个体的身份进入公共社会生活,参与公共事务的管理。地方社会中众多的权利个体共同活动的结果产生了地方社会的区域认同感;同时地方社会相对于中央政权来讲,它也是一个权利的主体,在接受中央管辖的同时,它有权利(同时也有能力)自己治理本社区的事务。

---

① Bryce Lyon,A Constitutional and Legal History of Medieval England,W · Norton &Company,1980 ,P. 406.

② A · L Brown,The Governance of Late Medieval England1272 – 1461,Stanford University Press,1989,P. 149.

二、以治安法官为中心的地方自治

12－13 世纪,随着普通法的产生与发展,大多数司法案件移交给了中央法庭。但在地方社会中,自治的性质并未发生改变,而是向以治安法官为中心的地方自治的形式转变。治安法官一职萌芽于 13 世纪。1360 年,爱德华三世颁布法令,要求各郡由 3－4 名富有并精通法律的人负责地方上的司法事务,不久出现治安法官(justice of peace)这一称号。1362 年法律规定治安法官每年应开庭 4 次,此法庭就是通常所说的"季会法庭"。此后,治安法官获得审理对郡守不满诉讼的权利。1461 年法令规定郡守无权逮捕犯人以及收取罚金,而应将案件转移到治安法官处,这表明郡守地位的最终衰落与治安法官在地方上中心地位的最终确立。都铎王朝时期,中央赋予了治安法官更大的、几乎是无所不包的权力:贯彻国王与中央的命令,受理地方上的各种案件,维护本地的治安,颁布地方性工商业条例,调整工资,确定济贫税率,批准或撤销酒馆,查禁非法书籍等等,几乎涵盖了所有地方上的事务,所以有人认为:"在伊丽莎白时代,绝大多数人并未完全处于中央政权的直接管辖下,大多数人由地方官员管理,特别是治安法官们决定其命运。"①治安法官是一个小的团体,开始时每郡由 6－8 人组成,到都铎王朝时增至 30－40人,形成团体管理的模式。治安法官是由国王通过委任状的形式予以任命,受枢密院和星室法庭(star chamber)的监督。从这层意义上来讲,国王加强了对地方社会的控制。但是在另一个方面,担任治安法官有严格的资格限制,只有年收入达到 20 英镑的土地所有者才有任职资格。因此,担任治安法官的人都是地方上的乡绅。前述治安法官是义务性的地方官吏,除季法庭开庭期间每天领取 4 先令的津贴外,他们没有任何官方报酬,因此治安法官有很大的独立性,能在较大程度上代表地方社区的利益。

都铎王朝时期,随着宗教改革与圈地运动的继续进行,出现了众多的无业者,他们到处流浪,成为中世纪晚期英国社会中的一个严重问题。宗教改革前,教会通过各地的修道院以及各种慈善组织,或是有计划地,或是临时性地对穷人进行救济。宗教改革后,随着教会势力的削弱,这种救济明显地减少了。虽然中央政府在这方面做了一些努力,但主要的还是各地方政府采取各种措施进行救济。地

① K. Powll and C. CooK,English Historical Facts1485－1603,The Macmillan Press LTD,1977,P. 50.

方社会中教区在实施济贫方面的作用是巨大的。教区原来是教会组织的最小单位,后来取代了村的地位,逐渐具有了非教会性的职能。1536 年法案要求教堂执事等每周征集救济,从而为设立专职救济官员奠定了基础,初步建立了以教区为基础的救济体系。[①] 1601 年《济贫法》规定,教区是执行《济贫法》的单位,教区的主要组织机构是教区委员会,主要官员是济贫监督,每年济贫监督由治安法官任命。教区可以对流浪者、扰乱礼拜秩序者处以罚金。教区委员会会议在处理地方事务时,均是公开的。因此,对普通老百姓来讲,教区对他们日常生活的影响是很大的。由此可见,以社区共同体成员为基础的教区会议实现了英国地方社会最基层意义上的自治。

从中世纪到近代早期英国逐渐形成的自治制度,奠定了英国近现代地方政府的基础。19 世纪的一系列地方政府改革则基本奠定了现代英国地方政府的结构。事实上,这些变化都源于中世纪的社会生活,从中世纪到近代早期英国的地方社会贯穿着自治的主线,自治形式有变化,但是自治的本质并未发生改变。

第二节　英国地方自治的形态与运作

上文已经论述了中世纪和近代早期英国中央政权对地方社会的影响以及控制程度,这只是问题的一个方面。那么英国地方社会在这一时期究竟是怎样运作、组织与管理的呢? 这是下面所要论述的内容。

一、地方社会的组织与管理形式

从中世纪到近代早期英国地方社会的组织与管理形式经历了从盎格鲁—撒克逊时期的郡制,到都铎王朝时期的以治安法官为中心的地方政府的形式转变,贯穿于这种形式转变的主线是地方社会的自治特色。

盎格鲁—撒克逊时期的英国地方政府组织主要分为两级,即郡与百户区。从字面上讲,shire 表意一个大整体的一部分。形成郡的原因是多种多样的,有些郡是原来的王国被兼并后形成的;有些郡是由原来的部落聚居地演变而来;还有一

---

① A·L. Beier, The Problem of the Poor in Tudor and Early Stuart England, Methuen, 1983, P. 23.

些郡是人为设置的。① 盎格鲁—撒克逊时期郡的最高长官是郡长(ealdormen),担任此职者或为贵族世家者,或为王室显贵者,后期此职位逐渐世袭。郡长通常掌握好几个郡的大权,在日常事务逐渐繁杂的情况下. 郡长分权于郡守(sheriff)。郡守原是王廷内的小官吏,地位并不高,逐渐地郡守成为一郡的最高长官。诺曼征服后,诺曼人继承了先前的郡制,出任郡守者多为郡中的大地主。不久,郡守之职又出现封建世袭化倾向,诺曼及安茹王朝的国王们对郡守进行过多次整饬,逐渐地,担任郡守者为郡中的乡绅。百户区是郡下面的一级行政机关,月一麦法区的百户区有另外的一个名称 wapentake,表示在原始部落时期的民众集会上,部落成员挥动武器以示赞同的意思。郡与百户区各有自己的法庭:郡法庭与百户区法庭,其性质属于公共法庭。密尔松认为:"法院是其社区的统治机关,负责处理一切公共事务;在我们看来,它们与其说是法律团体,倒不如说更像公共会议,只是它们行使职能的方式,即那些我们认为属于行政管理职能的方式,在很大程度上也具有了司法的性质。"②

关于郡行政机构,艾利克·艾奇逊认为它有四个主要职能:a 为中央政府提供财政支持,b 在郡内保护国王的封建权利和收入,c 当国王需要时,有义务提供军事支持,d 通过司法活动保持王国内的安宁。③ 艾奇逊把郡行政的功能主要归为为国王服务,唯王权的利益与命令行事。假如说这种观点不错误的话,我想至少是不全面的,郡行政机构还有行使郡内公共事务的功能。

郡法庭开会的日期并无固定之说,盎格鲁—撒克逊时期通常是一年两次,诺曼征服后,郡法庭逐渐形成了每四周举行一次的惯例。在诺森伯兰郡、兰开夏、约克郡和林肯郡通常是每六周举行一次,可见在一定程度上,郡法庭的开会日期可能是根据当地的习惯而定。④ 1215 年《大宪章》规定:郡庭应该 28 天开会一次,于是一年有 13 至 14 次郡庭会议。郡法庭开会的样式与古老的日耳曼人部落大会相似。当郡庭开庭时,主持人是郡守,参加者从原则上来讲应包括郡内所有的自由人。因为根据传统,参加郡庭是自由人的权利同时也是义务。后来随着封建制

---

① Lyon, A Constitutional and Legal History of Medieval England, p. 61.
② 密尔松:《普通法的历史基础》,第 4 页
③ Eric Acheson, A Gentry Community Leicestershire in tire Fifteenth Century c1422—1485 , Cambridge, 1992, p. 107.
④ R. C. Palmer, The County Courts of Medieval England l150 – 1350, Princeton Univ. Press, 1982 , p14.

度的建立,这种权利与义务又与封建土地所有制相联系,只有自由土地持有人才有权利出席郡法庭。从理论上讲,每次出席郡庭的人应是相当多的。但在实际生活中这是不可能做到的,因为在当时,根据惯例出席郡庭会议是一种义务性的公共活动,一切费用自理,许多时候会议内容也与自身利益关系不大,因此普通人常常找出各种理由来逃避会议。

郡法庭在当时是作为行政与司法权能集于一身的机构,其职能主要是处理郡中的司法、行政、公共生活及其他社区事务。如审理郡中发生的各种民事刑事案件,对涉及到公共利益的事务进行协调与处理,征收地方事务所需要的资金;在郡庭中选举出各种地方官员,如督察官、警役等,同时郡庭也是选举出席议会议员的地方。以贝德福德郡为例,1332–1333 年,开了七次郡庭会议,会议处理的事务如下:7 件有关被剥夺法律保护的事件;38 件有关债务纠纷;13 件有关侵权行为:10件有关非法扣押财物;2 件有关货物或契据的非法扣留;3 件有关违约的事情;1 件有关修桥梁,共计 74 件事情。[1]（郡庭处理的事务主要是涉及地方的公众利益,因此在实际生活中出席郡庭会议的人主要包括:郡守、督察官、警役、各种执事和差役、与案件有关的各类人员。）

由以上可见,郡庭在处理郡内公共事务中的作用,同时由于每个自由民都有权利和义务出席本地区的法庭,使得每个人都有机会参与法律的实施,这也体现了英国法律传统中"参与裁判"的特色。因此有人（指历史学家毛瑞斯）认为郡庭是"英国法律体系的基石"。[2]

在郡下面的百户区也有自己的法庭。开始的时候,这两种法庭彼此间不存在上下隶属关系,即司法权限无高低大小之分。百户区法庭带有部落群众集会裁决纠纷的性质,它是处理邻里关系的会议。1234 年的一个法令要求百户区法庭应每三周举行一次,拥有一份土地的自由民都有权利与义务出席会议。通常会议的主持人是百户长,他由郡守任命。百户区法庭出席的人数为 40–50 人,出席会议的人是与讨论的事情相关的人:作为公众起诉人（suitor）的自由人（任此职务的人可能是由自由民轮流担任）,低级的警役和其他人杂。百户区法庭处理的事务范围限于本百户区内,内容主要是处理发生在百户区内的不法行为、居民纠纷、公共事务,如协调公共土地和其他公共资源的使用,协调农田的耕种与收获,组织社区里

---

[1]　Brown,The Governance of Late Medieval England 1172–1461,p. 109.

[2]　Brown,The Governance of Late Medieval England 1172–1461,p108.

的人们建造与维修教堂等等。

公共事务的管理离不开公众的参与。在公共治安方面,所有地方上的人都有义务协助警役工作;在实施法律的过程中,村民参与陪审团是一项义务。再如,当有人丢失牲口时,他应大声喊叫,其邻居均有义务随之寻找。如果说郡、百户区能形成自己的地方团体观念的话,那么几个世纪以来人们参与公共活动的实践就是其基础。正如布朗所认为的:"几个世纪以来,人们在郡法庭和郡公共事务上的实践活动,使得郡形成了自己的一种结合体,百户区与教区也是如此。"①而这种公共参与的形式正是以权利义务的关系为基础,参与从本质上就意味着一种权利。在一种强调主体权利的法律传统下,自由人以权利个体的身份进入公共社会生活,参与公共事务的管理。地方社会中众多的权利个体共同活动的结果产生了地方社会的区域认同感;同时地方社会相对于中央政权来讲,它也是一个权利的主体,在接受中央管辖的同时,它有权利(同时也有能力)自己治理本社区的事务。

12 - 13 世纪,随着普通法的产生与发展,普通法以其在诉讼程序和审判方式上的合理性而逐渐地削弱了地方公共法庭的职能,大多数的司法案件都移交给了中央法庭。但在地方社会中,地方自治的性质并未发生改变,而是向以治安法官为中心的地方自治的形式转变。治安法官一职萌芽于 13 世纪,起初称治安维持官(keeper of peace),其职能是协助郡守逮捕犯人,维持地方治安。1360 年,爱德华三世颁布法令,要求每郡由 3 - 4 名富有并精通法律的人负责地方上的司法事务,不久出现治安法官(justice of peace)这一称号。1362 年法律规定治安法官每年应开庭 4 次,处理郡内发生的案件,此法庭就是通常所说的"季会议法庭"。此后,治安法官获得审理对郡守不满的诉讼的权利,表明其地位逐渐地上升。1461年一个法令规定,郡守无权逮捕犯人以及收取罚金,而应将案件转移到治安法官处,这表明郡守地位的最终衰落以及治安法官在地方上中心地位的最终确立,治安法官成为国王与中央政府在地方上主要的代理人。都铎王朝时期,中央赋予了治安法官更大的几乎是无所不包的权力:贯彻国王与中央的命令,受理地方上的各种案件,维护本地的治安,颁布地方性工商业条例,调整工资,确定济贫税率,批准或撤销酒馆,查禁非法书籍等等,几乎所有地方上的事务。后来随着圈地运动的进展产生了失业流浪群体,他们成为社会稳定的最大威胁,与此同时,宗教改革的进行,使得宗教问题也成为社会一大问题。这些社会矛盾交织在一起,而处理

---

① Brown,The Governance of Late Medieval England 1172 - 1461,pp. 149.

这些问题的负担又自然而然地落在了治安法官的身上。所以有人认为："在伊丽莎白时代，绝大多数人并未完全处于中央政权的直接管辖下，大多数人由地方官员管理，特别是治安法官们决定其命运。"①

治安法官是一个小的团体，开始时一般由 6－8 人组成，到都铎王朝时，由于他们处理的事务日趋增多，因而治安法官每郡也增至 30－40 人，形成团体管理的模式。治安法官是义务性的地方官吏，除季会法庭开庭期间每天领取 4 先令的津贴外，他们没有任何官方报酬，因此治安法官又有很大的独立性，能在较大程度上代表地方社区的利益。

在公共行政机构之外，英国地方社会还存在着私人特权管辖区，即领主私人拥有某片地区，自己设立法庭以代替公共法庭，实现对地方的统治与管理。因此伯尔曼写道"封建领主单位和地方政治单位（村庄、百户区、郡）可以是也经常是并存"②诺曼征服前，许多百户区已经处于私人领主的控制之下；诺曼征服后，由于分封，国王把许多百户区分赐给了封建主，成为私人控制的百户区，出现了百户区封建化的现象。封建化的百户区中，封建主掌握区内的行政司法事务，相关的收入亦落入封建主手中。到爱德华一世时，628 个百户区中，国王控制的有 270 个，是公共行政机关；358 个落入私人手中。③ 在这种情况下，通常是领主的管家（bailiff）主持百户区法庭。百户区的封建化损害了国王的利益，所以爱德华一世时，进行了著名的百户区调查，收回被非法篡取的百户区的管理权。封建领主管辖的特权地区采取庄园的组织形式，庄园内的生活由庄园法来调整。庄园法规定着领主与农民的关系以及农业生产和一般的庄园生活。庄园法庭是处理庄园内事务的场所，可以用来选举庄园的庄头（reeve）和守林人、把犁手、车夫等庄园的具体办事人员；组织庄园内的耕作、播种、收割、托运、挖渠、修路、修葺篱笆和庄园建筑等各种劳役，惩罚一些诸如私自砍伐他人土地上的树木或践踏他人农田的侵权行为，以及其他违反法律、公共秩序的行为。出席庄园法庭的人员由庄园内的全体成员组成，不仅包括领主与他的管家，而且也包括庄头、庄园内的自由民与农奴，出席法庭与参与判决是一项义务。在法庭判决中，领主或管家只是法庭的主持人，判决是由全体出席人员作出的，包括农奴。我们并不否认领主与管家能对判决施加

---

① K. Powll and C. CooK, English Historical Facts 1485—1603 , p. 50.

② 伯尔曼：《法律与革命》，第 366 页。

③ Lyon, A Constitutional and Legal History of Medieval England , p. 399.

巨大的影响,同样地也应看到在庄园这种类型的共同体中,判决一定程度上代表了共同体成员的某种意见与力量。因此伯尔曼认为:"从内部关系看,采邑采取的是自治的社会共同体的形式,它们在欧洲大部分地区称作'庄园'(manerium)。"①

二、地方社会的运作与自治

(一)社会公共生活的管理

中世纪英国乡间的道路绝大多数是土路,而且英国的气候类型属于地中海气候,是个多雨的国度。下雨后,道路泥泞,行走起来非常不方便;与此同时,道路上也没有路标,路与乡村田地间的界限不明显。针对这种情况,1555 年的一个议会法令把修路的责任加到了教区的头上:规定每个教区每年应该选举出两名道路监察员(surveyors of highways),道路监察员可以要求教区内的居民每年义务劳动 24 天。从 1563 年起,增至每年 26 天。道路监察员的工作由治安法官与巡回法官负责监督。在 1617 年 7 月与 1619 年 7 月的肯特会议上,诺斯菲特(Northfleet)的居民由于不修达福特(Dartford)至格瑞乌生德(Gravesend)的路而受到指控。② 有些时候,由于某个教区所要管理的道路是英国交通体系中的主干道,因此让一个教区负担这样的任务是不现实的。例如赫特福德(Hertford)郡的斯坦顿(Stanton)教区处于北大道(Great North Road)附近,这是英国的一个主要道路。斯坦顿教区的人无力去维修这一条道路,因此在季会法庭会议上,此教区经常受到指控。面对这种情况,1660 年教区的居民上诉到议会谋求帮助。当剑桥郡与亨廷顿郡的教区加入到此教区时,1663 年他们又一次提出申请,于是同年的 6 月,产生了第一个收税道路法令:设立关卡,征收费用,此费用由郡监察官支配,用以维护和修理道路;假如有必要可以再要求教区居民劳动,还可以开征教区的税。这一切都在郡法官的监督下进行的。③ 修路的事情由教区负责,修桥的责任则落到郡的头上。1531 年的一个法律规定修桥应该由郡来负责。1625 年在沃里克郡法官发现艾温(Avon)河上的桥已经显得很破旧了,需要重修,于是决定对整个郡征税来支付修桥的费用。④ 事实上需要修理的桥是很多的,这使得治安法官得不断地开会去处理这些事情。清理河道也是地方社会必须关注的一件事情。河道旁边的居民或

---

① 伯尔曼:《法律与革命》,第 387 页。
② M. Reed,The Age of Exuberance 1550 – 1700,Routledge & Kegan Paul,1986 ,p. 236.
③ M. Reed,The Age of Exuberance 1550 – 1700,p. 236.
④ M. Reed,The Age of Exuberance 1550 – 1700,p. 238.

设网捕鱼,或侵占河道,这使得河道中有许多障碍物。河道受到侵占一方面不利于船只的航行,另一方面也不利于汛期来临时的泄洪需要。于是国王通过委任的形式,由当地的居民组成河道管理委员会,委员会负责清理河道,为防洪提供准备。河道管理委员会并不能任意行事。例如1600年在麦德威(Medway),委员会试图改善从迈德斯通(Maidst. one)到通布瑞继(Tonbridge)的河道,但是他们遭到了当地居民的反对,人们质问委员会这样做的依据是什么,委员会只能承认他们的责任仅仅是清理河道而已。①

社会救济也是社会公共生活的重要组成部分,都铎王朝时期随着圈地运动与宗教改革的进行,出现了众多的无业者,他们到处流浪,成为中世纪晚期英国社会的一个重要问题。② 宗教改革前,教会通过各地的修道院以及各种慈善组织或是有计划地、或是临时性的对穷人进行救济。再向前推,早在12世纪,教会法学家就主张教区应关注穷人。一些村庄与庄园习惯法也为无助者与无地者提供帮学家就主张教区应关注穷人。一些村庄与庄园习惯法也为无助者与无地者提供帮助。教区有一笔钱专门用来救助穷人,教区成为一个互助性质的社区。宗教改革后,随着教会势力的削弱,这种救济明显地减少了。虽然中央政府在这方面做了一些努力,但主要的还是各地方政府采取各种措施进行救济。在1572年议会制定综合性济贫法案之前,治安法官们已在郡内征收强制性的济贫税,例如1561年,约克郡就开始在郡内征收此种税。③ 即使在济贫法颁布后,也有郡帮助救济的情况。如在1625年复活节时,沃里克郡季会法庭会议颁布一个命令,要求救济一个名叫哈瑞斯(Harrice)的人。哈瑞斯是从伦敦乞讨而来的,但她出生于沃里克郡,于是季会法庭会议要求当地居民们向她提供帮助。④ 在地方社会中,教区在实施济贫方面的作用是巨大的。教区原来是教会组织的最小单位,后来取代了村的地位,逐渐地具有了非教会性的职能。1601年《济贫法》规定,教区是执行《济贫法》的单位,教区的主要组织机构是教区委员会,主要官员是济贫监督,每年济贫监督由治安法官任命,他们并不领薪俸。教区可以对流浪者、扰乱礼拜秩序者处以罚金。教区委员会会议在处理地方事务时,均是公开的,因此对普通老百姓

---

① M. Reed,The Age of Exuberance 1550－1700,p. 251.
② 相关的研究可参见尹虹《16世纪和17世纪前期英国的流民问题》,载《世界历史》2001年第4期。
③ [英]阿萨·勃里格斯:《英国社会史》,人民大学出版社,1991年。第132页。
④ Reed,The Age of Exuberance 1550－1700 ,p240.

来讲,教区对他们日常生活的影响是很大的,由此也可见,以社区共同体成员为基础的教区会议实现了英国地方社会最基层意义上的自治。

(二)地方社会的公共安全

在盎格鲁—撒克逊时期,许多法律就已经规定了地方安全的自助性。如有人丢失牲口,他应立即大声喊叫,其邻居均有义务随之跟踪寻找,而且凡有牲口进入某家的印迹,该户应同时找出走出之印迹,否则该户即可被认为是贼。此种公共性的追寻不受阻碍,如果有人阻挡的话,就处以罚金;如窃贼当场抗拒,则可以就地处死。同时在百户区下面又设了十户(tithing),各家庭须由家长参加。十户组织的各户应相互保证其成员品行端正,无越轨违法之行为。十户组织应向郡守揭发犯罪嫌疑人以及破坏社会治安的事情。诺曼征服后,继续沿用盎格鲁—撒克逊时期的做法,并且在地方社会中增设了警役(constable)一职,专门负责地方的公共安全。警役有责任帮助郡守抓捕犯罪嫌疑人,而地方上的居民也有义务协助警役的工作。公共安全的管理离不开公众的参与,前述英国法律传统的一个重要特征是参与性,这在陪审团制度中得到充分的体现。英国陪审团制度的起源是一个相当模糊的问题,有人追溯到日耳曼人部落时期的原始民主制度。在这里没有必要探讨陪审团的起源问题,我们关注的是陪审制度的具体应用。起初,诺曼王朝在政府管理中运用 12 人的调查陪审团,到亨利二世(1154 – 1189)时,在王室的巡回法庭中调查陪审团正式运用于司法审判。王室巡回法庭到地方处理各种司法事务,但法官对当地的情况并不了解,这就需要当地知情民众的协助。于是法官就从案件发生地的周围邻居中召集 12 人,成为陪审团。陪审团成员如实地回答法官提出有关案情真实情况的问题,然后法官直接根据陪审团的回答对案件作出裁决。起初陪审团的性质是团体证人,逐渐地陪审团向团体裁判者演变,对于司法实践而言,由于陪审团的 12 人往往代表了其所在村社共同体的意志,而村社共同体的意志在当时对诉讼双方当事人无疑是一种权威,因此陪审团所提供的有关意见也就更容易为双方当事人所接受。陪审团人员的构成以及其性质向团体裁判者的转变对英国的司法实践与公共安全具有非常重要的影响。它使得社会生活中的司法裁判在一定程度上免去了国王的各种干预,在相当程度上体现地方社会的意见与利益,因此"有人据此提出在英格兰的一些地区,村庄日常生活充满活力的因素常常是村民群体,而不是领主"。① 中世纪早期的十户联保制与郡守的

————————

① 勃里格斯:《英国社会史》,第 81 页。

巡视(tourn)是密切相关的。到爱德华一世时,由于人口流动频繁,原来严格的十户联保制已不再起作用了,这也是郡守司法作用削弱的一个原因。到后期,郡守的司法权力逐渐地落入到治安法官手中,而警役亦属于治安法官管辖了,治安法官在司法中是业余性质的,并非专业的法学人士,于是后来有法案规定治安法官审案不能单独进行,应该至少有一名受过司法训练的人在场。

(三)地方官员与议会议员的选举

虽然前文我们已经对郡守进行一些论述,但在讨论这个问题时候仍有必要对郡守的性质再做论述。前述郡守是王室在地方上任命的主要官员,但出任郡守之职者的出身与身份还需进行分析。在当时人们的心目中,有着自己理想郡守的标准,即应根据1258年《牛津条例》所确立的,郡守应该忠诚精明,是在郡中有一定财产的地主,他能处理好郡中事务并不收取费用最为重要的是他应任期一年。事实上,任郡守之责的人,绝大多数是当地的人士,其身份也都是些骑士及缙绅(Es-qire)身份的地方乡绅。以莱切斯特郡为例,1422－1485年间,担任郡守的绝大多数是当地的骑士家庭,13个准骑士家庭只有两人次出任郡守,46个绪绅家庭只有5人次出任郡守之职。① 再如沃里克郡的情况,在1401－1477年间,共有55名郡守,其中骑士身份的有24人次,绍绅身份的有29人次,其他乡绅阶层的有2人次。②

地方社会对郡守的问题给予了很大的关注,如下议院的请愿书就重复提出这些要求—特别对每年的任命。一般说来郡守都是由中央任命的,但是有一些时候会有例外。在亨利二世与爱德华一世统治期间,就有过郡自己选举郡守的情况发生。1300年,爱德华一世批准只要职位不世袭,郡有权选举自己的郡守,1311年国王收回这种权利。③ 在德汶 Devon),也发生过地方选举郡守的事情。1225年,德汶的人们愿意花200马克获得从1225年米迦勒节起三年内选举自己郡守的权利。④ 事实上,郡守的任命在很大程度上是多方利益斗争与协商的结果。1450年发生在诺福克和萨福克有关任命郡守的事就很能说明地方对此事的影响。据说身份是绪绅与法学家的约翰·汉顿准备花费1000英镑确保一个能对他有利的人当郡守,于是别的乡绅就游说诺福克公爵向中央反应:一个郡守应该有适当的出

① Eric Acheson, A Gentry Community Leicestershire in the Fifteenth Century c1422－1485, p112.

② Christine Carpenter, Locality and Polity , Cambridge, 1992, p. 268.

③ Cam, H. M. , Liberties and Communities in Medieval England, Merlin Press, 1963, p33.

④ Meeking, Studies in l3th Century Justice and Administration Xl 159, Hambledon Press, 1981.

身与财产,并能公正地处理郡中的事务,所以应该让麦尔斯·斯泰普顿爵士担当。当给绅约翰,基麦被任命为郡守时,他们又要求应该任命一个不受汉顿控制的郡副。①

14世纪治安法官取代郡守在地方社会的中心位置,治安法官是由国王通过委任状的形式予以任命,受枢密院和星室法庭的监督。亨利八世时,实行督尉制,督尉由国王直接任命,担任者都是些大贵族。督尉职责中就有一项负责监督治安法官,并可以向国王推荐治安法官的人选。从这层意义上来讲,国王加强了对地方社会的控制。但是在另一个方面,担任治安法官有严格的资格限制,只有年收入达到20英镑的土地所有者才有任职资格,因此担任治安法官的人都是地方上的乡绅。

再如督察官,我们注意到,从1246年起,由郡法庭选举督察官,而非由中央政府任命督察官,担任此职的人都属于郡中的乡绅阶层,到后期由于督察官事务太繁杂且渐渐地不重要,出任此职的多为下层乡绅。以莱切斯特郡的情况为例,在1422-1485年间,有8名督察官的身份能够确认。除去3人是莱切斯特市的督察官,余下的5人中,没有1人是骑士;5人中有2人是给绅家庭出身,1人是绅士身份,另2人则是普通的自由人。②

地方政府中另一个常见的官员是警役(constable)。警役是地方上不大不小的官吏。低级警役则是村或教区这一社会层次中一个重要的官吏。他的主要职责是维护乡村的安全,处理一些小的事情,有时还帮助征收税款等等。警役的选举通常根据乡村的习俗,由村民或教区内的居民选举本地区有一定社会地位与财产的人出任此职,充当警役的人得对本地区的居民负责,向他们汇报工作。如曼彻斯特的警役们,就需向当地的居民汇报任期内的工作。1578年的一个法律规定,警役卸职前的14天内,应向陪审团或向其继任者交出工作报告,但在1595年取消了警役的这种自由选择的权利。他们被要求应在米逝勒节的公共法庭会议上向陪审团交出工作报告,违反此规定的人,应处以40先令的罚款。③ 塞尔特和诺福克也有规定要求警役得呈交报告。在1628年,法令要求警役们在任职的最

① Brown,The Governance of Late Medieval England 1272—1461,p 144.
② Eric Acheson,A Gentry Community Leicestershire in the Fifteenth Century c1422 — 1485, pp114 – 115.
③ J·R Kent,The English Village Constable 1580 – 1640,Oxford ,1986 ,p63.

后一个月里,递交工作总结报告,假如不能的话,则处以 2 先令 6 便士的罚款。①可见警役们得向本社区的人们负责。事实上,警役具有双重身份,一方面他们得受法官和其他职位高的官员的管辖,但更主要的是另一方面,如果他希望完成自身的职责,就得得到其他社区居民的帮助。他生活的社区是他行使职权的根源所在,他不得不受到当地各方面的影响。有一首歌谣这样描述道:"假如我们做得不好,法官会责怪我们;假如我们执行的话,居民们会发怒,如果他们能的话,许多人会吊死我们。"②这也正如肯特所说的:"简而言之,在都铎王朝晚期和斯图加特王朝早期,警役这一官职继续植根于当地的习惯之中,同时他也是国家权力机构的一个部分。"③

在地方社会中还有其他官员,如征税官和各种类型的临时的特派员,而这些人也都由本地的人充任。他们熟悉本地的情况,是地方上的重要人物,如在莱切斯特郡,大多数的征税官是从小乡绅或更低级别的人中挑选出来的。更有一些人由于被多次任命而变得很有经验,如卡尔顿的威廉·威斯顿在 1422 – 1432 年这一年间 5 次出任征税官。④

综上分析,我们可以看到地方政府中绝大多数官员都是本地区有地位、有身份、有财产的人。许多研究表明从 14 世纪往后兴起了乡绅阶层。⑤ 他们精通法律,有雄厚的经济实力,在地方社会中是头面人物(head man)。逐渐地乡绅掌握了地方社会的政权,使得地方并没有成为中央政权下完完全全的统治工具。如布朗认为的:"在郡—城镇后面论述——这一时期发生的巨大变化是不断增多的皇家官吏由乡绅担任,而不断增加的权力也移交给了乡绅。"⑥乡绅作为一个阶层兴起并掌握地方政府是 14 世纪后半期英国地方社会的一个重要特征,这表明地方社会有能力自己实现对本地区政治经济社会生活的治理,同时乡绅作为官员来讲,他"仅受到来自威斯敏斯特有限的监督,主要他受到地方上的压力,如亲情、友情

---

① J·R Kent,The English Village Constable 1580 – 1640,p63 – 64.

② J·R Kent,The English Village Constable 1580 – 1640,p222.

③ J·R Kent,The English Village Constable 1580 – 1640,Oxford ,1986 ,p23.

④ Eric Acheson, A Gentry Community Leicestershire in the Fifteenth Century c1422 — 1485, p. 116.

⑤ 参见 P. R. Coss:The Formation of the English Gentry,pp50 – 51,载于 Past and Present,第 147 期.

⑥ Brown,The Governance of Late Medieval England 1272—1461,p 142.

等各种影响。"①

　　以往人们研究议会的切入点是其在宪政制度中的作用与意义,这里涉及议会主要是从下院在沟通国王与地方社会之间的作用这方面来考察的。郡议员的选举是在郡法庭中进行的。国王发出令状,要求郡守召开郡法庭。郡守接到令状后,在原则上召集郡中所有的自由人。起初选举某人是根据底下声音的大小来判断,后来选举程序逐渐规范化,以统计票数的方式来决定。召开议会的主要原因是摊派税费,因此郡议员到议会开会就会为所代表的郡的利益与国王讨价还价。如果议员许诺支付的税款过多,他们回到郡法庭就得不到批准。作为代表出席议会郡议员得到金钱的补偿,1327 年法令规定骑士每人每天的补贴是 4 先令,市民代表每人每天 2 先令。议员离开议会前将得到令状,上面说明他出席议会的天数,并加上旅途所耗费的时间。回到郡后,在郡法庭上估算代表出席议会的费用然后摊派到各百户区与村庄,由百户区的百户长(bailiff)负责征收。还有一种方法是根据土地的标准摊派费用,如莱切斯特郡,每卡鲁卡奇(carucage)土地征收 4 先令。② 在现实生活中,国王、地方权贵、郡守对议员的选举是有很大的影响力的,同样不可否认的是,议员作为生于斯、长于斯、死于斯的郡中一分子,他们从郡中取得补贴,不能不更多地考虑地方的利益。正如 14 世纪一个未留下姓名的郡议员说的:"郡派我们过来,是为了在议会中表达郡的意愿,如果我们不能完成,他们会发现我们的花费是不值的。"③

　　(四)地方政府的财政来源与政府运作的各项开支

　　首先我们考察中世纪英国地方官员领薪水的情况。在当时人们的思想观念中,一个人要取得一定的官职就得有相应的经济来源、身份和地位,只有这样他才有可能是一个合格、公正、有效率的官员。事实上只有那些拥有一定数量土地的人们,才有出任官员的资格,同时附随着这种资格,他们也有处理地方公共事务的义务。这表现为绝大多数的地方官员是不领取中央政权薪水的。我们也可以通过考察国王开支的情况,从侧面来考察在国王的开支中是否有关于地方官员的开支。例如在 1433 年,国王的总收入是 64815 英镑,纯收入为 38369 英镑。国王的开支情况如下:用于宫廷和王室的费用为 13678 英镑,用于支付中央高级官员的

①　Brown,The Governance of Late Medieval England 1272—1461,p 144.

②　Cam,H. M. ,Liberties and Communities in Medieval England, ,p239.

③　Cam,H. M. ,Liberties and Communities in Medieval England, ,p24.

费用为 8047 英镑,用于财政署的费用为 7556 磅,用于爱尔兰、苏格兰、加科涅、加莱等地的费用为 22820 英镑,用于外交使节的费用 2626 磅,用于其他的为 2149 磅。① 从中我们看不到用于支付地方官员薪水的迹象。

下面具体地分析地方官员的领薪情况。首先是郡守,由于他是国王派遣到地方的王室官吏,因此他可以从他为国王征收的税收中扣除一部分作为薪俸。14 世纪,郡守逐渐衰落,治安法官取代了郡守在地方社会的中心位置。而对于治安法官来讲,根据 1439 年法规的规定,只有年收入 20 磅的土地所有者才有资格任此职。他们是义务性的地方官员,除季法庭开庭期间每天领取 4 先令的津贴外,他们没有任何薪俸。督察官的情况与治安法官相似,虽然他们的工作琐碎且繁杂,但也是义务性的,无任何报酬。直到 1487 年的一个法令才规定督察官应该领取薪水。再如警役的情况,他们所管理的事务,更是些社区性的公共事务。13 世纪时,曾有法令要求每个百户区或市镇,都应由社区选举至少一名警役,而地方上所有的人都有义务去帮助警役,因而这些工作是义务性的,并无中央政府付给的酬金。即使到伊丽莎白一世时期,中央与地方的官员领薪的不超过 1000 人。由于中央政府不能从财政上控制地方政府,因而地方官员在处理地方事务中,所受到的来自中央的束缚与限制是很少的,这也是由担任地方官员的身份与经济实力决定的。这些担任地方官员的大小乡绅,他们自己有较为稳定和雄厚的经济实力,他们所考虑的不完全是上级与中央的意志,而是在很大程度上代表地方社会的利益,而能得到地方社会的支持,是他们对抗中央专制的一个强有力的保障与基础。

地方政府的开支不仅包括地方官员的酬金(虽然他们绝大多数是义务性的),还包括地方公共事务的开支,比如建筑或维修教堂、桥梁、道路以及支付议员出席议会等都需要一定的资金。例如 1271 年,诺福克郡守被要求花 10 磅在诺福克与依朴斯维奇为举行法庭修建房屋。② 这些资金的获得是由地方官员在郡法庭或百户区法庭或教区会议上提出议案,在大家商讨后再具体摊到每个人头上(后文具体论述)。地方财政的来源是地方社会,因此地方的公共行政事务应该对地方社会与社区共同体负责。

事实上,假如我们考虑到中世纪英国国王自己的财政状况,我们会更容易理解地方上财政的状况。中世纪英国有个传统:国王得靠自己生活。在实际生活

---

① Brown,The Governance of Late Medieval England 1272—1461 ,p62 – 63.
② Palmer,The County of Medieval England ,p20.

中,国王能维持自身的生活就已不易了,他们并无财力在地方上建立一整套官僚机构,并承担巨大的官员开支,这种情况下,地方政府依靠地方社会的支持而运作,就得对地方社会负责与服务。

第三节 近代早期英国地方自治的原因

可以说,英国地方自治起源最早,历史最悠久,且一以贯之,未曾有过中断。在其两千多年的发展演变中,积累了丰富的经验,培育了独特的文化,形成了自己的传统。所以有学者说英国的地方自治是"内生源发型"的,这种富有自治精神的传统是有其自身的地理环境、历史文化和政治法律背景的。

一、市民社会是地方自治传统的社会历史前提

市民社会(civil society)一词是从英文转译过来的。在现代,市民社会主要指与政治国家相对的实体社会,它包括了那些不能与国家相混淆或不能为国家所淹没的社会生活领域。市民社会和政治国家的分野限定了国家权力的疆界,并形成社会原则上不为政治权力渗透的思想。"一个能够保卫个人自由的市民社会是能够在各个方面保持自治的。"①地方自治是市民社会和政治国家相分离的反映。地方自治的发达与市民社会的张扬紧密相连,市民社会是地方自治的基础。

虽然,"在西方世界,(市民社会)作为一种与国家相区分的实体概念,很晚才出现。"②但在英国,很早就确实存在先于国家和外于国家的世俗社会。早在撒克逊时代,郡就有各自的议会,相互之间保持较高程度的独立性。"撒克逊时期是一个自由的时代:人民享有充分的自由;国王的权力受到限制。"③当时国王与贵族各有领地,彼此之间既有权利也有义务,一方并非完全超出另一方。国王最大的经济职能即分封土地、收取封建义务。他的权利来自于此,同时也受制于此。而贵族与其领地内的其他更小的封建主、各阶层以及农奴的关系也大体如此。这样一种松散的政治结构是有利于乡村保持自治传统的。到都铎王朝,专制王权出

---

① 邓正来:《市民社会理论的研究》,中国政法大学出版社,2002 年。
② 邓正来:《市民社会理论的研究》,2002 年。
③ 钱乘旦,陈晓律:《在传统与变革之间——英国文化模式溯源[M]》,浙江人民出版社,,1996 年。

现,王室直接领地扩大;国王的代理人开始控制全国,中央的号令直达下层,地方的藩篱渐被打破。但王权的社会基础并不稳固。一方面,治安法官的重要性增加,逐渐取代郡长,形成以治安法官为中心的地方自治制度。治安法官除受王座法院颁发的特许状监督之外,不再受中央的行政监督。"在伊丽莎白时代,绝大多数人并未完全处于中央政权的直接管辖下,大多数人由地方官员管理,特别是治安法官们决定其命运。"①另一方面就是英国城市的兴起。"英格兰在被诺曼人征服以后,有很多市镇被赐予特许状"。② 自治是捍卫城市特权的理论根据,特许状是实现城市自由的手段。发展到 13 世纪时,大城市基本上都享有英王颁发的特许状,称自治市。城市争取来的自治权包括行政、财政、司法和军事大权,它们自行组织市政机构、征收租税、铸造货币以及决定战争与媾和,这些权利使得城市俨然成为一个城邦国家。"现存最早的一份颁发于 1130 年的王家证书说明,林肯市的市民曾请求国王亨利一世确认,他们是由国王授权保有该市的,并未承担对任何其他领主的义务……"③城市对外摆脱封建束缚而自主自治,对内则摒弃封建等级而自由平等。"城市的兴起,论过程,是演进的;但论结果,是革命的。"④其一重要的后果就是市民社会的成长、发展。中世纪的城市自治给后来的市民社会的发展和完善奠定了坚实的基础。

可以说,英国历史上从未形成控制严密、上下统一的中央集权的独裁政府。在英国,王权、教权、贵族权和市民之间始终处于多元对抗和妥协,"没有一种旧因素彻底消亡,也没有一种新因素彻底胜利,或者某一种原则取得了独霸优势。各种力量总是在同时发展,多种利益和要求总是在折衷调和。即使是在君主制如日中天时,也会看到民主的原则、公众的力量在同时兴起和壮大。"⑤权力资源的分散,为权利的生长提供了天然的机会,为城市兴起及城市自治权的发展创造了优越条件,为市民社会生长提供了的良好空间。到近代,作为最早进行工业革命的资本主义国家,英国的市民社会不仅没有得到压制,还随着经济的发展进一步得

---

① Kent Powl and Chris CooK,English Historical Facts 1485 – 1603,Macmillan Press LTD,1977,p. 50.

② [美]泰格,利维:《法律与资本主义的兴起》,纪琨译,学林出版社,1996 年,第 82 页。

③ [美]泰格,利维:《法律与资本主义的兴起》,第 87 页。

④ [美]汤普逊:《中世纪经济社会史:300 – 1300 年》,耿淡如译,商务印书馆,1961 年,第 424 页。

⑤ [注]基佐:《欧洲文明史:自罗马帝国败落起到法国革命》,程洪逵、沅芷译,商务印书馆,1998 年,第 218 页。

到发展。城市生活是一种不同于传统乡村社会的生存方式。这种方式,推进了经济生活摆脱封建伦理、宗教和政治束缚而独立发展,使人身自由和私有财产受到尊重和保护,孕育出民主参与、自由平等、权利、契约、秩序等思想观念和理性精神。表现在经济领域为个人自主化,在政治领域表现为对权力的消极化运作期待,进而诱导出市民阶层强烈的自治法权诉求,使整个市民阶层为自由、权利和民主而抗争。

市民社会的形成和扩张,开始了市民社会与政治国家分离和对立的发展进程,从而使市民社会权利能有效伸张并与国家权力相抗衡,最终通过"市民社会革命"使国家权力服从服务于市民社会权利,秩序、公平和个人自由成为西方传统首要而基本的价值。正是在这样的社会历史前提下,地方自治得以形成、维护和保证。

二、经验主义是地方自治传统的理论根基

经验主义是与唯理主义相对应的哲学派别。它首先关注知识起源的问题,认为没有与生俱来的真理:一切知识都发源于感官知觉或经验。① 进而强调注重政治实践和经验智慧,反对盲目的抽象理论。早在欧洲中世纪中期,英国神学就出现了经验主义之光,并最终在哲学中形成了重视经验的传统。有学者认为,经验主义哲学源于英国,这种情形不是偶然形成的,应当与英国人民注重传统、笃信经验的民族精神气质紧密相关。作为岛国,英国与外界交往有一定困难,为了生存和发展,必然十分重视自身实践。但自身的实践受到地域和人口的限制,难以形成抽象理论,所以更容易注重观点的实用性和效应。② 经验主义被马克思称为"大不列颠天生的产儿","因为对经验的笃信,在那里顺理成章地产生了经验主义哲学"。③ 在经验主义的哲学基础之上,英国产生了独特的政治理论——自由主义和保守主义的交织。

经验主义首先表现出对历史和传统的极端尊重。历史在英国被认为是人人都可以把握的本质——经验,而长期积淀的经验就是一个民族或一个国家的传统。传统主义的逻辑是:传统体制的长寿就表明其存在的合法性和合理性。英国

① ［美］梯利:《西方哲学史》,葛力译,商务印书馆,1995 年,第 284 页。
② 王鲁京、达文:《不同法律文化对英法两国宪政体制的影响》,载《洛阳大学学报》,1999 年第 3 期。
③ 谢晖:《判例法与经验主义哲学》,载《中国法学》,2000 年第 3 期。

保守主义的鼻祖爱德蒙·柏克认为,英国的政制是在漫长岁月中由经验积累而成的,现行的政制都是去糟取精的结果。① 所以应当尽力维护现存的社会制度,如果迫不得已需要变革,那也要同过去保持连续性,不能破坏原有的正常秩序,变革应当是逐步的,不能引起社会的动荡。在英国,保守并不意味着历史退步与守旧,甚至也不意味着抗拒变革,而是把变革的幅度限制在尽可能小的范围内,使自由与权利的成果坚实而巩固。这种心理被人们认为是"英国人没有理想"。但正是这种思想使英国在较长时期内保持了稳定。纵观英国历史,自 1066 年诺曼征服到现在,除了 1640 年至 1648 年期间有过短暂的动荡之外,社会发展一直比较稳定,没有发生法国大革命和俄国十月革命那样的流血冲突。英国人是不太热心政治大革命的,他们"很少有革命经验,从 17 世纪以来,英国的传统一直是渐进的,革命这件事只是我们从书本上才知道的"②。这种渐进式的社会变迁使社会稳定,一直没有必要建立起更有效的地方政府,撒克逊时代以来的地方自治传统历经中世纪、近代流传至今,仍被沿用。

对历史和传统的尊重,很自然与对权威的尊重联系到一起。但这种权威并不仅指政府或国家的权威。保守主义者认为真正的主权是来自上帝或神。而这种神圣的主权至少是平等地分配于家庭、教会与政府之间的。他们分享这种神圣的权利意味着他们在各自的领域拥有自己的最高权威。法国革命的一个最大的错误,就在于政府将自己的权威扩大到了家庭和教会的领域。③ 因此,对权威的尊重实际成了对分权的一种尊重,而不是那种试图将所有权力集中到一起的集权主义。他们宣称,中央政权和民间社会,地方政府和公共组织任务范围的划分,是使英国的习惯和社会实践能保持繁荣的因素,并同时给精英提供了自治的空间。分权的理念使英国这个单一制的国家并未像通常那样推行中央集权制,地方自治一直保存并得以发展。在整个 19 世纪,保守主义鼓吹"亲密无间的社会",在这种社会里,土地贵族和英国国教会统治着乡村。这种英国式的教区宪政,如同迪斯雷利所说:"教士和绅士,保留着古代遗风的一流人们,反对贪婪的议会的斗争",代表着权利和多元化的特权。④ 民间社会是不需要政府的权威的。在这一私权领域,个人拥有绝对的自由。这一思想成为地方自治最深层的理论根基。

---

① Robert, Nesbit, Conservatism, University of Minnesota Press, 1986, p. 37.
② Benjamin Disraeli, Sybil, London, 1844, p. 340.
③ 王觉非:《英国近代史》,南京大学出版社,1997 年。
④ 王觉非:《英国近代史》,南京大学出版社,1997 年。

现代语境中的地方自治是对绝对国家主义的克服,是个人主义和自由价值在地方生活的体现。经验主义认为人类所有的知识只能来源于经验,不承认存在任何先验的自明的真理,不存在绝对的必然的知识,这就必然要求任何人都不能因为自己掌握了真理而把自己的意志强加于人。因此,个人主义、自由主义、民主主义是经验主义哲学的自然推论。在这样的理念背景下,自由、权利、民主成为英国长期的传统就不足为怪了。在英国,不管是保守主义还是自由主义都高举自由权利的旗帜,要求保卫不为国家权力涉足的私权领域。地方自治从而也顺理成章的成为题中应有之义。在英国的传统主义者那里,自治的权利属于天赋,为人民所固有,先于国家而存在。国家出现后,这种固有的自治权也并未消失。国家不但不能干涉,而且应予保护。所以英国的地方自治机关行使由法律确认的自治权时,中央政府一般不能加以过问。地方自治机关形式上独立于中央政府之外,其成员直接或间接由当地居民选举产生,只具有地方官员的身份,中央政府不得撤换他们。

三、普通法的延续是地方自治传统的制度保障

英国地方自治传统还应与英国的法律传统联系起来。普通法是地方自治的制度保障。早在中世纪,英国中央国家机关就主要通过法律来实现对地方的控制。当时英国国王的首要身份是最高领主。他实现对地方的管理主要通过巡视全国和派出巡回法庭这两种方式。英国王权在地方上既无完善的官僚体系,也不具备强大的军事力量,它是通过逐渐形成的普通法,通过接受地方上各种事务的诉讼,来实现对地方事务的管理。所以说,早期国王是在法律的名义下实现对地方社会的统治。国王利用普通法对地方社会进行管理,而地方政府在处理地方公共事务上享有较高程度的独立性。这种形式为地方的自主发展和独立性提供了很大的空间,是英国地方社会实现某种程度自治的基础与前提。正是由于普通法传统的这一特色,使地方自治在中世纪就已存在。

此后,法律始终是王权控制地方的重要工具,同时也是地方对抗中央的重要武器。之所以英国未曾像其他封建专制国家一样形成中央对地方的绝对控制,就在于其一以贯之的法律传统:法律高于国君,国王在法律之下。英国君王的绝对权力只限于理论上,而不在权力的实践方面。当君主开始自命高于一切,甚至高于君主们曾经宣布应该尊重的法律时,教会、贵族和市民就开始联合起来反对专制、寻求政治自由。"在同专制王权的斗争中,普通法成为议会政党手中的强大武

器,因为普通法在长期的历史发展中,形成了某种韧性,它的繁琐的和形式主义的技术,使得它能够顽强地抵制住来自上级的进攻。自那时起,英国人便把普通法看作基本自由的保障,用它保护公民的权利,对抗专制权力的肆虐。"①因而在专制王权时期,法律成为权利和自由,以及自治制度的重要保障。城市兴起时就是通过制订城市法(最主要的渊源是特许状)来争取地方自主。

地方自治不仅是地方社会自己管理的权利,社区的居民可以依照当地的习俗与习惯来处理社区共同体内发生的事务;另一方面也体现了限制国王与国家的权力,国王不能随意依据自己的意志处理问题。因此,在通过法律争取自主管理权之外,贵族和市民还通过议会——控制立法权来限制国王的权力。英国国会开端于13世纪,参加议会的代表,除教俗大封建主之外,每郡派骑士代表2人,每城派出市民代表2人,讨论"全面确保和平与安定……并讨论其他国事"。14世纪起,国会分为由教俗大封建主组成的上院和骑士、市民组成的下院。② 随着城市和商业的进一步发展,新贵族和市民阶级逐渐成为议会中举足轻重的力量,他们"在保持和获得其摆脱君主及其官僚助手的独立性方面的成功",对法律秩序的问世具有"决定性意义"。③ 1215年的《自由大宪章》就是一大成果,其第13条明确规定:应承认伦敦及其他城市拥有自由和习惯之权利,并用法律把这些自由和习惯权利的具体内容规定下来。《自由大宪章》通过保障市民的若干权利,初次把市民阶层作为一种必须考虑的政治力量,给予法律保障。并且,它在各项权力——王权、教权、议会权之间厘定界限,从而为自由市民的权利撑出生存的空间。正如詹宁斯所言:"《大宪章》所列条款对于新的一代和新的时代的意义,与它们本来试图表达的意义之间可谓差之千里,而且它们逐渐地被视为并非贵族自由的基础,而是平民自由的基础。"④通过议会斗争及资产阶级革命中的市民社会权利的主张,人民保障了对公权力的分立制约,使公权力服从并服务于市民社会权利的要求,并使公权力只能在必要的、为权利实现所需要的、十分有限的范围内行使。这更进一步促进了民主代议制的形成及市民社会民主参与和自律管理精神的确立。

19世纪是英国地方政府改革的黄金时期。选举法、市自治法、济贫法、乡镇改

---

① [德]K·茨威格特,H·克茨:《比较法总论》,潘汉典等译,贵州人民出版社,1992年,第355页。
② 何勤华主编:《英国法律发达史》,法律出版社,1999年,第109页。
③ 马长山:《国家、市民社会与法治》,商务印书馆,2002年,第138页。
④ [英]詹宁斯:《英国议会》,蓬勃译,商务印书馆,1959年,第78页。

善法等相继出台。通过这些改革,英国的地方制度发生了很大的变化。有学者认为,英国中央政府正通过加强立法、财政、税收、司法控制来制约地方政府,实现中央集权。而实际上,对于怎样处理中央和地方的关系,英国国内一直有较大的争论。但不管是何种方案,都强调保证地方的直接选举,给予地方议会一定的自主权。因为从英国整个宪政发展历史上,从"自由大宪章"、《权利请愿书》、《权利法案》到《王位继承法》《议会法》等一系列的宪政立法,从普通法延续不断的惯例、判例上,我们可以清晰地看到反抗王权、维护权利的自由传统。地方自治是保障民主、自由、权利的重要途径,体现着限制国家、人民主权等宪政精神。在一个法治发达的社会,地方自治是不会被忽视的。在英国,普通法的延续是地方自治始终存在的制度保障。地方自治精神在法律的确立和保障之下长盛不衰。

第四节　近代早期英国地方自治的影响、意义与宪政价值

一、英国地方自治的影响

英国的地方自治组织,在其后英国的政治中,形成一种根深蒂固的习惯原则,在维护自己应有权利、对抗专横的国王斗争中发挥了重要作用。在王权和封建贵族的统一与冲突中,1215 年的《大宪章》是英国"地方自治"在中央与地方政治关系上的一次重要政治事件。《大宪章》规定,国王无自由决定臣民的权利。国王行事要经过代表贵族制的贵族会议的同意。《大宪章》的意义不在于哪一方取得了多少政治权利,而在于国家政治权力和社会权利界限得以划分和确认。《大宪章》表明,英王的权力不是无限的,而是有限的。

就整个欧洲而言,"14—15 世纪是国王出于种种原因开始和他统治下的臣民对话的时期。——'给予所有人影响之事即应得到所有人之承认'——由于这一罗马私法恢复,代表会议迅速普及"①。这种精神在后来代表君主制的国王、代表贵族制的贵族、代表平民制的平民和骑士阶层的国家议会中表现出来。"在英国,在国家意志成为实际的行为规范之前,必须得到某些独立于表达国家意志机构的同意。这种规则,既在司法中被运用,也在政府行政中被运用,在地方政府体制中

---

① 猪口效:《国家与社会》,光明日报出版社,1989 年,第 14 页。

运用得尤为显著。而正是由于英国采用了这种地方体制,所以她一直受到人们的称赞"。"英国的地方政府体制,以被委托贯彻法律的地方行政机构具有很大的独立性为特征。正是由于这一体制,斯图亚特王朝才没能建立起它们为之长期拼死奋斗的专制政府体制"①。

资产阶级革命胜利后,地方自治范式在民族国家政治体制中不断得到扩张和普及。英国 1834 年修正济贫法(Poor Law Amendment Act),1835 年通过市制案(Municipal Corporations),各市普遍设立市议会(Borough Council)。这年英国还颁布《都市团体法》(Municipal Corporation Act),1888 年通过地方政府案(Local Government Act),各郡设立郡议会(County Council)。各级议会的议员的社会基础更加广泛。1930 年实施地方自治法(Local Government Act)。英国近代地方自治制度得以普遍确立并逐步完善。对于这一切政治成就的取得,英国宪政学者布莱克斯通等都将之归功于英国的地方制度。

二、英国地方自治的意义

中世纪英国地方社会逐渐形成的自治制度奠定了英国近现代地方政府的基础。内战时期,地方上的许多机构因为战争的影响而停止了活动。1660 年后,中央通过枢密院对地方的控制不再起作用,地方上的事务由教区管理,并接受治安法官的监督。19 世纪是英国近代地方政府制度向现代地方政府转变的时期,特别是 1888 年的《地方政府法》和 1894 年的《区及教区议会法》基本奠定了现代英国地方政府的结构。1974 年《地方政府法》实施后,英国的地方政府再次发生重大变化。事实上,这些变化与改革都源于中世纪的社会生活,中世纪英国的地方社会贯穿着自治的主线,不论是在盎格鲁—撒克逊时期,还是在都铎王朝时期自治形式与大小有变化,但是自治的本质并未发生改变。

以往的研究主要从议会的角度来探讨英国宪政的确立,殊不知议会活动的深刻社会根源在于长期以来地方上人们对公共事务的处理。在郡庭中,在百户区会议中,自由民积极地参与地方事务的管理,选举地方上的官员,熟悉各种选举程序与选举方法,协助地方官员运作地方政府,这些都好像是议会的浓缩。因此陶松

---

① 古德诺:《政治与行政》,华夏出版社,1987 年,第 24 页。

云指出:"从某种意义上说,国会是郡议会在中央一级权力结构中的延续和发展".① 另一方面地方自治社会的存在,在相当程度上限制了中央的过度集权化倾向,限制了英国王权向绝对化方向的发展。在中世纪后期,伴随着民族国家的形成,中央对地方的控制越来越强,在欧洲大陆国家,形成了绝对主义的王权,而同时期的英国都铎王朝的王权却具有相当突出的"有限性"。② 这种现象的深刻原因在于一个强大的地方利益集团的制约。莱昂指出:"这种未在欧洲大陆形成的中央与地方政府间的关系是对为什么中世纪英格兰独自发展起成功的宪政政府的一个解释。"③在个体能力相对于强势的国家公权而显得软弱无力时,能够承担起对抗国家公权的就只有那些社会共同体了,地方社会共同体即是一个最好的例证。但是地方社会共同体的存在只是对抗王权的一个前提条件,更为重要的是地方社会共同体的实际能力与一种社会的保障机制。如前文所指出的,在一个保护主体权利的法律传统下,不仅有利于个体的发展,也有利于由个体所组成的社会共同体的发展。中世纪后期,随着地方乡绅与富裕农的兴起,地方社区的人们越来越有信心也越来越有能力处理本地区的社会事务了。积年累月的社会政治生活的实践造就了地方社会人们的参与意识,提高了公民的政治判断力与政治实践能力。随着议会的形成,下院主要由地方的骑士和市民代表组成。虽然在初期,骑士与市民代表在议会中发挥的作用是很微小的,但是他们的存在为协调地方与中央的关系提供了一个制度的保障。地方代表参加议会代表社区共同体在议会中提出本地区的意见,使得上层能听到地方利益集团的声音;另一方面他们代表地方在议会中就征税等问题与国王讨价还价,通过合法手段进行权利而非权力的斗争,使得本地区利益得到最大化。

三、英国地方自治的宪政价值

民主既是一种政治组织又是一种公民生活。从组织来讲即是多数统治(Rule of Majority)的一种政制。从公民生活来讲,民主政治又是公意政治、平等政治和法制政治。地方自治则是民主政治最好的途径。蒲徕斯(Brucy)曾说,民治制度的最好的学校及其成功的最好保证,就是实行地方自治。笔者认为,英国地方自

---

① 陶松云、刘心勇、郭宪刚:《中世纪英国二元政体结构初探》,载《历史研究》1998 年第 4 期,第 115 页。

② 阎照祥:《英国政治制度史》,第 107 页

③ Lyon:A Constitutional and Legal History of Medieval England,p407.

治的宪政价值可体现在以下几点。

第一，锻炼人民的政治能力。公民的政治认知、政治情感、政治态度、政治信念以及政治行为和政治习惯，只有在解决共同的、公共事务的过程中才能形成。人民的政治能力只能在参与公共事务中得到锻炼，并从参与地方事务自然通向参与每个人有关的国家政治事务。

第二，养成了人民的合作能力。在人类的社会生活中，合作是一种本能，是一门艺术，是一种社会力量。"在大众的眼光里，合作是一家店铺。可是这家小小的店铺，却包含着整个的世界。这完全是一种新的，特别的秩序（Order），依他的精神，他的法律以及他那于生活中而来的学说树立起来"①。人民在处理共同的事务中学会了合作，学会了适应组织的生活，发展了个性，创造了智慧，形成了普遍遵守的秩序和规则，形成了对真理和多数意志的遵从。能否合作，是否善于合作，是一个民族盛衰的重要因素。没有合作就不能形成有组织的社会力量。而无组织的社会，只能是一盘散沙的社会。

第三，养成了宪政基础。一个国家和民族的政治制度、政治体制、政治理念和政治行为是长期社会演化的结果。地方自治使人民避免官僚制的束缚和羁绊，打破了行政的神秘和奥妙，避免了对国家和政府的过度依赖。地方自治促进了民众的政治参与，人民在政治参与中产生社会主体地位、政治责任感和国家的主人意识。地方自治开拓了民众的智慧，锻炼了民众的创造力，形成了社会化、民众化的政治和独立的地方政府，造就了领袖人物。没有民情的权威不可能建立自由的权威，而没有信仰也就不可能养成民情。所以，"理想上最好的政府形式就是主权或作为最后手段的最高支配权力属于社会整个集体的那种政府；每个公民不仅对该最终的主权的行使有发言权，而且，至少是有时，被要求实际上参加政府，亲自担任某种地方的或一般的公共职务"②。

总之，从宪政角度来讲，地方社会的自治为英国近代早期宪政制度的确立奠定了一块深厚的基石。

---

① 楼桐孙：《合作与复兴》，载《东方杂志》，第32卷，第13号。

② 密尔：《代议制政府》，商务印书馆，1982年，第43页。

结　语

前文主要梳理了英国从中世纪到近代早期议会、法治和地方自治的发展脉络,论述了这一时期英国议会主权、法律至上、地方自治等宪政观念的发展变化过程,揭示了它们与英国宪政发展的关系。最后,笔者回到宪政问题自身上来,从整体的角度对近代早期英国宪政及宪政观念的发展与转变作一个总结性的深入分析。

一、近代早期英国宪政的历史基础——中世纪的宪政传统

英国早在盎格鲁—撒克逊时代就滋生了"王在法下"的法治传统和政治协商传统的最初萌芽。诺曼征服后,在强大王权和贵族联合势力大致平衡的力量对比条件下,封建法历史地充当了推动法治传统成长的"不自觉工具"。随后形成的普通法以其特有的判例法形式、相对独立的法庭组织、司法职业化以及富有理性的审判方法,进一步巩固了英国法治传统的制度基础。与此同时,古代的政治协商传统发展到了具有一定代议性质的政治协商新阶段。到中世纪末,以普通法制度和议会制度为支柱的宪政传统在英国确立起来。普通法制度与议会制度的确立为近代早期英国的宪政奠定了雄厚的基础。

（一）普通法制度与宪政发展

12 世纪中后期,英王亨利二世通过司法改革,实现了司法体制的中央集权化,原先分散的地方习惯法、封建法逐步融为一体,普通法由此而生。与当时所有其他各国的法律制度相比,普通法天生具有较高的法治含量。因此:

第一,普通法源出于法官的司法判例,并通过法官对判例不断地重新解释而实现其发展,因此,在英国素有"法自例出"之说。"法自例出"意味着普通法是法官的创造物,这种法律创制形式决定了普通法和先前的习惯法、封建法一样,也不

是当权者意志的产物和体现,而具有某种超然于国王政府和相对贴近社会的近似"自然法"、"高级法"的属性。美国学者达伍德曾把这种属性称作普通法特有的"荣耀"。他说:"'荣耀'是指它不把自己的存在归功于任何单个并确定的法律制定者,即以固定而有限的形式将法律颁布'下来'的神、国王或其他制定者。在很大程度上,这种法律传统形成了它自己的生命,虽然它确实为法律职业所支配,但它仍然相对独立于政法干预,因为并不存在什么与它密切结合的'权威性的命令'。"①况且,出身社会大众的陪审员也参与了判例的创造过程,这就使普通法融进了相当部分的社会良知与情理因素。因此,尽管普通法是借助王权的推动而形成的,甚至有"王室法"之称,但它自始就不是凭借权力而生、以保护权力为己任的"国家之法",而是自生、自长、自足、自立的"社会之法"。所以,法国学者达维德指出,"在英国人眼里,从法是情理这个观念引出某种符合传统的法的超国家或更确切地说非国家性质的意识",正是这种"以情理为基础的法的非国家性的观念"构成了英国法律不受国家政治"任意干扰的基本因素"。②

第二,由于普通法是借助于令状制度形成的,所以它具有注重程序的诉讼形式主义特征。令状种类繁多,格式固定,每一种令状只适用于一类诉讼。当事人必须首先向国王大法官申请相应的令状,才能向有关法庭提起诉讼,法官必须严格按照令状规定的程序、步骤和方法审判案件。"令状的统治即法的统治"。③ 通过令状制度,普通法确立起了"程序优先"和"正当法律程序"原则。1354年爱德华三世第28号法令明确提出"正当法律程序"(due process of law)概念,该法令规定:"未经正当法律程序进行答辩,对任何财产和身份的拥有者一律不得剥夺其土地或住所、不得逮捕或监禁、不得剥夺其继承权和生命。"④从此,英国司法权的运行驶入了程式化、规范化的轨道。不仅如此,"正当法律程序"原则还将不可避免地逐步渗入到其他权力领域。到中世纪后期,"正当法律程序"概念在英国已经深入人心,连当权者也认识到,遵循"正当法律程序"行事的必要性,尽管其出发点是

① [美]巴林顿·摩尔:《民主与专制的社会起源》,拓父、张东东等译,华夏出版社,1987年,第78页。
② [注]勒内·达维德:《当代主要法律体系》,漆竹生译,上海译文出版社,1984年,第370页。
③ A Committee of the Association of American Law Schools, Select Essays In Anglo-American Legal History, Vol. Ⅱ,1907. P712.
④ J. D. Lieberman, The Enduring Constitution: An Exploration of The First Two Hundred Years, New York,1987. P275.

为了维护自身统治。都铎时期政府大臣埃德蒙·达德利在向亨利八世进献治国良策时就清楚地表达了这一思想,他说:"一个君主不要让人们看起来是为了自己的目的,通过御玺和信函,或者通过自己的顾问等等方式,对其臣民行使征税、监禁之权力,而应通过正当法律程序向臣民征税。尽管通过正当法律程序所征的税更沉重,但若是君主通过非常方法征税,臣民就会怨声载道。因此,最可称道的安全方法是,君主应通过正当法律程序和渠道来实现自己对臣民的权利或惩罚臣民的冒犯行为。"①透过这段话我们看到,即使是英国中世纪史上最专制的王朝也不敢公然蔑视"正当法律程序"这一法治原则。

第三,普通法从其产生之日起就走上了法律职业化道路,从而赋予司法一定程度的相对独立性。12 世纪晚期到 13 世纪上期,三大中央法庭即普通民事法庭、王座法庭、财政法庭和巡回法庭陆续从综合性政府机构库里亚中分离出来,成为独立的专业司法机构。它们分别由 3 – 4 名精通法律的职业法官组成,垄断了司法审判权。与此同时,一个以帮助当事人进行诉讼的职业律师群体应时而生。法官全部由出类拔萃的资深律师担任,因此,法官和律师关系密切,组成一个封闭性的职业集团。他们自发建立了四大律师会馆,即林肯会馆、格雷会馆、内殿会馆、中殿会馆,自足自主地开展法律教育、授予律师资格和进行职业管理,不受政治当局的控制。结果是,"在 17 世纪以前,(普通法)法庭一直是独立的,尽管王室法官像所有其他官员一样,根据国王意志而任职,但一旦被任命后,其任期在实践上是有保障的。"②法庭专业化、司法职业化和法律人员自治化的过程,亦即司法权与行政权相分离的过程,其结果是防止了专制国家普遍存在的那种司法行政化、法官官僚化情形的发生。法官和律师凭借相对独立的法庭和职业组织,可以在一定程度上排拒包括国王在内的外界强权的干预,独立行使司法审判权。例如,亨利三世时,国王咨议会出于政治原因推翻了巡回法庭的一项判决,遭到巡回法官们的联合抵制;亨利四世时,王太子仗势咆哮公堂,被首席法官威廉·加斯科因以蔑视法庭罪判处监禁。③

第四,普通法所采用的陪审制和对抗制审判方式也都是与法治和宪政精神相契合的。首先,采用陪审制意味着将司法裁判权一分为二,由法官和陪审团共同

---

① E. W. Ives,The Common Lawyers of Pre – reformation England. Cambridge Unversity Press,1983. P244.

② C. R. Lovell,English Constitutional and Legal History,NewYork,1962. P328.

③ J. H. Baker,A Introduction to English Legal History,London:Butterworths&Co. Ltd,1979. P44.

行使,这种分权机制有助于克服因司法权集中于法官之手而导致个人专断,防止法律蜕变为少数人压迫人民的专制工具。我们知道,通过分权以达到权力制衡进而消除和防止专制是宪政的根本目的,陪审制显然是与这一宪政要求相一致的。而且,陪审制还为法律专家和普通民众之间进行双向交流提供了一条法定渠道,从而可以防止司法权远离社会,走上"纯国家"——这正是司法权沦为专制工具的起点的歧途。其次,陪审制是实现社会成员参与国家公共生活的重要手段之一。陪审制使普通民众直接参与司法活动,即分享部分国家权力,从而有助于抵御国家与社会的分离。所以,托克维尔在评价陪审制时指出:"陪审制度首先是一种政治制度",是"人民主权的一种形式。"①而在杰斐逊看来,人民的司法参与权比起人民的立法参与权来,意义更为重大,他说:"人民最好是在立法机关被忽略,还是在司法机构中被忽略?如果要我来决定,我会说,将人民置于立法机关之外会更好些。法律的实施比之法律的制定重要得多。"②正是出于同样的认识,18世纪英国议长卡麦登坚信陪审制是英国宪政的"真正基础"。他说:"没有它,整个(英国)政体就会化为灰烬。"③至于对抗制的宪政意义,主要体现在它让原告和被告作为诉讼的主角直接参与审判过程,并且享有平等的法律地位。很显然,"参与"、"平等"都是宪政制度所不可缺少的内涵要素。

最后,陪审制和对抗制具有提高国民法律素质和道德水准的功能,可从文化层面上促进宪政传统的成长。陪审团教导人们做事公道,因为每个人在担任陪审员审判别人的时候,一定会联想到有朝一日自己也可能涉讼而受到别人的审判,所以,一般情况下他会像希望别人公正对待自己一样地去公正地对待别人,这无疑会增强国民的正义感和公德心。陪审制强迫人们关心他人事务,使他们觉得自己对社会负有义务,并教导人们要对自己的行为负责,从而有助于改造人类自私自利的劣根性,增强国民的社会责任感。陪审制还赋予每个公民以某种管理者的身份,从而提高他们的自信心和明辨是非的判断能力。所以,托克维尔把陪审制称为"一所常设的免费学校",他说:"我把陪审团视为社会能够用以教育人民的最有效手段之一。"④就对抗制而言,其最大的文化功能在于可以培育人们的宽容精神,它要求人们在申诉和维护自身权利的同时,必须承认仓促也有同等的权利申

---

① [注]托克维尔:《论美国的民主》[上],董果良译,商务印书馆,1997年,第315页。
② [美]博格西诺:《法律之门》,邓子滨译,华夏出版社,2002年,第491页。
③ R. M. Jackson,The Machinery of Justice in England,Cambridge,1953. P481.
④ [注]托克维尔:《论美国的民主》[上],第316-317页。

辩权,包括与自己针锋相对的权利的申辩权。对此,美国法官富勒评论说:对抗制的价值在于"它可以使个人的能力提高到某种阶段,以致能借别人的眼睛来透视真实,能够在'人情法理'范围内尽量变得大公无私和摆脱偏见的羁绊。"①总之,陪审制和对抗制可以培育守法纪、负责任、重宽容、尚妥协等社会美德,而这些美德又是宪政制度赖以建立和运行的不可或缺的道德基础。

西方学者阿兰在谈到英国宪政的法律基础时曾说:"在英国,由于缺乏一部以成文法宣示的、被尊为唯一法律源泉的高级'宪法法',所以法治便充当了宪法形式。……而构成法治的那些观念和价值均体现和包含在了平常的普通法之中。"因此,"从根本意义上说,英国有一部'普通法宪法'。"②正是立足于普通法的这种宪法属性,爱德华·科克在 17 世纪初勇敢地宣称:如果议会的制定法与普通法相悖,普通法法院可以宣布其无效。普通法的宪法属性使其成为促进英国法治和宪政传统成长最强大的法律力量。

(二)议会制度与宪政发展

在普通法产生的同时,大会议也完成了从封建协商机构向代议协商机构议会的转变。中世纪中后期,英国的社会经济与阶级结构发生重大变化。封建农奴制和庄园经济开始衰落,农村家庭手工业以及采矿冶金业已形成规模。原属中小贵族阶层的农村骑士在亨利二世的改革以后摆脱了军事义务,转而致力于农牧业经营等各种生财之道,日益紧密地与市场经济联系在一起。国内外贸易和城市经济呈现繁荣景象,市民队伍急剧扩大,他们手中的财富与日俱增。一个由农村骑士和城市市民组成的中产阶级迅速崛起。在经济上,他们是直接财产税的主要承担者,从而成为政府财政收入的主要来源。在政治上,中产阶级不但垄断着司法陪审团的构成,而且开始跻身地方政府。在自治城市中,市政管理权已为上层市民所控制;在各郡政府中,骑士正在取代贵族,以治安法官的身份发挥主导作用。这些变化使得统治者不得不对中产阶级刮目相看。在这种形势下,把政治协商范围扩大到中产阶级便成为历史的必然。新鲜血液的注入使原先的封建机构大会议脱胎换骨,演变为近代意义上的议会。

议会的产生把英国的政治协商传统推进到一个新的历史阶段。首先,议会产

---

① [美]伯曼:《美国法律讲话》,陈若桓译,北京三联书店,1988 年,第 34 页。

② I. R. S. Allen,Law Liberty and Justice:The Legal Foundations of British Constitutioalism,Oxford,1993. P4.

生后,扩大了政治协商的对象范围,把一向与政治无缘的平民阶层吸纳进协商体系之中,从而结束了贵族阶层独享被协商权的历史,加速了英吉利"政治民族"的形成过程。尽管那时广大下层阶级实际上仍被排除在"平民"之外,但"平民"概念的外延相当宽泛,从逻辑上讲它包括了除贵族之外的所有社会成员,因而为以后进一步拓展协商范围提供潜在发展空间。平民阶层登上政治舞台,意味着一种新的三元权力结构在英国的诞生。王权、上院贵族和下院平民三位一体,共享国家统治权,西方学者称这种权力结构形式为"国王在议会中"(King in Parliament)。三角形权力结构较之此前以大会议为表现形式的国王–贵族二元格局显然更具稳定性,因为它可以通过内部两两结盟的形式来维持三方之间的动态平衡,防止一权独大和个人专制局面的出现。当然,从总体上说,三个权力主体的地位是不平等的,国王位于权力结构的中心,用都铎国王亨利八世的话说就是,君为"首脑",议会两院是"四肢"。① 然而,国王的中心地位只有通过议会两院才能体现出来,而且,无论如何国王也无法超越和凌驾于议会两院之上,因此国王只能因势利导地利用议会,即通过与议会协商决定国家大事,而不能甩开议会独断专行。到中世纪晚期,在以个人专权为特征的绝对专制主义风靡欧洲的国际环境中,英国之所以保持政治协商传统长盛不衰,三元权力结构所特有的内在平衡与稳定机制无疑发挥了关键性作用。

其次,议会产生后,政治协商的内涵发生了根本性变化。以前,大会议是作为国王的最高法庭和咨询机构发挥其政治协商功能的,局限性很大,在王权强大之时,大会议往往沦为国王的御用工具,或者根本不召开大会议。议会产生之初,因立足未稳、权力有限,协商功能和对王权的制约作用一度不甚明显。但不久之后,议会利用对外战争造成的政府财政困难和空前激烈的贵族派系纷争所提供的有利时机,获得了参与立法、控制税收和批评监督政府的法定权力,确立了两院制的组织形态,实现了议会召开的制度化,完善了议会运行的程序规则,议员们取得了辩论自由和免于逮捕的特权。从此,制定法律必须经国王、上院和下院三方同意,其中下院可以通过直接提出议案的方式行使立法创制权。政府征税必须经议会批准,而且征税案只能由下院首先提出,因为它所代表的平民是主要纳税人。借助财政权,议会经常干预政府决策、影响大臣任免、弹劾政府官员,有效地抑制了

---

① G. R. Elton, Studies in Tudor and Stuart Politics and Government, Cambridge University Press, 1983. p. 270.

国家军事官僚机器的建立和发展。在特殊情况下,议会甚至能够废黜国王,14世纪时曾有两个国王被议会赶下台。到15世纪,由于各种历史机缘的催化作用,议会一度超越王权之上,成为国家政治生活的主导力量,导致"议会政治"的早产。①经过几个世纪的持续发展,议会作为一个相对独立的权力实体在英国政治上层建筑中牢固地树立起来。

最后,议会的建立开创了代议制的先河,找到了一条保持和推进宪政传统的有效途径。在此之前,古代希腊和罗马曾经尝试过世界史上的第一次立宪主义实验,但它们采用的是原始的直接参与制,即由全体公民组成的民众大会直接投票制定法律、选举官员和决定国家大政方针,这种制度只有在小国寡民的城邦国家中才能行得通。至于如何在一个广土众民的大国中实现民众的政治参与问题,在很长时期内,始终都没有得到解决。英国议会首次采用代议制,由各地社区共同体(Community)即各郡和各自治城市的居民选举产生的"代表"(representative)组成下院,再加上由教俗贵族组成的上院,就构成一个全权"代表"全国人民(至少在理论上是如此)的代议机构。这个机构采用的是以人为单位的表决制,实行多数决定原则,它做出的任何决定,对全体国民都具有普遍的法律约束力。发明代议制是一个划时代的创举,它解决了长期困扰人们的一大宪政难题。从此以后,不管一个国家的幅员多么辽阔,人口如何众多,再不会因社会参与难题而妨碍宪政制度的采行。所以戈登说,"对一种立宪的政治秩序的发展来说,代议制是生死攸关的设置",因为"如果不实行代议制,现代民族国家就只能建立在等级制模式的基础上。"②在以后的英国历史中,议会特别是下院可以打着全国人民"代表"的旗号,理直气壮地抵制国王滥用权力的专断行为,主动提出"国民"的主张和要求,积极有效地影响政府政策,从而把英国的政治协商传统推进到制度化的新阶段。

综上所述,到中世纪晚期,随着普通法制度臻于完善和议会制度基本框架的形成,构成英国宪政传统的那些基本原则,诸如法律至上与王权有限原则、国王不应干涉司法活动原则、重大立法和决策应与议会协商原则、征税必须预先取得纳税人同意原则,都已确立起来。言其"确立",指的是到此时这些原则不但已经内化于英国人的心灵深处和日常行为与思维习惯中,而且已经物化为一套大致成形

---

① 程汉大:《英国政治制度史》,中国社会科学出版社,1995年,第122–127页。
② [美]斯科特·戈登:《控制国家——西方宪政的历史》,应奇等译,江苏人民出版社,2001年,第238页。

的政治法律制度,也就是说在一定程度上得到了制度化的保障。这为近代早期英国宪政的发展奠定了雄厚的基础。

二、近代早期英国宪政发展的阶段性分析——从都铎"混合君主制"到"光荣革命"

(一)16世纪都铎王朝的"混合君主制"

英国的混合君主制形成于16世纪都铎王朝时期,它由国王、上院(贵族)、下院(平民)三部分组成,以国王为主导,学者一般称其为"国王在议会中"(King in parliament)。这种混合政体结构最初萌芽于13世纪,其标志是中世纪议会的产生。不过,在14－15世纪时期,由于组成议会上院的贵族是国内除国王之外最强大的政治力量,他们有足够的力量与国王分庭抗礼,不时对王权提出挑战,而当时组成议会下院的平民羽翼未丰,还无力自立于政治斗争舞台,所以经常摇摆于国王和贵族之间,但多数情况下站在贵族一边。因此,国王在混合君主制中的优势地位因时常面临贵族与平民联盟的强大威胁而始终处于不稳定状态,有时甚至不得不暂时屈从议会两院的控制,致使国内政局长期动荡不宁。经过两个世纪的反复较量,特别是15世纪后期的玫瑰战争之后,许多世家望族人死家灭,贵族势力锐减,丧失了以往与王权抗衡、左右国家政治的能力。与此同时,以新兴资产阶级和资产阶级化了的新贵族为主体的中等阶层势力迅速上升,但受资本主义发展早期阶段的时代局限,他们还没有力量和条件在混合政府结构中充当主角。国内政治力量的对比关系一度呈现势均力敌的平衡状态。在这种平衡造成的社会缝隙中,王权获得了迅速膨胀的大好时机。从国际环境看,当时正值民族主权国家勃兴之时,欧洲各国纷纷告别了中世纪封建分裂状态,建立起以个人专权为特征的绝对君主专制国家。在国内外形势均有利于权力集中的时代条件下,都铎王权空前强化,呈现出明显的专制主义趋向。然而,与欧洲其他国家不同的地方在于,英国的议会制度历经几百年的持续发展后,到这时已经根深蒂固,都铎王权已无法逾越这个障碍,建立大陆式的绝对君主专制。他们只能因势利导,利用议会,而不能甩开议会。于是,便出现了"国王在议会中"的混合君主制。

在混合君主制下,国王和议会一方面相互依存,谁也离不开谁,谁也吃不掉谁,另一方面又彼此冲突,谁都渴望在政治运作中发挥主导作用,甚至企图控制对方。但就16世纪的整体情况看,国王在混合政府结构中一直稳固地保持着核心地位,用亨利八世的话说就是,国王是"首脑",议会两院是"四肢","首脑"和"四肢"紧密结合一起,组成一个不可分割的"政治共同体"(a body politic),即国家①。

　　(二)17世纪英国的宪政革命

　　以国王为主导的混合君主制是16世纪英国特定历史条件的产物,这意味着它只具有暂时的合理性。当历史的车轮驶入17世纪时,原有支撑它的那些国内外条件已不复存在,混合君主制特别是王权的主导地位出现严重危机。因为到这时,英国的宗教改革已胜利结束,罗马天主教皇的势力被逐出国外,以国王为最高首脑的国教教会确立起在全国的统治地位。1588年歼灭西班牙的"无敌舰队"后,建立民族主权国家的历史任务宣告完成,英国开始跻身于欧洲强国之列。另一方面,工农业资本主义出现长足发展,以手工工场主、商人、乡绅、农场主为主体的中等阶层力量迅速壮大,政治上日益成熟,他们不愿继续在混合政府中屈居王权之下,希望调整议会与国王间的权重关系,即限制王权,扩大议会的权力,建立以下院为主导的君主立宪制度。这说明,以国王为主导的混合君主制与新的社会政治力量对比结构的关系已陷入严重失衡状态。在这种情况下,只有对国家权力配置结构作出相应的调整,才能保持社会政治的稳定发展。然而,这时统治英国的斯图亚特王朝却不顾时代的要求,反其道而行之,大肆宣扬"君权神授论"和"王权无限论",试图进一步强化王权,削弱议会的权力,把混合君主制推向大陆式的绝对君主专制轨道。于是,一场宪政革命便不可避免地爆发了。

　　革命前英国特有的混合君主制表明,英国宪政革命的背景、任务和方式,与长期实行绝对君主专制的法国宪政革命是不完全相同的。在法国,必须动大手术,首先彻底推翻旧制度,然后另起炉灶,方能建立一套全新的宪政制度。而在英国,无须彻底摧毁旧的机构设施,只要对国家权力的配置结构加以调整,改变国王和议会的权重比例,使之由原来的国王主导型变为议会下院主导型就足以完成宪政革命的历史使命。这就决定了英国宪政革命是一次特殊类型的宪政革命,它不但可以通过博弈形式开其端,而且最后能以博弈形式告其终。参与博弈的主体主要是国王和议会下院,上院贵族作为一个被动力量一分为二,分别站在国王或下院一边。英国宪政革持续了将近一个世纪,博弈双方终于在不断的冲突和斗争、妥协和调和中建立了君主立宪制,达到了预期的宪政目标,取得了宪政革命的成功。

---

　　① G. R. Elton, Studies in Tudor and Stuart Politics and Government, Cambridge University Press, 1983. p. 270.

三、近代早期英国宪政发展的特点——立足于传统与变革之间的宪政道路

英国是世界上最早开始资产阶级革命和建立宪政的国家。经验主义的哲学思想基础、保守的自由主义政治哲学、立足于传统与变革之间的宪政道路,构成了近代早期英国宪政的主要特征。大革命前的社会结构奠定了宪政成长的基础,通过对传统的继承和变革使新的社会结构日益成熟,即市民社会的成长与壮大,标志其宪政之路基本形成。

英国宪政之路的总体特征是在经验主义的哲学基础上,在传统与变革之间进行发展;反对激进变革,而以妥协与和平的方式进行。从宪政形式上看,英国是不成文宪法国家,以普通法、宪法惯例等宪法渊源维系着宪政的形式结构,形成了英国模式的宪政道路。

(一)经验主义的哲学思想基础

近代哲学划分为英国的经验主义和欧陆的理性主义两大派别。经验主义开始于宗教改革和文艺复兴后近代科学的发展,尤其是实验科学。培根、霍布斯、洛克是其先驱,休谟、斯密、伯克、密尔为其继承发展者。美国哲学史家梯利认为:经验主义首先在知识起源问题上给出了答案,没有与生俱来的真理:一切知识都发源于感官知觉或经验,因此,所谓必然的命题根本不是必然或绝对确实的,只能给人以或然的知识。这种观点被称为经验主义。[①] 培根以归纳法为新工具,认为知识产生于感觉。霍布斯认为感觉是一切思想的源泉。洛克认为人的心灵的原来状态是一块白板,是通过后天的经验获得知识的。英国政治制度的设计与形成直接受经验主义哲学影响。霍布斯、洛克的社会契约论及洛克的制约权力思想导致了英国宪政是由贵族与资产阶级妥协的结果,而妥协的渐进改革不同于法国大革命的高扬理性精神,一般把英国革命认定为保守的象征,这正是经验主义所致。几个世纪以来,英国哲学都在追求一种独立进程,这就是介于自由与保守之间的经验主义。将经验主义与政治哲学完美结合的是洛克,洛克也可被看作是经验主义哲学的始祖,认为我们的全部知识都是由经验得来的,因此,自然权利、社会契约与世袭政治应当结合起来,主张建立君主立宪制。

---

① ［美］梯利:《西方哲学史》,商务印书馆,1995 年,第 284 页。

(二)兼具保守主义与自由主义的政治哲学

英国是近代自由主义的发源地,但英国的自由主义不同于法国的自由主义,以卢梭为代表的法国自由主义实质是一种激进的自由主义。贡斯当、伯林关于积极自由与消极自由的理论划分可分别以法国激进自由主义和英国保守的自由主义作为代表。自由主义与保守主义都发源于英国,洛克与霍布斯可被看作是二者的代表,但在英国更倾向于自由主义与保守主义综合的传统。自由主义与保守主义在英国都以经验主义为哲学基础,即注重政治实践和经验智慧,反对盲目的抽象理论。洛克的自由主义是以保障个人权利和获得政治自由为目的,从限制绝对的国家权力出发,以分权、社会契约的理论为基础,采取代议制的民主的政体形式。霍布斯作为讲政治理论的第一个真正近代的著述家,在《利维坦》一书中表达的政治见解是极端的王党政见,看似维护君权的保守倾向,实则是维护新兴资产阶级的自由。保守主义恰是哲学非体系化的产物,因而它是反对激进的集权而主张多元化的自由。这一点在伯克身上体现得最为明显。伯克被公认为保守主义的代表,因为他重视传统,认为每个时代都有其习俗,以及依赖于习俗的政治。不会有人尝试反对已完全成熟的宪法,虽然当宪法尚在摇篮中时,某些人曾尝试反对它,或抵制它成长。① 伯克认为英国的政制是在漫长岁月中由经验积累而成的,现行的政制都是去糟取精的结果,即使国王的权力曾因腐败和特权而强劲,现在却以微小得多的恶名,重新成长起来,因此轻易抛弃甚至采取激进的革命方式彻底与传统决裂,就是与人类世代累积的智慧决裂。伯克关心传统,却落实在自由上。伯克毕生所关心的是自由与正义:即法律之下的自由。② "我们政体的令人瞩目的部分就是自由。维护这种自由的不可侵犯性似乎是下院议员的专门职责和正当义务。但是,我所说的自由,唯一的自由,是那种与秩序紧密相连的自由——不仅依秩序和道德的存在而存在,而且随秩序和道德的消失而消失。自由按其本性只存在于善的和稳定的政府中,一如它存在于政府赖以存在的基础与根本原则中一样。"③

英国的保守主义所保守的是在传统中成长起来的自由主义,是一种稳重谨慎的态度,因而英国的宪政道路没有采取法国的激进方式,甚至还保留了象征传统

① ［英］伯克:《自由与传统》,商务印书馆,2001 年,第 7 页。
② 刘军宁:《共和·民主·宪政》,上海三联书店,1998 年,第 80 页。
③ ［英］伯克:《自由与传统》,第 95 页。

与专制的君主制度。英国在制宪方面也是依据经验主义,成熟一个制定一个,从1215 年《自由大宪章》起,关于政治与人权的一系列普通法律都构成了宪法渊源,而没有采取法国那样的频繁制宪和修宪方式。英国的政治哲学是保守主义与自由主义交织在一起的,在英国开始资本主义经济体制和民主政治建设之时,得益于经验哲学养分的保守主义在英国已开始形成。对专制王权在理论上进行发难的科克爵士,可以说是洛克的先知,极力主张限制王权,促成了对"权利请愿书"的投票。但是科克全部政治理想的基础在于他对习惯法的推崇,即使他限制王权的论断也来自于习惯法理。萨拜因认为,科克违抗和限制王权是由于他是一个彻头彻尾的保守派,因为他代表了一种法律观念以及对政府的法律关系的观念,这种观点要比国王专制主义哲学更为古老,或者比议员们所追求的专制主义哲学更为古老。① 19 世纪末英国的阿克顿对英国的宪政思想即保守主义与自由主义的理念进行了系统的总结:自由主义与保守主义的分歧存在于自由的朋友和其他人之间。从原则上讲,分歧是长久的、基本的、决定性的。自由主义者从本质上讲是反对政府的,为了自由,他们宁愿不担任公职。自由的养成是需要时间的,只有专制主义不需要时间,它可以马上建成。这是自由主义的天然要求。在自由主义和保守主义之间不存在绝对不可调和的矛盾。这是一个时间、空间和策略问题。自由主义承认人类并非总是能熟练地运用自由;保守主义则希望能保存自由,但又不至于让自由成为祸害。②

(三)立足于传统与变革之间的渐进守成的宪政道路

英国宪政的起源是一个争议颇大的问题。1640 年是英国资产阶级革命的开始,是近代开始的标志。但制度的形成是一个历史积累的结果,1688 年"光荣革命"所确立的宪政原则和制度追本溯源是几个世纪发展的结果。如果仅把 1640 年作为英国宪政道路的开始,那么这是对英国宪政历史的忽视。有学者将其追溯为都铎王朝时期(1485 – 1603 年)③,认为英国近代议会民主制起源于都铎王朝时期,因为宗教与王权在此时期分离,形成了民族国家,王权与议会的关系成为争论的焦点。还有的将 1215 年《自由大宪章》作为英国宪政的起源,英国的自由主义传统体现在 1215 年的《自由大宪章》中,这是人类有史以来第一个具有近代人权

---

① [美]萨拜因:《政治学说史》,商务印书馆,1986 年,第 511 页。

② [英]阿克顿:《自由与权力》,商务印书馆,2001 年,第 363 – 368 页。

③ 刘新成:《都铎王朝的经济立法与英国近代议会民主制的起源》,载《历史研究》1995 年第 2 期;钱乘旦、陈晓律:《在传统与变革之间》,浙江人民出版社,1991 年,第 19 页。

性质的宪法性文件。其实英国宪政是经过漫长岁月而形成的,具有连续性与渐进性的特点,在保持传统、继承优秀制度的同时,通过渐进改革,形成了稳重守成的风格。例如英国的宪法体系,如果从 1215 年《自由大宪章》算起,直到 20 世纪还有宪法性法律作为补充。托克维尔指出,英国革命不像法国那样是一场巨大的社会和经济动荡,而只是一场有关最终控制政府权力的争端。① 围绕着限制政府权力的斗争持续到 20 世纪,美国学者海斯指出,"英国是第一个摧毁专制政体的国家,但也是最后建立民主政体的国家之一"。哈勒维则认为,"英国是供宪政考古的博物馆,这里积聚了以往岁月的陈物遗迹"。②

　　英国的宪政道路同其保守传统与追求自由的精神息息相关,光荣革命是妥协的结果,表明英国宪政拒绝激进革命,而在保守中进行变革,减少由于激进革命而造成的文化断裂、社会物质的损失。在英国,保守并不意味着历史退步与守旧,甚至也不意味着抗拒变革,而是把变革的幅度限制在尽可能小的范围内,使自由与权利的成果坚实而巩固。所以妥协是一种寻求平衡,"光荣革命"的意义是因为不必通过流血革命而实现了宪政的目的。伯克精辟地指出,英国宪法在四面是峭壁与深渊的境地中保持着一种微妙的平衡。如果为了纠正某种危险的倾斜而向其中一边挪动的话,可能会有倾覆它的危险。③

四、近代早期英国宪政发展的根本原因——市民社会的成长

　　造成渐进的宪政之路,还因为英国宪政的社会基础和社会结构也是一个漫长的进化过程。社会结构的变化,以及市民社会的成长导致的政治要求上的变化,推动着近代早期英国宪政及宪政观念的发展和变化,1640 年只是长期变化中的一次明显界线。

　　(一)1640 年以前社会结构变化与政治变革推动着英国近代宪政的发展

　　近代资本主义经济最早产生于地中海沿岸,由于新航路的开辟,资本主义经济由地中海转向了大西洋。英国人在当时并不是领跑者,而是西班牙和荷兰。1461 年英格兰人同法国人、德意志人一起在那不勒斯开设了领事馆,1511 年英格兰船只首次进入地中海。在同地中海的交流中开始了资本主义的历程。此后,通

---

① [英]詹宁斯:《法与宪法》,三联书店,1997 年,第 3 页。
② 阎照祥:《英国政治制度史》,人民出版社,1999 年,第 2 页。
③ [英]伯克:《自由与传统》,商务印书馆,2001 年,第 1 页。

过采取一系列措施,使本身的社会结构发生了变化,引起并促进了政治变革,从而为近代宪政准备了条件。

重商主义的经济政策,产生了最初的商人,形成了早期资产阶级,并率先提出了政治要求,开始了一系列政治变革。

中世纪晚期,西欧商业城市兴起,出现了劳动分工和社会分化,引起了君主政制的调整。这种调整的结果就是等级会议的召开,一般是三级会议,由世俗贵族、教士、市民三个等级的代表组成。而政治改革进一步促进了经济的活跃,在地区之间的贸易交往中,受益者首先是地中海至西欧大西洋沿岸。在争夺大西洋领导权的战争中,1588 年英国击败了西班牙无敌舰队,确立了自己在西欧的军事大国地位。与此同时,英国向海外积极拓展殖民地,1600 年东印度公司成立,此后资本主义世界体系开始形成。

地理大发现和海外扩张使冒险和重商主义成为风尚,英国逐渐走在了世界的前列。英国政府支持重商主义使英国迅速形成了早期的中产阶级。16 世纪英国的圈地运动使农村地区手工业经济迅速增长,在较大的农业专业化地区,出现了向工业化方向的突进。此外,英国原有的社会条件也适宜于资本主义的生长。首先,英国一直没有绝对的专制王权,教权和贵族始终抗衡王权,在进行海外贸易时,王权始终对其予以支持。其次,宗教改革后的英国清教为追求利益确定了资本主义精神。由重商主义开始的资本主义经济产生了以生产为主的企业家和以商业资本为核心的商人,并开始形成了一个独立的资产阶级。

在都铎王朝时期(1485 - 1603 年),专制王权同资产阶级以及新贵族阶级的矛盾激化,都铎王朝由于教权与王权的分离而成为英国历史上最专制的王权,也是资产阶级同王权激烈斗争的开始,英国近代的议会制起源于都铎王朝时期。都铎王朝时期是英国自由资本主义经济兴起的时期,活跃的商品市场促使新兴的资产阶级和有资本主义倾向的乡绅为经济转型取得最多的发展机会、争取最大的经营空间,而利用议会提出自己的主张,捍卫自己的利益。王权至上还是议会至上是议会与国王争论的焦点,而 16 世纪英格兰的社会结构已经同欧洲大陆不同,英格兰的下议院,早在 14 世纪就已经由贵族中人数最多的一个阶层担任议员。他们全是小地主,拥有同贵族同样的权利。绅士们、小业主们、市民们一心专注于改良他们的土地,扩大他们的贸易资本,日见其发财致富,信用亦与日俱增,相互联络得更亲密,他们正在把全体人民吸引到他们的影响下。基佐认为,他们既不卖弄自己,又无政治野心,几乎在不知不觉中掌握了全部的社会力量,这是权力的真正源泉。① 社会结构发生了变化,与君主专制对抗的力量形成了,但并未采取激进的方式,而是围绕权力,一步步限制权力,而形成的新兴阶级则一步步地获得权利。

商业与工业在城市发展很快,皇室因向议员索钱困难,于是拍卖土地,农业发展起来,州府和市镇充满了许多富裕的、活跃的、独立的居民,他们拥有财富的速度很快,国王因享有特权,时刻威胁着平民的财富,围绕着财产所有权的斗争开始了。都铎王朝虽将英国的君主制推到了顶峰,但国会控制着征税权,王权依赖新兴的商人阶级和下议院的支持。1628 年,英王在征税问题上同议会发生矛盾,下议员们决心要庄严地声明他们的自由权利,因此要迫使有权的人承认人民的权利是天生的、独立的,不再允许任何权利变成一种让步,也不允许别人的枉法变成权利。此时,上院与下院会商,共同决定人民应得的正当权利,限制王权。但由于王权的强硬,达成了妥协:法律给国王多少权力,我们就给国王多少权力,再不能多给。②

总之,在 1640 年以前,英国的新兴资产阶级和新贵族已经发展壮大,具备了同王权抗衡的力量,他们日渐增长的政治要求和与专制王权的不断斗争,推动着英国近代宪政的发展。

(二)1640 年后市民社会的成长与壮大进一步推动着英国宪政的发展与完善

都铎王朝时期英国资本主义得到了初步发展,摆脱了教权,王权空前提高。到了斯图亚特王朝(1603 年开始)时期,王权走向极端,议会中断 11 年(1629 - 1640),1640 年开始的革命是议会与专制也即资产阶级市民社会同王权矛盾激化的结果。市民社会的成长与壮大过程,就是专制权力走向衰落的过程,1688 年的光荣革命表明了资产阶级的最终胜利。而与贵族的联盟表明英国的民主政治还有许多有待完善之处,18 世纪的产业革命进一步推动了市民社会力量壮大,而相应的政治制度也不断改革,英国最终走向宪政。

16 - 17 世纪,英国通过发展手工业、工商业,向海外殖民扩张,采取重商政策进行资本原始积累,一个不同于封建社会关系的新阶级出现了,从其产生之日起就提出自己的政治要求,要求改变专制集权、提供自由空间和权利保障的制度。

① [注]基佐:《一六四零年英国革命史》,商务印书馆,1985 年,第 23 - 24 页。
② [美]诺思:《经济史上的结构和变革》,商务印书馆,1992 年,第 45 页。

诸思和托马斯指出,16 世纪欧洲的所有权变革中,英国是成功的,它导致了英国持久的增长,而法国的相对延缓则导致经济停滞。在整个 17 世纪,英国在增长人口的同时人均收入提高,1711 年比 1601 年增长了 36.5%,而农业一直是收益递减。① 进入 17 世纪,随着同王权的关系日益紧张,适应资本主义发展的立法不断出现。1700 年英国通过第三次对荷兰战争获胜之后,开始建立英国的世界市场。

16 世纪末期以后,英国的社会结构发生了重大变化,资产阶级化的贵族和新兴的资产阶级日益强大。新贵族是商业化的大地主、资产阶级化的贵族,有的是先成为资产阶级,再通过购买土地等成为受封贵族;有的不是把土地用作简单的农场和牧场而是出租,从事资本主义经营,兼作工场主或商人。他们在政治上共同的目标是摆脱对国王的封建义务,但当时新兴的资产阶级力量还不是很强大,依靠单独的力量不足以彻底摆脱专制王权,而同目标一致的新贵族结成了联盟,最后完成了 1688 年的妥协而和平的"光荣革命"。革命前英国的基本人口还是农民,而革命打击了封建土地所有制,尤其是自耕农不断获得人身自由,与此同时,采矿业、纺织业及海外贸易的发展,使英国工业在 17 世纪期间已经在地理布局上专业化了。

由于资本主义的发展,到 17 世纪时英国原有的政治构架同社会结构的要求不相适应。基佐认为 16 世纪期间属于欧洲旧社会的一切因素和特点转化为两大事实:自由探索和中央集权。② 心灵的解放和纯君主制同时在欧洲旗开得胜,而在精神领域里推翻了绝对权力的王权同世俗社会中自由权的斗争于 17 世纪开始在英国展开。其结果具体体现在《权利法案》的通过和对专制权力的限制上。从1603 年斯图亚特王朝开始至 1689 年《权利法案》通过,革命的核心在于以议会限制王权,实行君主立宪制,1689 年的《权利法案》是英国宪法的核心。1688 年光荣革命,实现了议会统治和主权在民,但资产阶级一方面没有强大到依靠自身来限制专制权力,另一方面英国的新贵族葆有自由传统和长期以来依靠议会同王权斗争,二者的妥协有着共同的目标:限制王权。二者的妥协反映了共同的社会基础:发展资本主义的市民社会。二者的妥协是特殊权利的复合物:实现自由和权利。黑格尔对英国资产阶级革命评价道:英格兰以极大的努力,维持着旧有的基础;英国宪法在惊涛骇浪之中,仍然保持了它的地位。英国宪法乃是若干纯粹特殊权利

---

① [美]诸思、托马斯:《西方世界的兴起》,华夏出版社,1999 年,第 147 页。
② [注]基佐:《欧洲文明史》,商务印书馆,1998 年,第 302 页。

的复合物:政府在本质上属于行政管理性质——保护所有一切特殊阶层和阶级的利益。英国政府在世界各国政府内,可以做的事情是最少的。①

1649 年英国革命第一阶段结束时,议会主权思想基本形成。在议会主权思想的形成过程中,代表新兴资产阶级力量的下议院多次提出议案限制王权,而贵族院则主张保留王权。议会主权思想的形成反映了新兴市民社会各个阶层的要求,即建立限制绝对权力的民主政治。1688 年的《权利法案》重申了议会必须定期召开,言论自由的权利,征税权属于国会,国民可以自由请愿等。《权利法案》是对1215 年《自由大宪章》以后所有关于民主宪政的法案的重申,是对权利的重新保障,因为它的基础是新贵族与新兴资产阶级联合的产物,因而它反映了时代的要求,从此以后,《权利法案》成为英国宪政中的核心部分。

总之,通过分析和认识近代早期英国宪政在传统中实行变革,以及其渐进式发展道路,说明英国宪政及宪政观念的发展和变化,实质上是同期英国社会结构和社会阶级力量发生变化的结果。英国由于特殊的传统条件和环境因素首先开始了资本主义的生长,近代市民社会初步形成,新兴市民阶级出现和不断壮大。市民社会随着资本主义经济的增长而势力增大,并提出议会改革和法治等要求,从而推动宪政进一步发展。终于在经过了"光荣革命"之后,英国摆脱了专制王权的统治,建立了"君主立宪"的新政体。其后的工业革命,使社会结构真正开始了重大变化,市民社会已经脱离王权与贵族,贵族不断消融到市民社会中,经过一系列的政治变革,使英国宪政不断得到完善。

---

① 　黑格尔:《历史哲学》,上海书店出版社,1999 年,第 465 – 466 页。

参考书目

一、中文书目：

1. 王乐理：《政治文化导论》，中国人民大学出版社，2000年。

2. 高毅：《法兰西风格：大革命的政治文化》，浙江人民出版社，1991年。

3. [美]伯尔曼：《法律与革命》，贺卫方等译，中国大百科全书出版社，1993年。

4. [美]泰格·利维：《法律与资本主义的兴起》，纪琨译，学林出版社，1996年。

5. 罗荣渠：《现代化新论》，北京大学出版社，1993年。

6. [美]亨廷顿：《变化中的社会政治秩序》，北京：三联书店，1989年。

7. 程汉大：《英国法制史》，济南：齐鲁书社，2001年。

8. [苏]科斯明斯基：《十七世纪英国资产阶级革命》，北京：商务印书馆，1990年。

9. [美]布莱克主编：《比较现代化》，上海：上海译文出版社，1996年。

10. 沈汉，刘新成：《英国议会政治史》，南京：南京大学出版社，1991年。

11. 刘新成：《英国都铎王朝议会研究》，北京：首都师范大学出版社，1995年。

12. [美]G. A. 阿尔蒙德等主编：《公民文化—五国的政治态度和民主》，杭州：浙江人民出版社，1989年。

13. 马克垚：《英国封建社会研究》，北京：北京大学出版社，1992年。

14. 王觉非主编：《近代英国史》，南京：南京大学出版社，1997年。

15. 阎照祥：《英国政治制度史》，北京：人民出版社，1999年。

16. 阎照祥：《英国贵族史》，北京：人民出版社，2000年。

17. 钱乘旦，陈晓律：《在传统与变革之间——英国文化模式溯源》，杭州：浙江人民出版社，1991年。

18. 孟广林：《英国封建王权论稿——从诺曼征服到大宪章》，北京：人民出版社，2002年。

19. [美]巴林顿·摩尔：《民主和专制的社会起源》，北京：华夏出版社，1987年。

20. 李宏图:《西欧近代民族主义思潮研究》,上海:上海社会科学出版社,1997 年。

21. 黄仁宇:《资本主义与二十一世纪》,北京:生活·读书·新知三联书店,1997 年。

22. 朱孝远:《近代欧洲的兴起》,上海:学林出版社,1997 年。

23. [美]道格拉斯·诺思等:《西方世界的兴起》,北京:华夏出版社,1991 年。

24. [美]弗·沃特金斯:《西方政治传统——现代自由主义发展研究》,长春:吉林人民出版社,2001 年。

25. [美]佩里·安德森:《绝对主义国家的系谱》,上海:上海人民出版社,2001 年。

26. 浦兴祖等主编:《西方政治学说史》,上海:复旦大学出版社,1999 年。

27. [美]萨拜因:《政治学说史》,北京:商务印书馆 1986 年版。

28. [意]萨尔沃·马斯泰罗内:《欧洲政治思想史》,北京:社会科学文献出版社,1998 年。

29. [美]J·M·凯利:《西方法律思想简史》,北京:法律出版社,2002 年。

30. 何勤华:《英国法律发达史》,北京:法律出版社,1999 年。

31. 刘景华:《城市转型与英国的勃兴》,北京:中国纺织出版社,1994 年。

32. [美]克拉克等:《过渡时期英国城市》,武汉:武汉大学出版社,1992 年。

33. [英]阿萨·勃里格斯:《英国社会史》,北京:人民大学出版社,1991 年。

34. 蒋孟引:《英国史》,北京:中国社会科学出版社,1988 年。

35. [英]莫尔顿:《人民的英国》,北京:生活·读书·新知三联书店,1976 年。

36. [英]摩根主编:《牛津英国通史》,北京:商务印书馆,1993 年。

37. [法]F·基佐:《1640 年英国革命史》,北京:商务印书馆,1985 年。

38. [美]威尔·杜兰:《世界文明史:理性开始时代》,北京:东方出版社,1999 年。

39. [美]M·J·C·维尔:《宪政与分权》,北京:生活·读书·新知三联书店,1997 年。

40. 马长山:《国家、市民社会与法治》,北京:商务印书馆,2002 年

41. 邓正来:《市民社会理论的研究》,北京:中国政法大学出版社,2002 年。

42. [英]弗里德利希·冯·哈耶克:《自由秩序原理》(上),三联书店,1997 年。

43. [英]J·C·亚历山大著,邓正来译:《国家与市民社会:一种社会理论的研究路径》,北京:中央编译出版社,2002 年。

44. [美]E·博登海默:《法理学法律哲学与法律方法》,邓正来译,北京:中国政法大学出版社,1999 年。

45. [法]勒内·达维德:《当代主要法律体系》,上海:上海译文出版社,1984 年。

46. [英]戴雪:《英宪精义》,雷宾南译,北京:中国法制出版社,2001 年。

47. [美]斯科特·戈登:《控制国家—西方宪政的历史》,应奇等译,南京:江苏人民出版社,2001 年。

48. [美]弗里德里希·沃特金斯:《西方政治传统—现代自由主义发展研究》,黄辉、杨

健译,长春:吉林人民出版社,2001 年。

49. 蒋劲松:《议会之母》,北京:中国民主法制出版社,1998 年。

50. [美]爱德华·S. 考文:《美国宪法的"高级法"背景》,强世功译,上海:上海三联书店,1996 年。

51. 张学仁:《外国法制史资料选编》(上册),北京:北京大学出版社,1982 年。

52. [英]S. F. C. 密尔松:《普通法的历史基础》,北京:中国大百科全书出版社,1999 年。

53. [美]罗斯科·庞德:《普通法的精神》,唐前宏等译,北京:法律出版社,2001 年

54. 张凤彩:《英国法治研究》,北京:中国人民公安大学出版社,2001 年。

55. 王菲:《外国法制史纲要》,北京:中国工商出版社,2001 年。

二、外文书目:

1. Adams. G. B. ,Constitutional History of England,London,1935.

2. Ashley,L. R. N. ,Elizabethan Popular culture,Bowling Green State shaiv. Poplar Pr. ,1988.

3. Barbour,Rtid,English epicures and stoics:ancient legacies in early Stuart culture,Amherst: Univ. of Massachusetts press,1998.

4. Baker,J. H. ,An Introduction to English History,Lodon,1979.

5. Bloch,M. ,Feudal Society,Lodon,1962.

6. Burns,J. H(ed),The Cambridge history of political thought 1450 – 1700,Cambridge,1991.

7. Burgess,Glenn,The New British history:founding a modern state,1603 – 1715,London,1999.

8. Burgess,Glenn,The politics of the ancient Constitution:an introduction to English political thought,1603 – 1642,Basingstoke,Hampshire,1992.

9. Burgess,Gleen,Absolute monarchy and the Stuart Constitution,New haven,1996.

10. Burke,Peter,Popular Culture in Early Modern Europe,London and New york,1978.

11. Carlin,Norah,The Causes of the English Civil War,Oxford,1999.

12. Cerutton,T. E(ed),Select Essays in Anglo – American Legal History,Vol I,Boston,1907.

13. Cliffe,J. T. ,The world of the country house in seventeenth – century England,New Haven, 1999.

14. Coward,Barry,The Stuart age:a history of England 1603 – 1714,London:longman,1980.

15. Collinson,Patrick,The Birthpanges of Protestant England:Religious and cultural change in the Sixteenth and Seventeenth Centuries,London,1988.

16. Collinson,patrick(ed),The Reformation in English towns,1500 – 1640. New York,1998.

17. Cook,Chris & Wroughton,John,English Historical Facts 1603 – 1688,New Jersey,1980.

18. Cressy,David,Bonfires and Bells:National Memory and the Protestant Calendar in Elizabethan and early Stuart Era ,London,1989.

19. Cressy, David, Education in Tudor and Stuart England, London, 1975.

20. Eagorin, Perez, The English Revolution: politics, events, ideas, Aldershot, 1998.

21. Fletcher, A. & Stevenson J. (eds), Order and disorder in Early Modern England, Cambridge, 1985.

22. Elton, G. R., The Tudor Constitution, Documents and Commentary, Cambridge, 1960.

23. Elton, C. R., Studies in Tudor and Stuart England, Cambridge, 1983.

24. Goldsworthy, J. : The Sovereignty of Parliament: History and Philosophy, Clarendon Press, Oxford, 1999,

25. Guy, John, Politics, law and Counsel in Tudor and Early Stuart England, Cambridge, 2001.

26. Haigh, Christopher, The English Reformations: Religion, Politics and Society under the Tudors, Oxford, 1993.

27. Halliday, Paul. D., Dismembering the body politic Partisan Politics in England's Towns, 1650 – 1730, Cambridge, 1998.

28. Harris, Tim(ed). Popular Culture in England, c. 1500 – 1850, Macmillan, 1995.

29. Hill, Christopher, The century of revolution, 1603 – 1714, London, 1982.

30. Hill, Christopher, Intellectual Origins of English Revolution, Oxford, 1982.

31. Hirst, Derek, England in conflict, 1603 – 1660: Kingdom, Community, Commonwealth, London, 1999.

32. Hirst, Derek, Authority and conflict: England 1603 – 1685, London: Edward Arnold, 1986.

33. Hoak, Date(ed), Tudor Political Culture, Cmbridge, 1995.

Hostettler, J., Sir Edward Coke: a force for freedom, Chichester, 1997.

34. Hughes, Ann, The causes of the English Civil War, Basingastoke, Hampshire, 1998.

35. Iain, Chambers, Popular culture: The metropolitan experience, London: Methuen J. Co. Led, 1986.

36. Jack, S. M., Towns in Tudor and Stuart Britain, Basingstoke, 1996.

37. James, Mervyn, Society, politics and culture: Studies in early modern England, Cambridge, 1986.

38. Kaplan, S. L. (ed), Understanding Popular Culture: Europe from the Middle Ages to the nineteenth century, Berlin, New York, 1984.

39. Keir, D. L., The Constitutional History of Modern Britain Since 1485, London, 1961.

40. Kenyon, J. P., The Stuart constitution, 1603 – 1688, Cambridge, 1986.

41. Lawson, J. & Silver, H. (eds), A Social History of education in England, London, 1973.

42. Little, David, Religion, order, and law: a study in pre – revolutionary England, Oxford, 1969.

43. Loach, J., Parliament Under the Tudors, Oxford University press, 1991.

44. Lockyer. R. , The early Stuart: a political history of England, 1603 – 1642, New York, 1989.

45. Lookyer, Roger, The early Stuarts: a political history of England, 1603 – 1642, London, 1999.

46. Maitland. F. W. , The Constitution History of England: a course of Lectures delivered, Cambridge 1926.

47. Maltey, Judith, Prayer book and people in Elizabethan and Early Stuart England, Cambridge, 1998.

48. Manley, Lawrence, Literature and culture in early Modern London, Cambridge, 1995.

49. Manning, Brian, Contemporary histories of the English civil war, London, 2000.

50. Manning, B. , The English people and English revolution: 1640 – 1649, London, 1976.

51. Mendle, Michael, Henry Parker and the English Civil War—The Political thought of the public's "privado", Cambridge, 1995.

52. Morgan, E. , Inventing the people: The Rise of Popular Sovereignty in England and America, New York, 1989.

53. Muir, Edward, Ritual in Early Modem Europe, Cambridge, 1997.

54. Neale, J・E, Queen Elizabeth I, Trid/panther, 1979.

55. O´day, R, education and society 1500 – 1800: the social Foundations of Education in Early Modem Britain, London, 1982.

56. Patterson, W. B. , King James VI and I and the Reunion of Christendom, Cambridge, 1997.

57. Phillips, O. H. , The Principles of English Law and The Constitution, London, 1939.

58. Pittock, J. H. & Wear, A. (eds), Interpretation and Cultural History , New York, 1991.

59. Plucknett, T. E. T. A. A , Concise History of Common Law, London, 1940.

60. Pocock, S. , The ancient constitution and feudal law: a study of English historical thought in the seventeenth century, Cambridge, 1987.

61. Pocock, S. & Schwoerer(eds.), The varieties of British Political Thought, 1500 – 1800, New york, 1993.

62. Pounds, N. J. , the Culture of the English People, Cambridge, 1994.

63. Pounds, N. J. , the Culture of the English People: Iron Age to the Industrial Revolution, Cambridge, 1994.

64. Questier, Michael, Conversion, Politics and Religion in England: 1580 – 1625, Cambridge, 1996.

65. Reay, Barry, Popular Culture in Seventeenth – Century England, New York, 1985.

66. Reovy, Barry, Popular cultures in England, 1550 – 750, London, 1998.

67. Richardson, R. C. , The debate on the English Revolution, Manchester, 1998.

68. Ronald, Hutton, The Royalist war effort: 1642 – 1646 , London, 1999.

69. Seaver, Panl, The Puritan Lectureship: The politic of Religious Dissen 1560 – 1662, Stam-

ford,1970.

70. Sharpe. J. A. ,Early modern England:a social history 1550 – 1760,London,1987.

71 Sharpe,Kevin,Remapping early modern England:the culture of seventeenth – century politics,Cambridge,2000.

72. Sharpe,Kevin(ed) ,Faction and parliament:essays on early Stuart history,Oxford,1978.

73. Sharpe,K. and Lake,T. ,Culture and Politics in Early Stuart England,Macmillan,1994.

74. Sharpe,Kevin,Politics and ideas in early Stuart England:Essays and studies,London,1989.

75. Skinner,Quentin,The Foundations of Modern Political Thought ,Cambridge,1978.

76. Sommerville,P. (ed.) ,King James VI and I,Political writings,Cambridge 1994.

77. Somerville,,J. P. ,Politics and Ideology in England:1603 – 1640,London,1986.

78. Smith,Alan,The emergence of a nation State:the commonwealth of England 1529 – 1660,Longman,1984.

79. Smuts,R. Malcolm(ed) ,The Stuart Court and Europe:Essays in Politics and political Culture,Cambridge,1996.

80. Smust,Malcolm,Court culture and the origins of a royalist tradition in early Stuart England,Philadelphia,1987.

81. Smuts,R,Malsolm,Culture and Power in England,1585 – 1685,Macmillan,1999.

82. Stroud,Angus,Stuart England,London,1999.

83. Storney, John, An Introductory Guide to Cultural Theory and Popular Culture, New York,1993.

84. Stone,L. ,the Cause of the English Revolution,1529 – 1642,London,1986.

85. Thomas,Keith,Religion and the Decline of Magic,London,1973.

86. Thorne,E. ,Essays in English legal history,London,1985.

87. Tittler,Robert,Townspeople and Nation:English Urban Experiences, 1540 – 1640, Stanford,2001.

88. Tittler,Robert,The Reformation and the Towns in England:politics and Political Culture,C. 1540 – 1640,Oxford,1998.

89. Todd,Margo(ed) ,Reformation to Revolution:Polities and Religion in Early Modern England,London,1995.

90. Underdown,David,A Freeborn People:Politics and the Nation in Seventeenth – Century England,Oxford,1996.

91. Underdown,David,Revel,Riot and Rebellion:Popular Politics and Culture in England,1603 – 1660,Oxford,1985.

92. Wedgwood,C. V,The King's peace:1637 – 1641,the great rebellion,London,1955.

93. Wood,Andy,Riot,Rebellion and Popular Politics in Early Modern England,Palgrave(New York),2002.

94. Wrightson,Keith,English Society,1580 - 1680,London,1993.

95. Zimmerman, S. , Weissman, R. F. E. (eds), Urban life in the Renaissance, Dvver, Del. ,1989.

后　记

　　本书是在我的博士论文基础上修改而成的。在博士论文写作过程中，得到我的导师陈勇教授的精心指导，值此拙作出版之际，首先向尊敬的导师表示衷心的感谢和崇高的敬意！

　　博士论文的写作过程充满艰辛，进展缓慢。一方面是同其他在职攻读学位的人所经历的一样，不能完全潜心于写作，论文工作时断时续；另一方面则是本人在选题和写作的过程中，不断进行了自我否定、推翻方案，致使论文数度中断。其结果就是使整个攻读博士学位的学习期限被延长，而延长带来的益处就是使我有更多的机会聆听导师的教诲，学习治学和为人处世之道。老师的道德文章令我钦佩，老师严谨的学风和宽厚的胸襟令我感怀，老师对我学业上的精心指导和工作生活上的细致关怀令我感动，老师对待学生的赤诚之心使我终生难忘，在读书期间老师传授给我的知识、治学方法以及做人的道理使我受益良多，这些都将是我人生道路上的精神财富。在此，再次对先生多年来给予我的关怀、帮助与教导表示诚挚的谢忱！

　　论文的选题、开题和写作中得到了向荣教授、李工真教授的指导和点拨，使我受益匪浅；在武大学习期间，一直受到胡德坤教授、罗志刚教授、吴友法教授、张德明教授、韩永利教授、严双伍教授、徐友珍教授等老师的关心、指导和帮助。在此向诸位老师致以诚挚的谢意！

　　山东师范大学程汉大教授为我提供了他主编的《英国法制史》一书并给予了细心指导，对我论文的撰写有极大的帮助，在此特别致以诚挚的感谢！

　　一直以来，湖北师范大学的诸领导和同事们对我的工作、学习和生活给予了大力支持。我的好友成德宁博士和叶明勇博士在我于北京查阅资料期间,为我提供了无私帮助。我的同门学友张宗华博士、龚敏博士、宋佳红博士、张佳生博士、陈娟博士等也给了我极大的关心和深厚的友谊。在此一并表示衷心的感谢!

感谢家人长期的关心、支持和鼓励! 是你们的支持使我能够最终完成论文的写作以及在繁忙的工作之余将它修改成书。

本书出版受到湖北师范大学学术著作出版基金、湖北师范大学重点学科建设经费和湖北省教育厅人文社科项目资助,在此表示感谢!

作　者

二〇一六年九月于青山湖寓所